A DISNEYZAÇÃO DA SOCIEDADE

ALAN BRYMAN

A DISNEYZAÇÃO DA SOCIEDADE

IDÉIAS & LETRAS

Diretores Editoriais:
Carlos da Silva
Marcelo C. Araújo

Editores:
Avelino Grassi
Roberto Girola

Coordenação Editorial:
Denílson Luís dos Santos Moreira

Coordenador da Coleção:
Theotônio dos Santos

Tradução:
Maria Silvia Mourão Netto

Revisão:
Mônica Guimarães Reis

Diagramação:
Juliano de Sousa Cervelin

Capa:
Erasmo Ballot

Título original: The Disneyization of Society
Edição na língua inglesa publicada por

ISBN 0-7619-6765-6

IDÉIAS & LETRAS

Editora Idéias & Letras
Rua Pe. Claro Monteiro, 342 - Centro
12570-000 Aparecida-SP
Tel. (12) 3104-2000 - Fax (12) 3104-2036
Televendas: 0800 16 00 04
vendas@ideiaseletras.com.br
http//www.ideiaseletras.com.br

Dados Internacionais de Catalogação na Publicação (CIP)
(Câmara Brasileira do Livro, SP, Brasil)

Bryman, Alan
A disneyzação da sociedade / Alan Bryman; tradução Maria Sílvia Mourão Netto. - Aparecida, SP: Idéias & Letras, 2007.
(Coleção Caminhos da Globalização e as Ciências Sociais)

Título original: The disneyization of society
Bibliografia.
ISBN 978-85-98239-72-9

1. Consumo (Economia) - Aspectos sociais 2. Estrutura social 3. Globalização - Aspectos sociais 4. Marketing - Aspectos sociais 5. Parques de diversão - Aspectos sociológicos 6. Walt Disney Company - Influência I. Título. II. Série.

06-4657 CDD-306.3

Índices para catálogo sistemático:

1. Disneyzação: Parques temáticos Disney: Influência: Sociologia econômica 306.3
2. Parques temáticos Disney: Influência: Sociologia econômica 306.3

Sumário

Apresentação

Thomaz Wood Jr.

Em 2005, os cinemas brasileiros exibiram o documentário norte-americano "Super Size Me". O filme, que provocou notável impacto, narra a bizarra experiência do diretor Morgan Spurlock. Durante um mês, Spurlock se submeteu a uma dieta temerária, realizando todas as suas refeições no McDonald's. Resultados: saúde deteriorada, um filme de sucesso e um impacto negativo considerável sobre a imagem da onipresente rede de refeições rápidas.

Grandes marcas costumam despertar reações de amor e ódio. Algumas entram na zona de alvo de grupos de interesse. Assim foi com a Coca-cola, associada ao "imperialismo Ianque" nos anos 60, e com a Nike, acusada de induzir condições desumanas de trabalho nos anos 90. Há pouco mais de dez anos, a própria rede McDonald's foi transformada em verbo por George Ritzer, com a obra "The McDonaldization of Society" (Sage, 1993). A nova elocução tornou-se popular e hoje se aplica aos processos de massificação e padronização do consumo, da cultura e da educação.

Na presente obra, oportunamente lançada pela Editora Idéias & Letras, o sociólogo Alan Bryman investiga um fenômeno que, segundo o autor, é paralelo à macdonaldização. De fato, outros pesquisadores e escritores já haviam associado a mega-corporação a mudanças negativas: a visão exageradamente puritana do pioneiro Walt Disney, conduzida a extremos por seus seguidores, teria levado à construção de visões "sanitárias" da literatura, dos mitos e da história. Conseqüência: a produção de narrativas atraentes e róseas, porém reducionistas, sentimentalistas e piegas.

Segundo Richard Schickel, o autor de "The Disney Version: The Life, Times, Art and Commerce of Walt Disney" (Pavilion, 1986), tudo que a máquina Disney toca é reduzido em sua magia, mistério e individualidade a um mesmo padrão. Tal processo eliminaria conflitos e contradições, criando produtos especialmente adequados para a venda na forma de camisetas, bichos de pelúcia e todo tipo de produtos de fácil apelo comercial.

Em 1984, o império Disney refletia a imagem da Bela Adormecida: detinha ativos valiosos, mas não conseguia aproveitá-los comercialmente. Durante as duas últimas décadas, entretanto, a empresa revigorou a produção de desenhos animados, abriu centenas de lojas e expandiu o negócio de parques temáticos. O argumento de Bryman é que tal mudança refletiu e ao mesmo tempo ajudou a acelerar a disneyzação do meio social.

O autor define disneyzação como o processo pelo qual os princípios que permeiam os parques temáticos Disney estão dominando mais e mais setores da sociedade. Segundo Bryman, quatro tendências são sintomáticas do fenômeno: a tematização, o consumo híbrido, o *merchandising* e o trabalho performático. A tematização é o envolvimento de *shopping centers*, hotéis e restaurantes por temas ou narrativas nem sempre próprias do lugar ou do ambiente, como as lanchonetes *wild west* e os *"eco-resorts"* brasileiros, alguns deles verdadeiros desastres ambientais. O consumo híbrido vem junto com o *merchandising*, como nas lojinhas de museus, que vêm ocupando cada vez mais o espaço das exposições. O trabalho performático vem da percepção dos serviços ao cliente como uma performance teatral. Em algumas empresas aéreas e hotéis, por exemplo, o requinte no adestramento dos funcionários é supremo, e chega a definir com precisão formas de contato visual e gestos programados de cortesia.

Convém ressaltar que a obra de Bryman se afasta do populismo de Michael Moore e de seus seguidores. Porém, o autor não deixa de registrar o lado negro da disneyzação: a distorção da história e da geografia, a manipulação infantil para fins comerciais, o controle emocional e a alienação dos funcionários, e a criação de uma cidadania com castas, cuja lei da apartação é dada pelo lastro bancário e pela capacidade de uso de cartões de crédito.

Fica a pergunta: o que ocorreria se o diretor de "Super Size Me" tentasse repetir a dose na Disney? Quiçá somasse aos seus problemas físicos alguns outros, psíquicos. Ou talvez se transmutasse no Senhor Chauncey Gardiner, personagem imortalizado pelo ator Peter Sellers no filme "Muito além do jardim" (baseado no maravilhoso livro de Jerzy Kosinski: O Videota): alguém incapaz de separar fantasia e realidade, impossibilitado de perceber meios-tons e conflitos, com um controle remoto nas mãos e idéias enevoadas na cabeça.

Para o leitor, a presente obra provavelmente representará não apenas um convite à reflexão sobre a ação ambígua de uma grande empresa transnacional, uma presença absolutamente constante entre crianças e adolescentes, porém também uma possibilidade de pensar criticamente a natureza da nossa própria sociedade.

Thomaz Wood Jr. é professor da FGV-EAESP,
colaborador da revista CartaCapital e autor de "A Estafa do Ator"
(Editora Idéias & Letras). Email: twood@fgvsp.br.

Prefácio

Neste livro, procuro defender a idéia de que cada vez mais aspectos de nossa sociedade estão exibindo características associadas com os parques temáticos Disney. A idéia de uma Disneyzação decorre da convicção de que há mudanças em nosso mundo social, exemplificadas pelos parques temáticos Disney. Por conseguinte, a Disneyzação funciona como uma lente por meio da qual podemos enxergar a natureza da sociedade moderna; ao mesmo tempo, esse processo é um meio de refletir sobre questões relativas ao consumo e à globalização.

Eu absolutamente não sou a primeira pessoa a sugerir que a sociedade moderna está adotando, em escala crescente, as características dos parques temáticos Disney, mas minha discussão desse tema segue um caminho sistemático, em vez de se limitar apenas a alusões gerais à influência dos parques temáticos Disney. Além de chamar atenção para as várias maneiras pelas quais os parques Disney podem ter influído num grande número de instituições e práticas sociais, também defendo que exemplificam certos desdobramentos que já estavam em andamento antes que fosse inaugurado o primeiro parque (a Disneylândia, em 1955). Em outras palavras, os parques temáticos Disney são emblemáticos de certas tendências que identifico neste livro, ao mesmo tempo em que exercem sua influência por si mesmos.

Nesta tentativa de adotar uma abordagem mais sistemática em vez de fazer somente menções gerais ao modo como muitas instituições e costumes sociais lembram cada vez mais os parques temáticos Disney, esboço quatro aspectos ou dimensões do que denomino "Disneyzação". Após uma introdução geral da idéia da Disneyzação no capítulo 1, apresento em seguida essas quatro dimensões: tematização, consumo híbrido, *merchandising* e trabalho performático, uma por capítulo. Em cada um deles, mostro como cada aspecto da Disneyzação atua nos parques temáticos Disney, além das maneiras como podemos discerni-lo mais além dos limites dos parques, alcançando nossa sociedade como um todo. No capítulo 6, sugiro que o controle e a vigilância são aspectos cruciais ao sucesso da operação de Disneyzação, e mostro de que formas as duas dimensões se salientam nos parques temáticos Disney e nos costumes e instituições Disneyzados, de uma maneira mais geral. No capítulo final, associo a Disneyzação a questões mais abrangentes ligadas ao consumo e à globalização. Nesse momento, levanto a questão de se a Disneyzação não deveria ser encarada como uma tendência homogeneizadora que cria um mundo padronizado. Proponho o termo inédito "panorama do sistema" (*systemscape*), para facilitar o percurso por essa questão. A Disneyzação é tratada como um *panorama do sistema*, no sentido de ser um grupo de princípios latentes que se difundem através da economia, da cultura e da sociedade, e que ainda permitem uma considerável margem de variação na forma como são postos em prática. Por isso, as formas que as instituições Disneyzadas assumem são capazes de variar numa proporção considerável. Nesse capítulo final, tento injetar também um tom mais crítico do que caracterizou os outros capítulos, ao indagar até que ponto a Disneyzação tem conseqüências e implicações adversas.

Para a preparação deste livro, recorri em poucas ocasiões a material que já publiquei anteriormente. Sou grato a Blackwell Publishers por ter autorizado o uso de material de "The Disneyization of society", *The Sociological Review*, 47 (1), 1999, 25-47; a SAGE Publications Ltd., por ter autorizado o uso de material de "The Wild Animal in Late Modernity: The Case of the Disneyzation of Zoos", *Tourism Studies*, 1 (1), 2001, 83-104, escrito em parceria com Alan Beardsworth, a quem sou grato também por ter consentido o uso do material produzido por nosso trabalho conjunto; e a SAGE Publications, Inc. por autorizar o uso de material de "McDonald's as a Disneyized Institution", *American Behavioral Scientist*, 41 (2), 154-67.

Neste livro, mudei ligeiramente a maneira como conceituo as dimensões da Disneyzação, em relação ao modo como estas foram apresentadas nos três artigos acima citados. Anteriormente, o consumo híbrido foi chamado "desdiferenciação do consumo". Além disso, o trabalho performático é a categoria empregada em lugar de "trabalho emocional", termo usado nas três publicações já mencionadas, porque me pareceu que era preciso recorrer a uma expressão menos específica para captar as tendências na atuação profissional que considero associada aos parques temáticos Disney.

Além disso, desejo expressar meus agradecimentos a Alan Beardsworth e Janet Wasko por seus comentários construtivos e úteis ao rascunho deste livro; a Chris Rojek e Kay Bridger, da SAGE, por sua paciência com os atrasos deste livro e por me ajudarem em todos os momentos até que enfim fosse publicado, sempre prestando um incansável apoio ao meu esforço; a George Ritzer, por nos oferecer a idéia da McDonaldização, que estimulou a elaboração do conceito da Disneyzação, e por ter enfiado na minha cabeça a idéia de escrever sobre a cadeia McDonald's; a um revisor anônimo, por seus comentários; e a Sue, Sarah e Darren por seu contínuo incentivo ao meu intrépido trabalho de campo na busca de mais indícios da extensão em que o nosso mundo está se tornando Disneyzado.

1
DISNEYZAÇÃO

Defendo, neste livro, a noção de que cada vez mais setores da sociedade e da economia estão sendo infiltrados por um processo que chamo de Disneyzação. Com "Disneyzação" quero simplesmente me referir ao

> processo por meio do qual *os princípios* dos parques temáticos Disney estão dominando cada vez mais setores da sociedade dos Estados Unidos e também do resto do mundo.

Para mim, os princípios descritos neste livro estão se insinuando em numerosas áreas da nossa vida social, cultural e econômica, e esse processo não pára de crescer. Outros autores já chamaram atenção para o fato de muitas áreas da vida moderna estarem se manifestando de maneiras parecidas com o que caracteriza um parque temático. Houve, por exemplo, um jornalista do *Times* que se referiu ao Canary Wharf, em Londres, como uma "cidade-parque temático".[1] Neste livro vou mais além dessas alusões gerais à crescente influência dos parques temáticos Disney sobre a vida social, ao delinear com mais precisão os princípios específicos a parques temáticos que, na minha opinião, estão se difundindo por nossa sociedade. Em outras palavras, o projeto deste trabalho consiste numa avaliação mais analítica da manifestação dos princípios dos parques temáticos Disney do que costuma ser feita. Ao mesmo tempo, pretendo salientar que não nos é possível atribuir a dispersão desses princípios exclusivamente ao surgimento dos parques temáticos Disney, uma vez que eles são notoriamente anteriores aos parques propriamente ditos. É provável que os princípios que nortearam a construção dos parques temáticos Disney tenham se infiltrado em nossas instituições e práticas sociais

[1] Dyckhoff (2003).

sem ajuda dos parques em si. No entanto, também é provável que o alto perfil dos parques e a freqüência com que são vistos como modelos por uma variedade de áreas – por sua tematização e arquitetura, por sua transformação da atividade de compras em algo lúdico e seus sempre solícitos e sorridentes funcionários, e assim por diante – tenham amplamente contribuído para a circulação dos princípios essenciais descritos neste texto.

A Disneyzação é retratada como uma força globalizadora. Em outras palavras, os princípios com os quais está associada estão gradualmente se difundindo por todo o globo. A questão da difusão global dos princípios da Disneyzação, em relação à globalização, é discutida no capítulo 7. Eu reconheço que a globalização se tornou simultaneamente um tópico em moda e fora de moda: em moda, no sentido de ser freqüentemente discutido na literatura, pelas sociedades modernas; fora de moda, no sentido de ter-se evidenciado uma vigorosa reação à noção de uma tendência de alcance mundial que neutraliza sem clemência culturas e costumes locais. As questões envolvidas nessas considerações também são discutidas no capítulo 7.

Os capítulos 2 a 5 investigam as dimensões da Disneyzação, a saber:

- *tematização*: revestir as instituições ou objetos com uma narrativa que, essencialmente, não tem relação com a instituição ou objeto ao qual é aplicada, como é o caso de um cassino ou restaurante com a narrativa do Velho Oeste;
- *consumo híbrido*: tendência geral por meio da qual as formas de consumo associadas com diferentes esferas institucionais tornam-se entrelaçadas umas nas outras e cada vez mais difíceis de se distinguir entre si;[2]
- *merchandising*: promoção e venda de bens na forma de, ou exibindo, imagens e/ou logos que são marcas registradas, incluindo produtos licenciados;
- *trabalho performático*: a linha de frente da prestação de serviços tende cada vez mais a ser vista como uma performance; em especial, a deliberada exibição de certo estado de ânimo é vista como parte integrante das atividades envolvidas na prestação de serviços.[3]

---

[2] Em publicações anteriores sobre a Disneyzação, referi-me a essa dimensão como *desdiferenciação do consumo*, mas resolvi empregar um termo um pouco menos opaco: *consumo híbrido*.

[3] Em publicações anteriores sobre a Disneyzação, referi-me a essa dimensão como *trabalho emocional*. Quando uso o termo *trabalho performático* pretendo mencionar uma categoria ligeiramente mais ampla, que inclui o *trabalho emocional*. Em outras palavras, hoje entendo que o trabalho emocional é um indício do trabalho performático, e que este último se refere a uma categoria ligeiramente mais ampla de formas de prestação de serviço, em particular.

Considero essas quatro dimensões emblemáticas dos parques temáticos Disney, mas elas também são princípios presentes nas entrelinhas de muitas esferas da vida moderna.

Quando essas dimensões forem individualmente abordadas, discutiremos os seguintes aspectos:

- de que maneira cada aspecto da Disneyzação se evidencia nos próprios parques temáticos Disney;
- as evidências da existência de cada aspecto da Disneyzação antes mesmo da abertura do primeiro parque temático Disney, a Disneylândia, em Anaheim, na Califórnia, em 1955 (ver Quadro 1.1).
- as evidências da difusão de cada aspecto da Disneyzação mais além dos parques temáticos Disney.

A discussão do segundo dos três tópicos acima tem a intenção de nos lembrar que não está sendo sugerido que os parques temáticos Disney foram o primeiro contexto a manifestar cada um dos quatro aspectos da Disneyzação. Em vez disso, é sugerido que os parques temáticos Disney são emblemas das quatro tendências que estamos discutindo. É quase praticamente o caso de ter-se desenrolado um processo de imitação dos princípios do parque temático Disney, devido ao seu imenso sucesso, destaque e popularidade. Quando oportuno, esses processos de imitação serão citados. No entanto, o ponto principal é que os parques exemplificam e simbolizam os quatro aspectos da Disneyzação.

Basicamente, da mesma maneira como Walt Disney não inventou a moderna técnica da animação,[4] também não inventou a Disneyzação por meio dos parques temáticos Disney. (Daqui em diante, Walt Disney será simplesmente denominado "Walt", em obediência ao costume de distinguir a pessoa da empresa que fundou e dirigiu. "Disney" será o termo usado para nos referirmos à empresa.)

A Disneyzação é uma noção paralela à de McDonaldização, proposta por Ritzer,[5] que dizia respeito à difusão dos princípios associados com essa cadeia de restaurantes *fast-food*. Aliás, a definição de Disneyzação apresentada antes tem a intenção de ser uma adaptação levemente irônica, mas não obstante séria, da definição de Ritzer para McDonaldização. O termo "Disneyzação" pretende chamar atenção para a disseminação dos *princípios* exemplificados pelos parques temáticos Disney.

[4] Bryman (1997).
[5] Ritzer (1993).

Quadro 1.1 – Os parques temáticos Disney

Como alguns leitores talvez não conheçam os parques, este quadro contém uma lista dos principais parques temáticos Disney. Hoje, os parques estão organizados como "resorts"; por isso, o Walt Disney World em Orlando, por exemplo, não é um parque temático em si, mas um "resort" que contém parques temáticos, além de muitas outras instalações Disney: três parques aquáticos, uma área com danceterias e locais noturnos (Pleasure Island), muitos hotéis, restaurantes e lojas além das existentes nos parques, e assim por diante. Conseqüentemente, a lista seguinte é organizada por "resort" e, depois, por ano de inauguração.

Disneyland Resort, Anaheim, Califórnia

Magic Kingdom (inaugurado em 1955). O parque temático original foi organizado em "terras", das quais as mais importantes são: Adventureland, Frontierland, Tomorrowland e Fantasyland. Main Street USA é a via que inexoravelmente conduz o visitante a todas as terras. Tal como em todos os parques temáticos Disney, uma terra serve de pano de fundo narrativo para as atrações que contém.

Califórnia Adventure (inaugurado em 2001). Dividido em "terras", designadas com termos da Califórnia, tais como Pacific Wharf, Bountiful Valley Farm, Condor Flats, e Hollywood Pictures Backlot.

Walt Disney World Resort, Orlando, Flórida

Magic Kingdom (inaugurado em 1971). Mais ou menos idêntico ao *Magic Kingdom* na Disneylândia (ver acima).

Epcot Center (inaugurado em 1982). Este parque temático mudou um pouco de nome em algumas ocasiões e, hoje, é chamado simplesmente "Epcot", que quer dizer *Experimental Prototype Community of Tomorrow* (Protótipo Experimental da Comunidade de Amanhã). Tem duas áreas principais: Future World, contendo pavilhões dedicados a aspectos da ciência e natureza, e World Showcase, contendo representações de uma variedade de nações.

Disney-MGM Studios (inaugurado em 1989). É dividido em "terras", designadas com termos cinematográficos e hollywoodianos, que incluem Sunset Boulevard, Hollywood Boulevard, Studio Courtyard, e Backlot.

Disney's Animal Kingdom (inaugurado em 1989). Dividido em "terras" que são designadas por termos de animais e suas localizações, tanto passadas como presentes, incluindo África, Ásia, Safari Village, Oasis e Dinoland USA.

Tokyo Disney Resort, Japão

Tokyo Disneyland (inaugurado em 1983) é mais ou menos idêntico ao Magic Kingdom na Disneylândia (ver acima), mas Frontierland é chamada de Westernland e Main Street USA é World Bazaar.

Disney Sea (inaugurado em 2001). Dividido em "terras" com temas náuticos que incluem: Port Discovery, American Waterfront, Mermaid Lagoon, Mysterious Land e Mediterranean Harbor.

Disneyland Resort Paris, França

Disneyland Park (inaugurado em 1992) é mais ou menos idêntico ao Magic Kingdom na Disneylândia (ver acima), mas Tomorrowland é chamado Discoveryland.

Walt Disney Studios (inaugurado em 2002). Dividido em "terras", é tematizado em termos dos filmes e de Hollywood, incluindo: Frontlot, Backlot, Production Courtyard e Animation Courtyard.

Hong Kong Disneyland

A fase 1 deve ser aberta em 2005. Para maiores detalhes, acesse //www.info.gov.hk/disneyland/eng.htm

Em certo sentido, a Disneyzação começa no ponto em que a McDonaldização sai de cena. A McDonaldização é freqüentemente acusada de criar um mundo homogeneizado, carente de variações. Um dos principais alicerces da Disneyzação é o crescente interesse despertado pelos bens, serviços e ambientes nos quais estes são oferecidos, em locais cada vez mais homogeneizados como decorrência da McDonaldização. Essencialmente, a Disneyzação é consumo. Consumir e, em particular, aumentar a propensão a consumir, é a força motriz da Disneyzação. A Disneyzação busca criar variedade e diferença, enquanto a McDonaldização exalta a semelhança e a similaridade. A Disneyzação substitui a monotonia cotidiana das experiências homogeneizadas de consumo por experiências freqüentemente espetaculares. Além disso, a Disneyzação busca remover nos consumidores sua necessidade de satisfazer com frugalidade necessidades básicas, instigando-os a consumir além das meras necessidades. Usemos um exemplo simples e até certo ponto estereotipado: comer numa loja padrão do McDonald's ou do Burger King pode ter a vantagem de satisfazer uma necessidade básica (fome) de forma barata e num ambiente previsível,[6] mas os restaurantes Disneyzados costumam proporcionar uma experiência que dá a impressão de ser diferente, até mesmo causando um efeito dramático, ao mesmo tempo em que o consumidor está num local que talvez aumente sua probabilidade de se envolver em outros tipos de consumo, como a aquisição de mercadorias ou a participação em atividades diversas tais como as que existem em ambientes de consumo híbrido. Os próprios ambientes de consumo híbrido muitas vezes adquirem as características de uma experiência espetacular devido à imensa variedade de oportunidades de consumo que oferecem, ainda mais quando vêm acompanhadas da tematização. Assim, em medida significativa, a Disneyzação se associa com um mundo pós-fordista de variedade e escolha, no qual o consumidor é o comandante supremo.

Disneyzação, não Disneyficação

O termo "Disneyzação" é um pouco desajeitado e também um tanto incomum, dada a predileção de muitos autores e pesquisadores pela expressão "Disneyficação". Meu motivo para preferir o primeiro é que "Disneyzação" se associa em geral a afirmações sobre os produtos da empresa Disney. "Disneyficar" significa traduzir ou transformar um objeto em algo superficial e até mesmo simplista. A apresentação de Schickel para o processo da Disneyficação é uma das mais abrangentes, além de representar muito bem os tipos de significado que costumam ser-lhe atribuído:

> ... o processo desavergonhado por meio do qual tudo que o Estúdio tocou depois, por mais que tivesse sido inédita a visão original a partir da qual o Estúdio trabalhou, foi reduzido aos termos limitados que Disney e o seu pessoal conseguiam entender. Magia, mistério, individualidade... eram consistentemente destruídos quando um trabalho literário passava pelos meandros dessa máquina que tinha sido ensinada que só havia uma única maneira correta de desenhar.[7]

[6] Apesar de pequenas diferenças internacionais; voltaremos a este aspecto no capítulo 7.
[7] Schickel (1986: 225).

Walz chama atenção para componentes similares em sua versão da Disneyficação: "Geralmente usado em tom pejorativo, o termo (Disneyficação) denota o expurgo praticado pela empresa em peças de literatura, mito e/ou história, de maneira simplificada, sentimentalizada e programática".[8] De modo semelhante, Ross escreve sobre a Disneyficação como "um processo de saneamento da cultura ou da história",[9] ao passo que Wasko[10] o associa com saneamento e americanização.

Para escritores como esses, o processo da Disneyficação trata de tornar o material sobre o qual se trabalha (um conto de fadas, um romance, um evento histórico) para que adote um formato padronizado, quase que instantaneamente reconhecível como um produto fabricado pela Disney. Na realidade, isso não é estritamente verdadeiro. A empresa Disney é tão bem-sucedida no que faz, ou seja, aplicar um modelo tipicamente seu a histórias e lendas, em particular quando produz longas de animação que depois serão comercializados junto com uma avalanche de mercadorias, que seu estilo é freqüentemente copiado. Como resultado, as platéias às vezes ficam incertas quanto ao filme ser ou não Disney e, inclusive, quanto ao parque temático ser ou não Disney (erro especialmente comum aos visitantes de Orlando). Essa possibilidade, contudo, não deve nos distrair do fato de que a Disneyficação é amplamente percebida em termos semelhantes aos acima esboçados por Schickel, Walz e outros autores.

Trivialização e saneamento

É a associação da Disneyficação com a trivialização e o saneamento que, em geral, está por trás das críticas desfechadas contra a empresa e seus produtos. Essa associação é a base das freqüentes críticas para os tratamentos que a Disney dá aos contos de fada e outras histórias. Uma crítica de Frances Clarke Sayers serve de exemplo para esse tipo de preocupação. Ela acusava Walt de "não deixar nada para a imaginação da criança";[11] de edulcorar os contos de fadas e, com isso, estragar seus efeitos e propósitos; de falsificar o que a vida é, por exemplo, eliminando os conflitos; e de menosprezar os autores. Nesse sentido, *Pocahontas* tem sido depreciado por sua narrativa colonialista que, segundo os críticos, legitima "um referencial cultural fundamentado no racismo, na antimiscigenação, no patriarcado e no capitalis-

[8] Walz (1998: 51).
[9] Ross (1999: 134).
[10] Wasko (2001: 113).
[11] Sayers (1965: 604)

mo",[12] embora nem todos os estudiosos tenham interpretado as questões da raça e do gênero no filme por um prisma negativo, não obstante sua consciência do impacto dos temas tradicionais em produções Disney, sobre a história em geral.[13] O'Brien argumenta que, tanto em *Cinderela* como em *A pequena sereia*, os contos de fadas nos quais esses filmes se basearam foram distorcidos para oferecer uma leitura patriarcal, destinada a atender as metas de marketing da empresa.[14]

Entretanto, não é só o tratamento dos contos de fadas e da literatura infantil que serve sob medida a tais críticas. Haas também escreve sobre a Disneyficação, mas no contexto dos romances de gângsteres na forma da versão Disney, para a obra de E. L. Doctorow, *Billy Bathgate*, filmada pela Touchstone Pictures, uma divisão da Disney. Para Haas, esse romance sofreu uma Disneyficação, no sentido de que a versão Disney dessa história foi "saneada", "pasteurizada e civilizada".[15] A Disneyficação também se evidencia nos temas do patriarcado e da inocência, sobrepostos à história de Doctorow. Haas argumenta que o filme foi um fracasso de crítica e bilheteria por causa de sua Disneyficação, que traiu a essência das convenções dos filmes de gângster. As platéias, acostumadas aos filmes contemporâneos do gênero, como *Os intocáveis* e *Os bons companheiros*, não estavam preparadas para o modelo alternativo imposto pela Disney e o repudiaram.

Walz também discute a Disneyficação no contexto de seu exame do trabalho de um antigo animador da Disney, Charlie Thorson que, em 1938, saiu da MGM para ir trabalhar na Warner Bros., de onde saiu dois anos depois.[16] Walz afirma que, durante o período em que Thorson trabalhou na Warner e, na realidade, na fase imediatamente posterior a sua saída, os desenhos animados da Warner Bros sofreram uma Disneyficação temporária. Enquanto Thorson esteve na casa, o Pernalonga surgiu como um personagem claramente diferente do coelho de língua afiada e "descolado", que brotaria da caneta dos animadores seguintes da Warner, como Chuck Jones. Em especial, os personagens dessa fase temporária da Disneyficação são mais engraçadinhos e mais sentimentalizados do que os do período anterior à chegada de Thorson e na fase imediatamente posterior à sua saída. Walz observa que, durante esse período, temas Disney tradicionais como os que serão en-

[12] Buescher e Ono (1996: 151).
[13] Ver Edgerton e Jackson (1996) para uma revisão das reações a esse filme.
[14] O'Brien (1996).
[15] Haas (1995: 74, 79).
[16] Walz (1998).

contrados em capítulos subseqüentes – por exemplo, anseios nostálgicos –, estavam mais evidentes.

Um segundo ataque ao mundo Disney, do ponto de vista da trivialização e do saneamento da cultura, pode ser visto na controvérsia em torno da tentativa abortada da Disney de lançar um novo parque temático chamado "Disney's America". Em 1993, Disney propôs um parque temático dedicado à história americana, a ser construído em Haymarket, perto do célebre campo de batalha Bull Run/Manassas, na Virgínia. Esse local também estaria a menos de 60 km de Washington, D.C. As propostas da Disney foram submetidas a uma avalanche de críticas, por parte de historiadores e ambientalistas. Em vez de adotar a postura de uma organização determinada a ir em frente apesar de toda a oposição, a empresa retirou a proposta no ano seguinte. Embora o termo "Disneyficação" não fosse necessariamente empregado pelos colaboradores desse debate, os comentários que fizeram sobre o provável impacto do parque e sua representação da história foram mais ou menos exatamente os mesmos dos autores que denunciam a expansão da Disneyficação.

Há dois fatores por trás da oposição ao plano. Um foi que o parque proposto deveria situar-se em local praticamente sagrado, numa área de imensa significação simbólica para o povo americano. O outro, mais pertinente à presente discussão, tinha a ver com dúvidas a respeito da habilidade da Disney para abordar a história americana de alguma outra maneira que não fosse pela trivialização e pasteurização. Como ressalta Synnott, o tratamento dispensado pela Disney à história americana nas atrações de seus parques temáticos, como a *American Adventure* no Epcot, e o *Hall of Presidents* no Magic Kingdom (ambas no Walt Disney World, em Orlando, daqui por diante simplesmente chamado Disney World), considerado por um vasto contingente de historiadores como banal, estava profundamente associado com sua falta de fé nas versões Disney da história.[17] Até mesmo Michael Eisner, o mais alto executivo da Disney, reconheceu em sua autobiografia que os historiadores achavam que a empresa "não poderia ser digna de crédito como agente capaz de retratar a história dos Estados Unidos de uma maneira suficientemente complexa, sutil e abrangente".[18] Eram especialmente notórios os temores relativos ao modo como seriam abordados temas tão complexos e controversos como os nativos americanos e a escravidão, que já tinham sido alvo de críticas

[17] Synnott (1995).
[18] Eisner (1998: 330).

consideráveis, em particular na *American Adventure*. Para Giroux, a capitulação da Disney era evidência de que a "Disnificação da cultura dos Estados Unidos" poderia ser desafiada e combatida.[19]

Um outro exemplo desse tipo de versão histórica indesejada pode ser encontrado no Colonial Williamsburg, o museu histórico vivo que homenageia a vida da classe dominante na Virgínia, durante o período colonial. Antes da revisão do museu, empreendida na década de 1970 pelos "novos historiadores", o Colonial Williamsburg era freqüentemente criticado por sua omissão dos conflitos e desigualdades, da mesma forma como as representações Disney da história tendem a ser criticadas por sua omissão das tensões e desigualdades. Como apontam Handler e Gable, o museu desse período foi muitas vezes descrito como praticamente um parque temático. Inclusive, como disse um estudioso, o Colonial Williamsburg era "uma recriação Disneyesca, bonitinha demais, certinha demais, daquela que tinha sido no passado a capital da colônia britânica na Virgínia. Um parque temático histórico".[20] Os novos historiadores tentaram injetar uma dose maciça de realismo e autenticidade no museu. No entanto, Handler e Gable, além de outros eruditos como Huxtable,[21] ainda ressaltam omissões sistemáticas naquela versão da história, considerada tipicamente livre de traços indesejáveis do passado.

Tendo em vista os propósitos deste trabalho, o ponto crucial é que a espécie de história apresentada no Colonial Williamsburg era precisamente a espécie de história considerada indesejável – por lhe faltar uma noção da natureza conflituosa e diversificada daquele período –, uma história influenciada demais pela visão Disney de como a história americana deveria ser apresentada às massas. Assim, muito embora a influência da Disney sobre a representação da história tenha servido simplesmente de inspiração, antes das incursões dos novos historiadores, foi amplamente entendida como símbolo da espécie de história que não era desejada. Os historiadores, e outros que lutaram contra o parque temático Disney's America, entendiam todos que a primeira fase do Colonial Williamsburg era exatamente a imagem do tipo de caos histórico que a Disney poderia causar, muito embora a empresa fosse tão-somente um símbolo da história expurgada, e não a responsável por sua fabricação.

O que vemos aqui é a tendência à Disneyficação aplicada ao contexto cultural, na forma de histórias e de versões da história. Em algumas oportunidades, os autores atribuem a Disneyficação a outros tipos de fenômenos.

---

[19] Giroux (1999: 118).

[20] Citado em Handler e Gable (1997: 6).

[21] Huxtable (1997).

Assim, Ross escreve que, quando saiu de Nova York para viver um ano na nova cidade Disney, Celebration, na Flórida, estava ciente do fato de que "deixava para trás uma cidade fervendo de indignação, pela Disneyficação da Times Square".[22] Giroux também escreve no mesmo tom, sobre a "Disnificação" dessa parte da cidade.[23] Estas são referências diretas à transformação operada pela Disney naquela área, por meio da instalação de uma Loja Disney matriz, na praça, e a reforma do New Amsterdam Theater, onde são exibidos filmes baseados em produções da Disney (*A bela e a fera* e *O rei leão*). Antes da chegada da Disney, Times Square tinha se tornado uma área perigosa e decadente, repleta de *sex-shops*, nichos de prostituição e tráfico de drogas. Tinha se tornado um local que muitos nova-iorquinos preferiam evitar, a menos que estivessem interessados justamente nas possibilidades menos que decentes que predominavam por ali. A chegada da Disney e sua colonização da área saneou Times Square e encorajou a abertura de uma ampla quantidade de restaurantes e lojas de varejo. Tornou-se um ponto turístico e de interesse para consumidores no centro da cidade. Embora Giroux reconheça que essa transformação possa ter trazido benefícios, na forma de um leque maior de opções de entretenimento para uma área usada tanto por nova-iorquinos como por turistas, ele também enxerga ali evidências da tendência Disney à trivialização e ao saneamento costumeiros. Além disso, salienta que a praça regenerada proporciona à empresa mais uma oportunidade de promover sua imagem e instaurar passos subseqüentes de sua visão homogeneizadora do mundo, além de garantir mais espaço para as franquias da corporação.

O tom desses comentários é quase que incansavelmente negativo. Até mesmo a versão de Walz, que reconhece a qualidade de uma grande parte do trabalho gráfico de Thorson, também admite que os desenhos que criou para a Warner são consideravelmente mais bem-comportados e com uma percepção menos afiada do que as animações que ocorreram nos anos posteriores à saída de Thorson, quando sua influência sobre o estúdio tinha começado a diminuir.[24] É, no entanto, precisamente esse tom negativo que é o problema, porque a Disneyficação se tornou sinônimo para produtos sem profundidade. Tornou-se difícil discutir com neutralidade os impactos de Walt Disney e sua companhia quando se recorre à Disneyficação como referência para se discutir a natureza desses impactos. Sobretudo, a ênfase tende a recair em produtos culturais tais como histórias e representações históricas,

[22] Ross (1999: 6).
[23] Giroux (1999: 157).
[24] Walz (1998).

em lugar de em mudanças mais amplas na cultura e na economia. A menção da Disneyficação (ou Disnificação) de Times Square por autores como Ross e Giroux chama atenção para a influência da Disney nessa área, mas não faz muito mais que isso. Existe até mesmo uma imprecisão nesse termo. O foco da definição de Walz para a Disneyficação, como um processo que envolve sentimentalização, simplificação e uma forma programada de fazer as coisas, é só em parte aplicado com rigor na análise dos desenhos animados da Warner, nos quais a ênfase recai mais sobre a atratividade dos personagens engraçadinhos, e que só têm uma conexão imprecisa com a definição.

Em outras palavras, o problema para o cientista social que confronta uma discussão sobre o impacto mais largo da empresa Disney e os aspectos emblemáticos de suas operações é que o termo mais freqüentemente empregado – Disneyficação – se tornou distorcido por uma visão basicamente negativa da empresa e sua influência. Além disso, a Disneyficação tornou-se amplamente associada com uma determinada postura quanto a esse impacto, ou seja, que o processo só tem quase que ver com saneamento e trivialização. Mesmo assim, o breve levantamento de umas poucas definições sugere que o termo não tem um significado particular e não é necessariamente aplicado de maneira rigorosa ou consistente.

Há exceções, no que tange a este último ponto. Warren escreve sobre a Disneyficação da metrópole e, nesse sentido, volta-se para a maneira como os parques Disney têm sido usados para representar "toda uma abordagem do planejamento urbano".[25] A Disneyficação não é definida de maneira explícita, mas pode ser deduzida dos componentes da cidade Disney. Em primeiro lugar, é uma ordem social controlada por uma organização todo-poderosa. Depois, localizamos uma brecha entre a produção e o consumo, que é efetivada "por meio da remoção visual de todo e qualquer indício de produção e pelo revestimento do consumo com camadas e camadas de fantasia, de modo que os residentes são impedidos de enxergar os reais processos de trabalho que condicionam e definem suas vidas".[26] Em terceiro lugar, é somente a capacidade de consumo dos residentes que é vista como significativa ou importante em algum sentido. Warren demonstra que, além da imitação dos princípios de planejamento que podem ser discernidos nos parques temáticos Disney, os representantes Disney às vezes agiram como consultores de planejamento urbano, como no caso do projeto de reforma do centro cívico

---

[25] Warren (1994: 90).
[26] Warren (1994: 92).

de Seattle. A autora demonstra como a Disneyficação de Seattle sofreu resistência dos habitantes, neste caso em particular.

Esta é uma análise interessante que, em determinada medida, é diferente de outros tratamentos dispensados ao processo da Disneyficação, em particular por seu tom menos negativo e, secundariamente, por uma aplicação mais sistemática dessa idéia a ambientes construídos, do que o constatado nas rápidas alusões anteriores à Disneyficação de Times Square. Optei, porém, por não usar "Disneyficação" neste livro, porque quis um termo que não viesse acompanhado de um lastro negativo e que tampouco tivesse sido empregado em outros contextos, o que me permitiria gerar uma discussão saudável sobre a difusão dos princípios associados com os parques temáticos Disney.

Reflexões sobre a Disneyzação

"Disneyzação" parece corresponder às exigências apresentadas no último parágrafo, não obstante sua deselegância. Não posso alegar que o termo nunca tenha sido usado antes. Por exemplo, numa notícia de jornal em Las Vegas, o jornalista Warren Bates escreveu: "Os distribuidores de material adulto sobre a *strip* de Las Vegas acusaram o legislativo local que tentou derivar sua atividade da tentativa de promover a 'Disneyzação' da cidade".[27] Essa referência chama a atenção para o costume, característico da "*strip*" em Las Vegas (a principal avenida na cidade, na qual estão situados seus mais famosos hotéis-cassinos), de se distribuir panfletos anunciando bares de sex-shows e outras "atrações" parecidas. No entanto, como será discutido em outros capítulos, desde o final da década de 1980 os hotéis de Las Vegas vêm tentando reposicionar-se como locais de diversão não só para adultos mas também para crianças, com a inclusão de atrações de parques temáticos. É a isso que Bates se refere quando fala da "Disneyzação de Las Vegas". Jogar impensadamente na mão dos transeuntes material promocional de sex-shows é uma estratégia inconsistente com esse realinhamento comercial. Las Vegas tem sido muitas vezes chamada de a Disneylândia adulta, mas para o autor dessa nota de jornal a Disneyzação significa tornar a cidade adequada tanto para crianças como para adultos.

Um outro uso do termo está no artigo sobre "Disneyite" no *The New Yorker*, escrito por Brendan Gill, no qual ele afirma que a arquitetura nos Estados Unidos está se tornando cada vez mais "Disneyzada". Ele chama atenção para diversos exemplos, tais como o State of Illinois Center, em

[27] Bates (1997).

Chicago, projetado por Helmut Jahn. Segundo Gill, esse centro faz parte de uma tendência por meio da qual "edifícios públicos e privados exibem o selo da brinquedolândia".[28] Na realidade, ele afirma que o uso de um termo como "Centro" em vez de "Edifício da Administração Estadual" já pretende insinuar uma atmosfera de prazeres, em contraste com a monótona realidade da rotina burocrática e dos sons que a acompanham, e que provavelmente caracterizam um edifício destinado à administração pública. Em certo sentido, Gill ignora aqui um outro ponto relacionado com a Disneyzação: o uso de um termo que pretende dizer o que uma coisa é, ao mesmo tempo em que está dizendo uma outra coisa, é típico do "idioma" da Disney, aquela língua especial em que se fala de "elenco" (os funcionários) e "convidados" (visitantes pagantes), um tópico que abordaremos logo a seguir (Quadro 1.2). Usar termos dessa maneira pode ser uma outra forma de permitir que a narrativa Disney influencie nossa percepção.

Nós também não deveríamos nos surpreender com outros autores que salientam a influência da Disney. Edward Ball, escrevendo para o *Village Voice*, chamou a empresa de "o laboratório urbano dos Estados Unidos, a clínica cujas invenções mirabolantes são exportadas para os quatro cantos do mundo".[29] Em certo sentido, não é a empresa em si que é o laboratório, mas seus parques temáticos. São esses que tiveram a influência mais profunda e levaram arquitetos a se entusiasmar com seus designs.[30] Não obstante, não devemos nos deixar arrastar pelo tema da influência da empresa Disney e seus parques temáticos. É indispensável lembrar que a Disneyzação não diz respeito à influência da Disney mas, sim, à difusão dos princípios exemplificados por seus parques temáticos. Pode-se comprovar que as quatro dimensões da Disneyzação antecedem a inauguração da Disneylândia; portanto, insisto em apresentar, em capítulos separados, algumas evidências de que a Disneyzação precede a abertura do primeiro parque temático Disney.

Apesar de um uso ocasional do termo, em contextos como o do panfleto de Las Vegas, "Disneyzação" parece ser um termo que teve menos conotações e implicações que "Disneyficação". Por conseguinte, pareceu

---

[28] Gill (1991: 97).
[29] Ball (1991: 81).
[30] Por exemplo, Goldberger (1972).

Quadro 1.2 – A linguagem Disney

Os parques temáticos Disney estão muito associados com a geração de uma linguagem especial para descrever (ou mascarar, diriam alguns) grupos e atividades diferentes. Muitos desses termos podem ser entendidos como uma metáfora para uma atividade; essa observação tem uma ligação importante com as questões tratadas no Capítulo 5. Veja abaixo uma lista com alguns dos termos Disney mais comuns e seus equivalentes:

Uso comum	Linguagem Disney
visitante/cliente do parque temático	convidado
empregado	elenco
funcionário do atendimento	anfitriã/anfitrião
áreas públicas	palco
áreas restritas	coxia
brinquedo ou show do parque temático	atração
contratar para um trabalho	escalar elenco
emprego	papel
supervisor	protagonista
uniforme	figurino
entrevista de emprego	audição
multidão	platéia
acidente	incidente
fila	saguão de acesso
criador de uma atração	imaginador
robô falante	boneco audio animatrônico

Fontes: Bryman (1995:108); Instituto Disney (2001: 81); Koenig (1994)

mais como uma tábula rasa sobre a qual eu poderia inscrever minha perspectiva particular, ou seja, apresentar esse termo em relação à disseminação de princípios com os quais os parques temáticos Disney estão associados. Além disso, embora Warren[31] seja uma rara exceção, as exposições sobre a Disneyficação raramente discutem os princípios subjacentes aos aspectos

[31] Warren (1994).

que expõem e, em geral, não se preocupam com questões de alcance maior, que estão ligadas à influência da Disney sobre a cultura como um todo (em oposição ao seu impacto sobre textos específicos, como os contos de fadas). Neste livro, busco mostrar, portanto, que a Disneyzação tem a ver com a miríade de maneiras em que os traços distintivos dos parques temáticos Disney se infiltram pela economia e pela cultura de consumo dos tempos atuais.

O que algumas dessas alusões também sugerem é que a Disney e seus parques temáticos são freqüentemente tratados como pontos de referência. Quando Wolf observa que todos querem que sua marca seja como a Disney,[32] ou quando estudiosos expressam admiração pela sinergia de seus produtos, o que estamos vendo é uma clara noção de que a Disney, e seus parques temáticos em especial, oferecem um modelo altamente procurado pelo setor de prestação de serviços. Com isso, embora em parte deste livro eu chame atenção para a maneira como Walt capitalizou a partir de tendências ou traços pré-existentes para planejar a Disneylândia, também é, sem sombra de dúvida, o caso de se afirmar que os parques temáticos Disney são, em si mesmo, muito copiados.

Há uma distinção útil que se pode traçar entre a *Disneyzação estrutural* e a *transferida*.[33] A primeira tem a ver com uma coleção de mudanças subjacentes, meramente exemplificadas pelos parques temáticos Disney. A Disneyzação transferida ocorre quando os princípios associados com os parques temáticos Disney são atribuídos a outras esferas como, por exemplo, um *shopping center*. Assim, dois conjuntos separados de processos podem estar em ação na difusão da Disneyzação: o primeiro diz respeito ao fato de que há várias mudanças na sociedade das quais os parques temáticos Disney são exemplos; o segundo conjunto reconhece o sucesso dos parques temáticos Disney e a probabilidade de que muitos de seus ingredientes podem ser (como muitas vezes são mesmo) copiados e realocados. Uma distinção semelhante poderia ser relevante também para a McDonaldização, em termos de seus princípios subjacentes, mas esse aspecto está além do escopo do presente livro. Na prática, é provavelmente difícil distinguir entre casos concretos de Disneyzação quanto a qual tipo de processo – se estrutural, se transferido – está em andamento, mas a existência da distinção entre ambos é

[32] Wolf (1999: 224).

[33] Beardsworth e Bryman (2001).

instrutiva, tendo em vista que nos faz lembrar que os parques temáticos Disney são bastante copiados.

Conclusão

Neste capítulo introdutório, apresentei o que quero dizer com Disneyzação, em termos bastante gerais. Disneyzação deve ser distinguido de "Disneyficação", que hoje se refere a uma abordagem específica da literatura e da história, marcada por uma rasa simplificação que também expurga o objeto Disneyficado de todas as eventuais nuances desagradáveis. Enquanto que "Disneyzação" padece do fato de também ter sido um termo usado por outros autores, e de ainda ser meio desajeitado, vem menos sobrecarregado com outras associações e, assim, me pareceu preferível. O ponto principal a se ter em mente a respeito desse termo é que tem a ver com a disseminação de princípios associados com os parques temáticos Disney, princípios que antecedem a inauguração do primeiro parque, em 1955. Sem dúvida, os princípios descritos nos próximos quatro capítulos são diretamente copiados uma parte do tempo. De fato, a Disney às vezes é cúmplice dessa cópia porque oferece cursos nos quais são apresentados a administradores e gerentes o modo como os parques funcionam, as razões para o uso daqueles procedimentos específicos e qual a melhor maneira de colocá-los em prática.[34] Quando os princípios dos parques temáticos Disney são aprendidos e diretamente aplicados em outras esferas, dessa maneira, podemos dizer que esse processo é um exemplo de Disneyzação *transferida* explícita.

É inevitável que os leitores já familiarizados com o eminente trabalho de Ritzer sobre a McDonaldização[35] venham a fazer comparações com esse conceito, uma vez que, como dissemos antes, a definição de Disneyzação é uma adaptação da de Ritzer. Na verdade, a Disneyzação e a McDonaldização podem ser concebidas como processos paralelos em vez de rivais, seja qual for o ângulo adotado para examiná-los. Ambos são relatos viáveis de algumas das mudanças notadas na sociedade moderna. Apesar de nenhum ser um relato completo, cada um deles serve, não obstante, de trampolim para se compreender uma parte dos processos que vemos se desenrolando a nossa volta, e representam breves versões dos referidos processos.

---

[34] Eisman (1993).
[35] Ritzer (1993).

Neste capítulo, a Disneyzação foi retratada como um conjunto de princípios pertinentes a um mundo consumista, no qual a McDonaldização implantou uma homogeneidade, e que, nos locais onde funciona, oferece projetos de escolha, diferenciação e, muitas vezes, ambientes espetaculares. Tanto a Disneyzação como a McDonaldização dizem respeito ao consumo, mas enquanto este se assenta na racionalização e suas associações com o fordismo, a administração científica e a burocracia, as afinidades da Disneyzação são com o mundo pós-fordista da variedade e do consumidor que tem escolhas. Essas questões serão retomadas no capítulo final.

2
Tematização

Provavelmente, a tematização é a dimensão mais óbvia da Disneyzação. Como essa expressão deve se referir à difusão dos princípios dos parques *temáticos* Disney, e como a noção de *tema* é, por definição, parte do processo, é inevitável que se tornasse um componente importante da análise. Mas o que é tematização? A tematização consiste em aplicar uma narrativa a instituições ou localizações. De modo típico, a fonte do tema é externa à instituição ou objeto ao qual está sendo aplicado. Em geral, esse caráter externo do tema se revela em termos de espaço, tempo, esfera, ou uma combinação desses fatores.

A tematização proporciona um verniz de significado e simbolismo aos objetos aos quais é aplicada. Sua intenção é dotá-los de um significado que transcende ou, no mínimo, se adiciona ao que *são* na realidade. Ao dotar objetos de significados através da tematização, a expectativa é que se tornem mais atraentes e interessantes do que seriam se não fosse por esse processo. As razões para uma tematização serão investigadas mais detalhadamente a seguir, mas, para adiantar alguns dos motivos que serão discutidos, podemos encarar a questão do ponto de vista do fornecedor do ambiente tematizado e seu consumidor.

Por que tema?

Do ponto de vista do consumidor do ambiente tematizado, a tematização oferece a oportunidade de ser entretido e de experimentar novas sensações. Alguns autores sugerem que vivemos numa economia de entretenimento,[1] na qual a constante exposição a formas de entretenimento – mais notadamente

[1] Wolf (1999).

por meio da televisão, de filmes e jogos de computador – nos leva a esperar que seremos entretidos, mesmo quando o entretenimento não é o foco principal da atividade. Em relação a tal expectativa, quando uma porção tão representativa dos cenários do consumidor é composta por dimensões homogeneizadas e padronizadas – shoppings, lojas e restaurantes praticamente iguais –, o entretenimento proporciona um nível adicional de satisfação que agrega encanto ao que é o mesmo ou o similar, promovendo pelo menos uma diferenciação parcial. Ritzer, por exemplo, argumenta que a tematização e outras estratégias desse naipe ajudam a tornar encantadores os locais de consumo, num mundo cada vez mais McDonaldizado e, por isso, padronizado.[2]

Como a balança do consumo de muitas pessoas deslocou-se da aquisição de bens para a de serviços, elas começam a buscar mais e mais esses tipos de serviços. No entanto, é bastante sabido que a satisfação e a insatisfação dos consumidores com um serviço só em parte são condicionadas pela qualidade objetiva do serviço em si. O *panorama do sistema* é crucial à resposta do consumidor.[3] O panorama do sistema é composto por uma miríade de aspectos agregados ao serviço propriamente dito (embora, em termos práticos, possa ser difícil remover o serviço do sistema em que está inserido). O panorama sistêmico do serviço envolve pistas e componentes para o consumidor, que se relacionam com uma satisfatória utilização do serviço. Os mais notáveis componentes dentre todos são o ambiente físico em que o serviço é prestado e a maneira como é oferecido,[4] ou seja, a tematização forma um componente importante do panorama sistêmico do serviço.

Indiscutivelmente, os serviços que oferecem entretenimento têm mais chance se ser satisfatórios do que aqueles que não entretêm, em especial para os consumidores bem providos do capital cultural adequado à produção de impressões positivas, ou até mesmo extáticas. Os serviços que entretêm e são memoráveis – que proporcionam prazer – são os tipos de experiências que estão se tornando cada vez mais os aspectos esperados. Fatos como parques temáticos podem ter uma parcela de responsabilidade por essa inflação das expectativas pela provisão de certos serviços, o que resulta em serviços na forma de compras e refeições que ocorrem em ambientes tematizados e que, por conseguinte, oferecem entretenimento. O princípio do serviço-com-tema caracteriza esses locais e gera experiências que têm mais possibilidade de ser memoráveis aos consumidores, especialmente quando retornam como

---

[2] Ritzer (1999).
[3] Bitner (1992).
[4] Solomon (1998).

formas mais brandas de panorama sistêmico do serviço. Cada vez mais, portanto, vivemos numa *economia de experiências*, em que os consumidores buscam serviços que serão fornecidos de maneira a entretê-los, e que resultarão em experiências memoráveis.[5]

Do ponto de vista dos prestadores de serviços, eles sabem que muitos consumidores estão se cansando, cada vez mais, dos serviços e ambientes padronizados que encontram o tempo todo. A tematização ajuda a diferenciar um serviço, ou contexto, dos demais. Dessa forma, um ambiente capaz de entreter e que estimula os sentidos pode ser um mecanismo para distinguir aquele serviço de um outro, prestado pelos diversos fornecedores no mercado, mesmo que em si os serviços possam ser todos mais ou menos idênticos. Esta proposta é uma extensão do princípio que já conhecemos há muito tempo, a saber, que as pessoas não consomem apenas com base no valor do uso. Como já terá percebido qualquer pessoa que estude os anúncios da Coca-Cola, essa companhia raramente tenta vender seu famoso refrigerante apenas com base no sabor da bebida; em vez disso, ela situa seu produto como fonte de identidade e estilo de vida. Essa mesma espécie de fórmula é válida em muitas outras áreas da prestação de serviços; ao criar um local envolvente para o ato do consumo, o ambiente tematizado se torna um componente de destaque do serviço e da reação que esse serviço provoca no consumidor. Aliás, a natureza do ambiente tematizado pode até mesmo se associar com os projetos de identidade e estilo de vida do consumidor.

Entretanto, a tematização acarreta diversos problemas para os prestadores de serviços. Nesta altura, pode ser útil salientar dois pontos, antecipando-nos a alguns comentários que serão feitos a seguir. Primeiro: a tematização é um processo dispendioso. Requer investimentos maciços, sem a menor certeza de que o tema, e a forma como será apresentado, serão suficientemente envolventes para compensar os gastos. Provavelmente, os custos da tematização terão a ver com os gastos necessários à criação de um local físico para o tema, em termos de estímulos visuais, auditivos, e até mesmo táteis, assim como com os custos de treinamento do pessoal, de acordo com o tema, além de outros aspectos para uma adequada prestação de serviços. Além de tudo isso, mesmo que o tema tenha sido muito bem implementado no plano concreto, ele pode simplesmente não atrair a atenção dos consumidores. Em segundo lugar, é provável que as expectativas

[5] Pine e Gilmore (1999).

por ambientes tematizados funcionem como lingüeta de catraca marcando as passagens: seu número não pára de aumentar. Para os empresários que estão entrando no ramo da prestação de serviços tematizados, isso significa que os custos provavelmente crescerão sem cessar, conforme aumentam os valores investidos na tematização. No caso dos fornecedores já em operação, eles têm de lidar com o fato de que aquilo que é inovador e excitante hoje já terá perdido a graça e estará banalizado amanhã, à medida que novos investidores entram no mercado com idéias mais envolventes e recursos ainda mais vigorosos para colocá-las em prática. Como veremos adiante, o mundo da tematização está entulhado com os restos de fracassos de alto perfil, ao lado de alguns casos que conheceram um sucesso espetacular.

Fontes dos temas

As fontes dos temas são muitas e variadas, mas a cultura moderna, juntamente com a sua própria leitura de outras culturas e épocas, constitui uma rica fonte de temas à qual recorrer. Referindo-se aos ambientes construídos nos Estados Unidos, Gottdiener[6] identificou nove temas predominantes: status; paraíso tropical; o velho oeste a ser desbravado; a civilização clássica; nostalgia; fantasia árabe; motivos urbanos; arquitetura e sistema de vigilância das fortalezas; modernismo e progresso. Essencialmente, podemos comprovar aqui que a geografia, a história e a organização social funcionam como ricos acervos de narrativas aos quais os arquitetos podem recorrer em suas tematizações. Entretanto, a lista de Gottdiener não é de maneira alguma todo-abrangente, e omite três das fontes mais famosas de tematização, cada uma das quais será abordada neste capítulo e em outras partes do livro: a música e, em particular, o rock; esportes; Hollywood e os filmes em geral. Schmitt e Simonson sugerem cinco "dominantes culturais" que são fonte de temas: o mundo físico; conceitos filosóficos e psicológicos; religião, política e história; as artes; a moda e a cultura popular.[7] Embora usem categorias um pouco mais amplas que as de Gottdiener, elas são mais propensas a se sobrepor. Por exemplo, será que Hollywood como tema cai na mesma categoria das artes, ou é mais um item da cultura popular? Não obstante, essa revisão de duas taxonomias influentes de fontes de tematização analisa um rico acervo de fontes que os arquitetos da tematização podem utilizar.

[6] Gottdiener (2001).
[7] Schmitt e Simonson (1997).

- Local: nações, cidades ou até mesmo planetas.
- Tempo: passado, presente e futuro. Imagens do passado são extraídas especialmente do senso de nostalgia que, freqüentemente, são destinadas a despertar.
- Esportes: esportes em geral, além de esportes individuais.
- Música: rock e outros gêneros, como Motown, *country* e *western*.
- Cinema: filmes em geral, assim como gêneros especiais ou personagens influentes.
- Moda: roupas e modelos.
- Bens de consumo: carros e motocicletas.
- Arquitetura: ícones da construção.
- Mundo natural: ambientes naturais simbólicos, tais como a floresta tropical e a savana, ou vulcões.
- Literatura: figuras literárias muito conhecidas, como Sherlock Holmes, dr. Jekyll e o sr. Hyde, além de contos de fadas.
- Moralidade ou filosofia, noções como a de conservação.

Muito freqüentemente, um tema pode conter mais de um desses ingredientes. Por exemplo, o tema do oeste selvagem, que tem sido um motivo temático muito popular e de influência bastante evidente nos primeiros tempos da tematização dos cassinos e hotéis em Las Vegas,[8] contém elementos de lugar (os Estados Unidos), tempo (um período do passado), do cinema (no sentido de, invariavelmente, ser uma versão cinematográfica do velho oeste selvagem que é apresentada), e também possivelmente o mundo natural (com o uso de panoramas bem conhecidos, como foi o caso de John Ford e seu uso de Monument Valley).

Essa lista omitiu uma outra fonte de tematizações:

- A empresa e seu logo.

Muitas marcas e logos de empresas tornam-se tão conhecidas que, em si mesmas, acabam servindo de temas. Não se encaixam na definição de tematização apresentada acima, quando sugerimos que, de modo típico, a fonte do tema é externa à instituição ou objeto ao qual o tema é aplicado. Os logos e marcas de empresas são exceções à dimensão externa de um tema e são a razão de ter usado a expressão "de modo típico", na apresentação da definição. Bear-

[8] Ritzer e Stillman (2001a).

dsworth e Bryman referem-se a essa espécie de tematização como *tematização reflexiva*, por meio da qual o tema, a marca e sua expressão se tornam coincidentes. Com a tematização reflexiva, a organização não recorre a elementos externos para sua narrativa; em vez disso, os elementos temáticos são gerados internamente e, depois, reproduzidos continuamente. Com essa modalidade de tematização, o "ambiente tematizado se refere reflexivamente a si próprio e à população de clones que o refletem e são refletidos por ele".[9] Schmitt e Simonson também reconhecem que marcas e logos corporativos podem agir como temas, quando dizem: "Os temas se referem ao conteúdo, ao significado, à imagem projetada de uma identidade. Temas e marcas corporativas são sinais e símbolos culturais criados... para expressar características da corporação e da marca".[10] Essa tematização é essencialmente auto-referente e se refere aos casos relativamente incomuns nos quais uma marca fornece o seu próprio tema.

Essas doze fontes de tematização têm o objetivo de formar um contexto para a análise que segue. Além disso, as diferentes fontes ou tipos de temas freqüentemente se sobrepõem. Por exemplo, um tema pode combinar uma sensação de lugar e tempo, como inspiração. Assim, os comerciantes e as corporações contemporâneas têm um rico acervo de idéias ao qual recorrer para encobrir o aspecto comercial dos temas, como fez Walt Disney quando deu início aos seus planos para a Disneylândia.

Tematização nos parques temáticos Disney

Pode-se dizer que a tematização dos parques temáticos Disney atua em diversos níveis. Em primeiro lugar, cada parque é tematizado em si, no sentido de contar com uma unidade narrativa todo-abrangente. A Disneylândia foi revestida do tema geral "celebrar os Estados Unidos e suas conquistas", e também foi montada como um local mágico em que as pessoas podem deixar de lado as ásperas realidades do mundo que existe além de seus muros.

Em segundo lugar, cada parque temático Disney é dividido em "terras" tematizadas, cada qual com sua própria coerência e integridade temáticas. Os Reinos Mágicos são divididos nas seguintes terras principais, cada qual com seu próprio tema: "Adventureland", "Frontierland", "Tomorrowland" (ou "Discoveryland"); e "Fantasyland". Cada um dos reinos mágicos também tem outras terras ou regiões (como "New Orleans Square" e "Mickey's Toontime", na Disneylândia), além de "Main Street USA", a principal via de

---

[9] Beardsworth e Bryman (1999: 243).
[10] Schmitt e Simonson (1997: 124).

distribuição por meio da qual os visitantes podem alcançar as terras. No entanto, essas quatro terras são comuns a todos os Reinos Mágicos. O tema de cada terra ou região é expresso na arquitetura, decoração, ambientação, vestuário dos componentes do elenco (funcionários), som, alimentos e artigos para venda. As atrações – brinquedos e shows – são igualmente adaptados à terra em que se localizam. Assim, a Big Thunder Mountain Railroad (que é basicamente um trem para minério num trilho em circuito fechado), na Frontierland, é tematizada do começo ao fim: desde o nome, e o uniforme dos funcionários, até a música (*country* e *western*), os pôsteres, a estrutura das cabines de madeira, a quantidade de rochas vermelhas e cactos, figuras audioanimatrônicas que falam o jargão e o dialeto do oeste selvagem e usam trajes de vaqueiro, e assim por diante. É, sem qualquer sombra de dúvida, o Velho Oeste. Quando Mickey ou qualquer outro dos personagens Disney aparecem como integrantes do elenco, eles também estão vestidos com uniformes apropriados. Assim, o Pato Donald está com um boné jovial quando posa para fotos da "França", no Showcase do Epcot World.

> Em vez de apresentar uma coleção aleatória de montanhas-russas, rodas-gigantes e carrosséis, numa atmosfera feérica, esses parques são divididos em áreas distintas, que chamam de "terras", nas quais um tema escolhido (como uma aventura exótica, contos de fadas infantis ou a vida nas fronteiras do oeste dos Estados Unidos no século XIX) é apresentado por meio da arquitetura, dos cenários e ambientações, do vestuário, da música, dos entretenimentos ao vivo, das atrações, e das mercadorias, alimentos e bebidas. Dentro de uma determinada terra, as invasões e distrações do tema são minimizadas, de maneira que o visitante se deixa absorver pela atmosfera... Os restaurantes e lojas de venda a varejo nos parques temáticos Disney são projetados para entreter os visitantes e dar continuidade ao tema.[11]

Além disso, as distrações são mantidas na menor dose possível nos parques temáticos do Reino Mágico, por meio de uma separação física destinada a garantir que, na medida do possível, as descontinuidades temáticas sejam minimizadas, ocultando-se as terras umas das outras. Essa insistência parece ter sido relaxada, em grande medida, nos outros parques temáticos Disney, no sentido de que os diferentes componentes são visíveis, uns a partir dos

[11] Euro Disneyland S.C.A. põe à venda 10.691.000 ações, por meio da S.G. Warburg Securities. A citação está na página 13.

outros. Assim, por exemplo, o World Showcase no Epcot pode ser visto do outro lado do lago, por quem está no Future World, e vice-versa, e os diversos pavilhões, dentro dessas áreas, são invariavelmente visíveis entre si.

O terceiro nível da tematização nos parques temáticos Disney é a própria empresa Disney. A Disney pode recorrer a exibir sua fama como fornecedora de experiências mágicas, especialmente aquelas destinadas às crianças, e ao consagrado celeiro de personagens que criou e popularizou por todo o planeta. Em certo sentido, isso é uma forma de tematização reflexa, mas muito mais rica do que a disponível à maioria das organizações envolvidas nessas tematizações, tendo em vista que se estende mais além dos logos da empresa e de uma arquitetura estilizada. Para a Disney, essa camada adicional da tematização pode ser incorporada pelos funcionários vestidos com as fantasias de Mickey, Branca de Neve e Buzz Lightyears, que povoam os parques para sessões de fotos e autógrafos.

É o segundo dos três sentidos da tematização dos parques temáticos Disney que provavelmente é o mais significativo e o mais copiado. A idéia é mergulhar o visitante (ou "convidado", na linguagem Disney) em outro mundo. Uma das principais razões para a tematização era que Walt achava que isso diferenciaria sua idéia de um parque temático dos parques de diversão tradicionais e, por isso, se tornaria mais interessante para os adultos. Walt não apreciava os parques de diversão tradicionais porque achava que eram desleixados, espalhafatosos e de mau-gosto. Essa sensação de desleixo era especialmente o resultado da atmosfera criada pelos donos dos brinquedos ou estandes, que ficavam gritando e anunciando suas atrações em altos brados para atrair os passantes, geralmente sem muita educação. Ele detestava esse ambiente e muitas vezes disse isso em suas memórias, expressando o quanto se sentia incomodado, quando ia com as duas filhas (Diane e Sharon) a esses locais.

Um outro momento, que é muitas vezes repetido, se refere ao episódio em que ele mencionou pela primeira vez para a esposa, Lillian, sua intenção de construir um parque de diversões, ao que ela retrucou que estava muito decepcionada porque aqueles lugares eram horríveis. As pessoas dizem que Walt explicou que seu parque não seria daquele jeito. Sim, a antipatia de Walt pelos parques de diversão nasceu de suas experiências pessoais como visitante relutante e do sentimento de que aqueles parques não só poderiam ser muito melhores como até seria possível se tornarem atraentes para adultos também. Ele notou ainda que muitos pais, como ele, só iam aos parques tradicionais para agradar os filhos.[12]

---

[12] Bryman (1995).

A Disneylândia foi concebida como uma homenagem ao passado dos Estados Unidos e como cântico triunfal sobre o futuro ou, nas palavras do próprio Walt: "a geração mais velha pode reviver com nostalgia os dias passados, e a geração mais jovem pode saborear o desafio do futuro".[13] O primeiro elemento permitiu que Walt revestisse muitos brinquedos e locais do parque com pesadas doses do que lhe parecia ser atrativo para o público adulto. "Main Street USA", a via de acesso e distribuição para as atrações, exemplifica esse sentimento com sua ostensiva proposta de se referir ao meio-oeste dos Estados Unidos, no início do século XX, com o qual muitos adultos americanos poderiam nostalgicamente se identificar. No mesmo sentido, "Frontierland" traz à mente a época do Velho Oeste, mas de maneira cinematográfica, e essa "terra" foi projetada para oferecer uma série de imagens com as quais os adultos poderiam facilmente se associar. O próprio processo da tematização foi essencial à elaboração dessa estratégia de diferenciação de produtos, uma vez que quase todos os parques de diversão anteriores à Disneylândia eram colagens mal-ajambradas de brinquedos que proporcionavam níveis variáveis de excitação.

O gênio de Walt, nesse sentido, foi transformar em entusiasmo a relutância dos adultos visitantes desses locais. Restam poucas dúvidas de que ele foi totalmente bem-sucedido quanto a isso, uma vez que a proporção de adultos para crianças visitando seus parques em geral é de quatro para um.[14] O fato de que, nos parques Disney nos Estados Unidos, muitos são visitantes voltando mais de uma vez é um testemunho adicional de seu sucesso em atrair adultos, e de sua importância para consolidar uma ligação com esse público.

A tematização realizou pelo menos duas coisas. Primeiro, estabeleceu coerência entre os vários brinquedos e atrações da Disneylândia e dos locais em que estão situados. Em segundo lugar, no desenho dos brinquedos e atrações, a ênfase foi colocada em sua tematização, em vez de no fator excitação, que era sempre destacado nos parques de diversão tradicionais. Na realidade, no início Walt não planejou montanhas-russas para diferenciar o seu parque dos outros parques de diversão, que ele tanto detestava. Aos poucos, esses brinquedos acabaram sendo incorporados em decorrência da pressão de visitantes mais jovens, que achavam as opções do parque Disney muito paradas. Contudo, quando esses brinquedos foram construídos, vieram revestidos de uma forma acentuadamente tematizada; por exemplo, a Big Thunder Moun-

[13] Citado em Mosley (1986: 221).
[14] Findlay (1992: 80).

tain Railroad (tematizada à base dos mineradores do Velho Oeste), a Space Mountain (uma viagem espacial), e a Splash Mountain (*Song of the South*). Ao estabelecer uma coerência entre os brinquedos, e ao colocar a ênfase no tema em vez de na excitação, Walt pôde diferenciar sua Disneylândia dos parques de diversão tradicionais, com que ele tanto antipatizava.

Precursores da tematização

Seria um erro achar que a Disneylândia é o parque precursor da tematização. Ele pode ter agido (como é praticamente certo que tenha mesmo agido) como incentivo poderoso à compreensão da importância e das possibilidades abertas pela tematização, mas seus princípios básicos já podem ser discernidos numa série de precursores. Entre esses há dois tipos que se salientam. Um são os parques de diversão que tinham incorporado aspectos elementares da tematização em seus primeiros estágios. O Luna Park e o Dreamland Park, em Coney Island, são exemplos disso, no sentido de que as atrações eram formatadas em motivos exóticos e às vezes eróticos. No Luna Park, atrações como a recriação da inundação de Johnstown de 1889, a erupção do Monte Vesúvio e a subseqüente queda de Pompéia, e a Viagem à Lua eram exemplos rudimentares de tematizações, assim como as atrações relativas a temas culturais, geográficos e históricos.[15] Quanto a estes últimos, Kasson escreve:

> Para a inauguração de sua primeira temporada, o Luna (Park) exibia orgulhosamente uma cidade veneziana, inclusive com gondoleiros, um jardim japonês, uma aldeia irlandesa, uma aldeia esquimó, um moinho holandês e um teatro chinês. No ano seguinte, o parque acrescentou uma reprodução do Durbar de Delhi e tentou recriar seu esplendor.[16]

Um jornalista proclamou que essa última atração "era montada de maneira a que seus visitantes se sentissem como se estivessem numa genuína cidade oriental".[17] O uso de pessoas nativas das áreas envolvidas estimulava o senso de realismo e o exotismo dessas áreas do parque.

Não se sabe se o parque de Coney Island influenciou as idéias de Walt no projeto da Disneylândia. Na realidade, tanto o Luna Park (em 1946) como a Dreamland (em 1911), com sua cidade liliputiana de anões e aldeias etnográ-

---

[15] Adams (1991); Weinstein (1992).
[16] Kasson (19878: 69).
[17] Citado em Kasson (1978: 69).

ficas, já tinham se tornado cinzas ao vento na época em que Walt estava à cata de idéias para o parque que estava germinando em sua cabeça. Além disso, os parques de diversão em Coney Island representavam para ele a espécie de ambiente sem gosto de que ele tentava de fato se esquivar. Ele chegou a enviar uma equipe ao local para garimpar idéias, embora primariamente eles tivessem mais identificado aspectos a evitar que aspectos a incluir.[18] Em vez disso, Walt preferiu inspirar-se em parques como os Jardins de Tivoli em Copenhague para criar a espécie de ambiente com que sonhava. Esse parque mescla brinquedos e outras atrações com jardins elegantes e cuidadosamente desenhados. Walt se sentiu impressionado com sua limpeza, ambiente familiar, o uso de música, a qualidade de seus restaurantes e a educação de seus funcionários.[19]

Um segundo tipo de precursor foi a exposição ou feira mundial, que serviu como veículo para exibir os artigos da modernidade, carregados de um senso de utopia e de contínuo progresso científico e tecnológico. Diversos autores chamaram atenção para as continuidades entre os parques temáticos Disney e as exposições e feiras mundiais.[20] Kasson, por exemplo, observa que o *Midway* da Exposição Americana de Chicago, em 1993, continha muitos elementos tematizados que, quase certamente, teriam tido uma influência decisiva sobre os parques de Coney Island:

> Os visitantes da feira trilhavam a pé ou em veículos alugados o recinto da feira, em meio ao burburinho de atrações exóticas como mesquitas e pagodes, ruas venezianas e bazares turcos, cabanas dos Mares do Sul, castelos irlandeses e alemães, além de tendas indígenas.[21]

Um exemplo posterior dessa espécie de tematização ocorreu na Feira Mundial de Nova York (1939-1940), que continha representações da Inglaterra e da cidade de Nova York, no final do século XIX.[22] Marling sugeriu que a Feira Ferroviária de Chicago, de 1948, foi uma inspiração especial para a Disneylândia. A Feira foi montada para comemorar o centenário do primeiro trem a entrar na cidade. Apresentava modelos e maquetes de trens futuristas e de um número até maior de trens do passado. Portanto, reunia uma celebração do passado com vislumbres do futuro, traço distintivo da futura

---

[18] Bright (1987).
[19] Thomas (1976: 251).
[20] Findlay (1992); Nelson (1986).
[21] Kasson (1978: 23-4).
[22] Harris (1997).

Disneylândia. Além disso, os elementos rolantes eram cercados por modelos e ambientes cuidadosamente recriados. De acordo com Marling, estavam incluídos: um hotel-fazenda modelo; uma representação mecânica do velho gêiser do Parque Yellowstone; um Quarteirão Francês; um Quarteirão Indígena; e uma área moldada conforme as praias da Costa do Golfo, na Flórida. Também havia numerosos shows, inclusive encenações de eventos históricos. Marling escreve que, em cada local, "a ilusão de estar ali era mantida pelos funcionários, em uniformes apropriados, e por restaurantes com cozinha típica".[23]

Marling argumenta que o fator significativo não foi tanto a originalidade dessas idéias, muitas das quais podiam ser vistas na Exposição Século do Progresso, em Chicago, em 1933; em vez disso, sua importância estava mais na "coerência e na concentração da experiência".[24] Era esse aspecto da Feira, em especial, que ela entende como a principal fonte de inspiração para o formato assumido pela Disneylândia. A originalidade da Disneylândia está na combinação da transformação das *atrações* tematizadas em um dos ambientes tematizados, com a transformação do conceito da feira/exposição mundial em um local montado em caráter *permanente*.

Outros precursores da tematização que podemos citar envolvem níveis bastante baixos de tematização. Os primeiros empreendimentos de Las Vegas empregavam freqüentemente temas do Velho Oeste,[25] enquanto que bares e restaurantes apresentavam-se em geral tematizados de forma geral, à base de motivos tais como esportes ou filmes de cinema. Entre 1890 e 1910, somas consideráveis de dinheiro foram gastas em restaurantes de Nova York, para renová-los e transformá-los em locais de aparência exótica. Um desses – "Roman Gardens" – foi projetado para representar o estilo decorativo do mundo antigo com jardins romanos e imitações de ambientes egípcios e pompeianos.[26] Doss escreveu que, antes da Disneylândia, "... as construções da Califórnia exibiam uma ampla quantidade de restaurantes que se pretendiam castelos mouros, apartamentos imitando missões coloniais espanholas, salas de cinema lembrando palácios chineses, e uma fábrica (a fábrica de Pneus e Borracha Samson), proposta como templo assírio".[27]

A disseminação da tematização não é algo que possamos atribuir a Walt e seus parques temáticos, uma vez que está claro que há muitos exemplos

---

[23] Marling (1997: 45).
[24] Marling (1994: 105).
[25] Weatherford (1998).
[26] Hannigan (1998: 201).
[27] Doss (1997: 189).

de contextos de alto ou baixo perfil nos quais a tematização foi empregada de maneira imaginativa. Sem dúvida, como sugerem as especulações citadas acima, é provável que algumas delas tenham influído na forma e no conteúdo da Disneylândia e suas atrações. A construção do parque representou um investimento maciço para Walt, que contraiu de fato uma dívida gigantesca para financiar seu sonho. O que começou como uma simples idéia para um parque pequeno de diversões, perto do seu estúdio, expandiu-se e acabou se tornando algo muito mais substancial e dispendioso. Não é nada surpreendente que ele tenha se inspirado numa ampla variedade de fontes a fim de trabalhar idéias que já tinham sido razoavelmente bem testadas e experimentadas. Ao despachar equipes de campo para visitar uma extensa variedade de parques de diversão, e ao contratar designers para que o aconselhassem, a forma da Disneylândia teria sido, sem sombra de dúvida, influenciada por esses precursores da tematização.

Três pontos devem ser registrados. Primeiro, ele pode ter-se aproveitado das idéias de outras pessoas, mas isso não diminui em nada a imensa originalidade da Disneylândia. A maneira como a tematização dos parques temáticos Disney leva o visitante a mergulhar num ambiente narrativizado é muito maior do que a registrada pelos predecessores, já discutidos. Segundo, sem nenhuma dúvida, a abordagem da tematização adotada pela Disneylândia influenciou outras aplicações, muitas das quais serão discutidas no restante deste capítulo. Terceiro, também é o caso de podermos detectar vestígios dos processos de tematização anteriores à inauguração da Disneylândia. Estas reflexões finais sugerem que tanto uma Disneyzação estrutural quanto uma Disneyzação reflexiva estão em jogo, na difusão da tematização.

A difusão da tematização

Parques de diversão

É fácil esquecer que uma manifestação da difusão da tematização é o parque temático, essencialmente um parque de diversão ao qual se aplicaram algumas narrativas. É cada vez mais raro ouvirmos falar de parques de diversão, hoje. A maioria deles é feita de parques temáticos, mesmo quando não conseguem apresentar as exuberantes narrativas de que a Disney pode dispor. Até a "Berry Farm" de Knott, parecida com a Disneylândia e anterior a ela, adotou elementos de um parque temático, com a familiar aparência das "terras" tematizadas. Hoje, Berry Farm está coberta pelo tema geral do Velho Oeste, subseqüentemente subdividido nas conhecidas "terras" ("Roaring 20s", "Fiesta Village", "Wild Water Wilderness" etc.). O Busch Gardens, em Tampa, na Flórida, exibe como tema geral a África, que depois se torna o contexto para terras tematizadas ("Timbuktu", "Serenghetti Plains", "Stanleyville", "Nairobi" etc.). "Dollywood", de Dolly Parton, é, como alguns outros parques temáticos, tematizado em dois ou mais níveis. É um parque tematizado a partir da própria Dolly (sua história de vida, como uma menina pobre das montanhas Apalaches, que depois se deu bem na vida), a música *country* e *western*, e a cultura dos Apalaches. Dentro do parque, há terras variadas: "Country Fair", "Rivertown Junction", "Crafstmen's Valley" etc.

Na Europa, os parques de diversão tendem muitas vezes a se tornar temáticos. O parque temático "Port Aventura" da Universal Mediterranea, perto de Barcelona na Espanha, tem quatro terras temáticas: "Mexico", "Far West", "Polynesia", e "China". Os brinquedos recebem nomes que se associam à terra em questão; por exemplo, a montanha-russa de dar nó no estômago, com suas oito voltas de 360°, na "China", é chamada "Dragon Khan". Como a Universal Mediterranea, o "Chessington World of Adventures" não tem o que se possa considerar um tema geral, mas contém várias terras tematizadas com brinquedos e restaurantes apropriadamente denominados: "Mystic East", "Forbidden Kingdom", "Mexicana", "Transylvania" e "Beanoland" (Beano é uma revista humorística inglesa, há muitos anos em circulação, e que continua sendo publicada). "Alton Towers", o maior parque temático do Reino Unido, tem um tema geral fraco, mas dividiu o parque em terras tematizadas: "Valley", "Gloomy Wood", "Cred Street" e "Katanga Canyon". O "Warner Brothers Movie World", perto de Madri na Espanha, é tematizado a partir de filmes e tem cinco áreas tematizadas: "Hollywood Boulevard", "Cartoon Village", "Old West", "Superheroes World" e "Studios". Embora não tematizados em termos de terras, outros parques temáticos europeus como o "Parque Asterix" na França e o de Efteling na Holanda não são menos tematizados no geral – o primeiro, nos termos do adorado personagem das histórias em quadrinhos e seus companheiros, e o segundo, em termos de contos de fadas. No Japão, a inauguração da "Tokyo Disneyland", em 1983, deu origem a uma larga série de parques temáticos. Também esses são tipicamente pensados como parques temáticos em vez de como parques de diversão porque, na maioria dos casos, adotam uma nação como tema todo-abrangente.

Restaurantes

Existe hoje uma verdadeira indústria de restaurantes tematizados, que recorrem a temas culturais bastante conhecidos e acessíveis, como o estilo musical do *rock* e outros; esportes; Hollywood e a indústria do cinema em geral; geografia e história.[28] Esses temas encontram um canal de expressão em restaurantes tematizados, como "Hard Rock Cafe", o "Planet Hollywood", "All Sports Cafe", "Harley-Davidson Cafe", "Rainforest Cafe", "Fashion Cafe", além dos estabelecimentos que servem refeições e que exibem temas exclusivos. As lanchonetes são ocupadas por todas as formas de sons e elementos visuais que constituem um ambiente tematizado e que, apesar de secundários ao ato de comer em si, são razões significativas para que esses lugares sejam tão procurados. Na Inglaterra, *pubs* tematizados estão se tornando cada vez mais proeminentes e procurados, tais como os *pubs* irlandeses, ao passo que nos EUA bares tematizados como os *pubs* ingleses tornaram-se locais extremamente populares.

Essencialmente, com restaurantes tematizados, o tema e a suntuosidade de sua implementação tornam-se as principais maneiras pelas quais os negócios se diferenciam e competem no mercado. O "Hard Rock Cafe", que inaugurou sua primeira loja em Londres, tornou-se o modelo para muitas outras cadeias de restaurantes tematizados, que focaram temas potentes como:

- Música: *rock*, *soul* ou *country* – Hard Rock Cafe, Motown Cafe, Country Star, House of Blues.
- Carros de corrida, corridas e motocicletas – NASCAR Cafe, Race Rock Cafe, Harley-Davidson Cafe.
- Esportes – Official All Star Cafe, ESPN Zone.
- Moda – Fashion Cafe.
- Magia e fantasia – Copperfield's Magic Underground, Jekyll and Hyde Club, Mars 2112.
- Mundo natural – Rainforest Cafe, Dive!
- Cinema e entretenimento – Planet Hollywood, Billboard Live.
- Nostalgia – Johnny Rockets (ver Figura 5.1), Dick Clark's Bandstand Grill, Ruby Tuesday, cadeia Lori's Diner.

Além disso, há cadeias de restaurantes com temas étnicos,[29] como os restaurantes Olive Garden (de cozinha italiana), e os restaurantes Ricardo's, de cozinha mexicana, nos EUA. Esses estabelecimentos envolvem a apresentação e a adaptação de símbolos de etnicidade e, em particular, sua tradução

[28] Beardsworth e Bryman (1999).
[29] Beardsworth e Bryman (1999).

culinária correspondente. No Reino Unido, há formatos padronizados para os restaurantes indianos que se encontram por todo lado, tais como papéis de parede aveludados, música de cítara, modelos de deuses hindus feitos de gesso, e assim por diante. Na realidade, essas características se tornaram a tal ponto comuns que chegam a ser um clichê, e caracterizar uma espécie de tendência por meio da qual os restaurantes se diferenciam propositalmente uns dos outros ao *não* recorrerem a tais elementos; por exemplo, começam a adotar ambientes internos mais neutros para seus restaurantes.

De maneira alguma todos os restaurantes tematizados fazem parte de alguma cadeia. Há diversos estabelecimentos independentes que têm seu tema associado de alguma maneira a esportes, ou a traços étnicos, como comentamos acima. Shoval menciona o "Cardo Culinária" no antigo Quarteirão Judaico em Jerusalém, que se anuncia como "uma 'reconstrução' de uma 'autêntica' experiência da gastronomia romana".[30] O "Cowshed Cafe" se anuncia como "o único restaurante na Nova Zelândia funcionando num antigo curral (limpinho)".[31] A "CB Huntington Railroad Co. Family Fun Eatery", em Bayville, Nova Jersey, é tematizada com base nas ferrovias dos Estados Unidos, e contém um trenzinho de brinquedo em funcionamento, além de várias peças originais de trens como itens decorativos.[32] "Mr. Bones" é um restaurante em Holmes Beach, Flórida, tematizado à base do vudu, e emprega vários modelos macabros para ressaltar seu tema. Na entrada, os clientes podem tirar sua garrafa de cerveja predileta de dentro de um caixão cheio de gelo! O restaurante "House of Mao" em Cingapura pode ter a culinária Hunan como sua atração principal, mas ostenta uma pesada tematização inspirada em Pequim (que inclui artefatos reais como objetos que pertenceram a Mao e ao Partido Comunista), contando com a presença de um Grande Salão, que supostamente representaria o Grande Salão do Povo, cadeiras em tecido vermelho para fazer referência aos colarinhos nos uniformes do exército vermelho, e os banheiros, projetados como uma menção às celas das prisões chinesas![33]

Restaurantes tematizados também proporcionam uma perspectiva por meio da qual perceber algumas armadilhas da tematização enquanto estratégia de diferenciação. Depois de um período em que cadeias de restaurantes tematizados eram inauguradas o tempo todo, e em que um número cada vez

[30] Shoval (2000: 261).
[31] Kirshenblatt-Gimblett (1998: 171).
[32] www.blackbeardscave.com/rest.htm, consultado no dia 4 de dezembro de 2001.
[33] www.poole-associates.com/house_of_mao1.htm, consultado no dia 20 de agosto de 2003.

maior de locais recebia levas crescentes de clientes que vinham prestigiar o que parecia ser um apetite insaciável por esse gênero de ambiente para uma refeição, por volta do início do terceiro milênio o público que vai a restaurantes começou a evitar tais lugares. "Planet Hollywood" foi provavelmente o fracasso de mais visibilidade, dando duas vezes entrada com um pedido de falência, mas também há muitas outras cadeias na mesma situação: a "Fashion Cafe" terminou desaparecendo; a "Dive!", com restaurantes tematizados com base em elementos náuticos, logo fechou as portas de alguns estabelecimentos; também foram fechados alguns pontos do "Official All Star Sports", até mesmo os que funcionavam em cidades de forte comércio como Las Vegas; e têm circulado rumores insistentes sobre o fechamento iminente de alguns restaurantes, enquanto outros passam por uma fase conturbada.[34]

Vários motivos foram elencados para explicar essa repentina mudança nos ventos. Um deles é que os restaurantes dependem fortemente do fator repetição e, portanto, se a ênfase recai em entreter os clientes e oferecer-lhes experiências incomuns, assim que eles já tiverem essa experiência uma ou duas vezes irão procurar outro tema, ou decidirão não pagar pelo que lhes parece ser o valor embutido do item entretenimento. Outro motivo é alguns temas terem um poder limitado de atração, e logo saírem de moda. Nesse sentido, a tematização é muito arriscada e poderia ter sido pior para um restaurante se tivesse sido implementada. Foi citado nos noticiários da mídia falada, em 25 de setembro de 2001, que estavam sendo esboçados planos para um restaurante tematizado à base de desastres, em Baltimore, com simulação de acidentes de avião, trechos filmados de acidentes com trens, e explosões de edifícios, além de efeitos sonoros de explosões, devido ao ocorrido em 11 de setembro.[35] O "Crash Cafe" iria incluir um enorme pedaço da cauda de um DC-3, logo na entrada. Sem dúvida, se o "Crash Cafe" tivesse levado adiante suas intenções, o impacto da tragédia de 11 de setembro sobre seus negócios teria sido calamitoso.

O terceiro motivo é a opinião generalizada de que os restaurantes tematizados estavam dando ênfase demais à tematização e deixando a comida em segundo plano, e por isso a clientela estava denunciando essa perda da qualidade deixando de ir a esses locais para comer. Como disse um jornalista sobre a situação dos restaurantes tematizados na Filadélfia, os clientes estão basicamente perguntando: "Deixa o Bruce Willis pra lá. Como é a comida?".[36] Esta é uma

[34] Bagli (1998); Mccalla (1999a).
[35] "Restaurante com tema de acidente cogitado após ataques". 25 de setembro de 2001. www.news-journalonline.com/cgi-bin/printtext.pl, consultado em 4 de dezembro de 2001.
[36] Mccalla (1999b).

óbvia referência à cadeia de restaurantes do astro de Hollywood, da qual é um dos sócios-fundadores, e que, devido a suas dificuldades na época em que o artigo foi publicado, se tornou uma espécie de senha para uma grande parte do que estava dando errado naquela indústria. O artigo também cita o presidente da rede "Mars 2112", cujos restaurantes levam os clientes até a mesa em discos voadores, e que teria dito que a falta de atenção à qualidade da comida era o principal motivo para as dificuldades de redes como "Planet Hollywood" e "Fashion Cafe". As pessoas do ramo falavam constantemente que os restaurantes tematizados poderiam até se dar bem servindo comida medíocre em locais de turismo intenso, onde é tradicional os turistas procurarem tais estabelecimentos, como Orlando, Las Vegas e Nova York, e que nas áreas em que os negócios à base da repetição são mais cruciais eles não conseguiriam se safar da mesma forma.

Uma quarta razão alegada é que alguns restaurantes tematizados simplesmente não foram longe o bastante na instalação de sua tematização. Karen Daroff, da Daroff Design Inc., a empresa que projetou alguns dos principais conceitos dos restaurantes temáticos, aconselha: "Não faça as coisas de maneira acanhada. Seja incisivo. Todos os detalhes da arquitetura do local devem fazer parte da ilusão que sustenta a narrativa principal".[37] Em outras palavras, ela está dizendo que às vezes os restaurantes tematizados não vão até as últimas conseqüências em seus projetos; depois ela diz:

> Mais do que qualquer outra coisa, o que acreditamos e o que estamos vendo são consumidores que querem mais do que uma refeição. Eles querem uma experiência emocionante, num local de alta capacidade de imersão, cinematográfico, que os transporte emocional, intelectual e fisicamente a outras dimensões. Mesmo que só por um instante, o cliente deixa a sua vida de lado e se torna parte daquela história.[38]

O duplo risco da tematização para os restaurantes tematizados é evidente: trata-se de, por um lado, escolher a espécie de revestimento e dispendiosa tematização que Daroff descreve e recomenda, correndo o risco de se endividar com um alto investimento num tema que, simplesmente, pode não atrair um grande público ou até mesmo sair de moda; e, por outro, de optar por temas menos elaborados e dispendiosos, tais como as narrativas comuns de "lanchonetes", ou com motivos étnicos, e que podem não ser radicais o

[37] Citado em Mccalla (1999a).
[38] Citado em Mccalla (1999a).

suficiente. No entanto, até mesmo no caso de restaurantes altamente tematizados, citando Daroff novamente, "a comida realmente importa".[39]

O que fica claro com esta breve discussão sobre as tribulações enfrentadas por restaurantes tematizados é que, apesar de todo o entusiasmo com a tematização e recursos similares, por parte dos defensores da economia do entretenimento e da economia da experiência,[40] proporcionar experiências de entretenimento ao público não é garantia de sucesso. Por outro lado, é notável que, apesar desses contratempos, restaurantes tematizados continuem sendo abertos, apesar de em ritmo menos frenético do que em meados da década de 1990, o auge dessa tendência, enquanto prosseguem os rumores sobre novos temas.

McDonald's

Neste capítulo, assim como nos próximos quatro, a rede McDonald's será considerada como um possível local de Disneyzação. Essa é uma discussão significativa em dois sentidos. Em primeiro lugar, seus restaurantes são extremamente difundidos pelo mundo todo, de modo que se for possível demonstrar que são exemplos de Disneyzação, essa será uma comprovação significativa. Em segundo lugar como instância fundamental da McDonaldização, a consideração da possibilidade de que a McDonald's seja composta por ambientes Disneyzados é potencialmente significativa, uma vez que implicaria que os dois processos coexistem.

A rede McDonald's pode ser considerada tematizada de diversas maneiras, e em diversos níveis. Primeiro, é tematizada em termos de si mesma e, com isso, é tematizada reflexivamente.[41] Esse tema é expresso na decoração das lojas da empresa, nas modalidades de prestação do serviço, nos uniformes dos funcionários, e em vários detalhes arquitetônicos que se encontram em praticamente todos esses estabelecimentos. Essa tematização é essencialmente auto-referente e consiste num daqueles casos relativamente raros nos quais uma marca fornece sua própria narrativa organizacional. Enquanto empresa, a McDonald's tem nítida consciência de sua tematização auto-referente. Ela descreve seus locais de alimentação como experiências. Benjamin Baber cita Jim Cantalupo, então presidente de operações internacionais da rede, que explica como McDonald's "é mais do que só preço. É toda uma experiência que nossos clientes agora pas-

---

[39] Citado em Mccalla (1999a).

[40] Termo usado por Pine e Gilmore (1999) para se referir a uma economia em que os consumidores esperam experiências memoráveis dos serviços e bens que adquirem.

[41] Beardsworth e Bryman (1999).

sam a esperar da McDonald's. São os *drive-thrus*... as *playlands*... o sorriso no atendente do balcão... são todas essas coisas... que constituem a experiência".[42] Quando Ray Kroc, fundador do império McDonald's, disse em certa ocasião que, "quando você está nesse ramo, está no ramo dos espetáculos",[43] ele estava chamando atenção para o modo como o desenvolvimento de uma marca tem ligação com uma mudança de percepção; o cliente começa a perceber uma experiência que, para ele, é instantaneamente reconhecível. Com certeza, Manning e Callum-Swan chamaram atenção para o fato de haver conotações teatrais ou dramáticas numa visita a uma loja McDonald's. Por isso, quando é sugerido por esses autores que "a McDonald's é uma produção teatral brilhantemente concebida",[44] é a marca como experiência alimentar ímpar que é crucial. Como Twitchell já observou, "com o *branding*, o que está sendo comprado é o lugar, o conforto, a segurança, a confiança, o propósito, o significado".[45] Assim, como corporação, a rede McDonald's está agudamente consciente da significação de sua marca como fornecedora de significado e organizadora de experiências.

Também há evidências de que a rede McDonald's está cada vez mais atraída pelo uso de narrativas externas em seus restaurantes. A loja McDonald's *rock'n'roll* de Chicago serve como ilustração desse tipo de desenvolvimento (Figura 2.1).

A loja da McDonald's na Disney Village na Disneylândia de Paris parece terse inspirado no teatro italiano. Em 2001, um artigo no *New York Times* anunciava que uma enorme loja McDonald's estava sendo planejada para a Times Square, cujo ambiente seria inspirado nos teatros da Broadway.[46] Quando Schlosser visitou a loja McDonald's perto do campo de concentração de Dachau, viu que ostentava como tema o Velho Oeste.[47] Yan descreve uma loja McDonald's tematizada em Pequim, na qual o restaurante era decorado como um navio e os funcionários estavam com roupas de marinheiro, em vez dos tradicionais uniformes da rede.[48] A narrativa era uma Aventura do Tio McDonald, o que envolvia uma viagem de volta ao mundo. Além disso, a empresa anunciou que estará reformando algumas lojas para que sejam lanchonetes tradicionais,[49] valendo-se assim de um motivo que é extremamente popular como foco temático das redes

---

[42] Citado em Barber (1995: 128-9).
[43] Citado em Fantasia (1995: 227).
[44] Manning e Callum-Swan (1994: 473).
[45] Twitchell (1999:177).
[46] Bagli (92001).
[47] Schlosser (2001: 233-4).
[48] Yan (1997).
[49] Waples (2001).

[Fig. 2.1 - McDonald's Rock'n'Roll em Chicago]

de restaurantes nos Estados Unidos. Um jornalista relatou para o *The Times* que não só Dennys estava reformando alguns de seus restaurantes "para oferecer um ambiente nostálgico aos clientes tradicionais", como a rede McDonald's estava agindo no mesmo sentido e tinha recém-inaugurado sua "primeira loja estilo lanchonete em Kokomo, Indiana, onde os clientes estão formando longas filas para comer pratos tão tradicionais nos Estados Unidos como filé de peru e purê de batatas".[50] Desde então, uma segunda loja foi inaugurada em outra cidade de Indiana. Resta comprovar se essas lanchonetes McDonald's serão ainda imitadas em maior escala, mas o fato de estarem experimentando tais tematizações é muito revelador dos rumos que a corporação está tomando.

Um outro indício da tematização é o uso da tematização étnica. No Reino Unido, por exemplo, essa empresa costuma exibir traços tematizados com uma cozinha indígena ou italiana (ambos temas muito populares entre os ingleses). Na primavera de 2000, o McDonald's inaugurou na França uma série de refeições tematizadas localmente. Em certo mês, o entusiasta podia comprar um ham-

[50] Bone (2001:9).

búrguer com um queijo francês diferente por dia da semana. No mês seguinte, pratos *gourmets* estavam sendo oferecidos em lojas do sul da França. "Gourmet" queria dizer que o cliente podia comer seus hambúrgueres com cobertura de *ratatouille* ou tomar sorvete com cobertura de geléia de amoras pretas.[51]

Portanto, de diversas maneiras, os restaurantes da rede McDonald's podem ser considerados tematizados. O uso crescente da tematização que ultrapassa a reflexiva pode ser devido à crença de que, embora a empresa sem dúvida propicie certa forma de experiência, como sugere Cantalupo (ver acima), ela precisa cada vez fazer mais a respeito. Pine e Gilmore sugeriram que, com respeito à economia da experiência, as empresas estão cada vez mais precisando intensificar as experiências dos clientes, levando-os a vivenciar níveis novos e mais altamente memoráveis.[52] Embora seja improvável que a McDonald's se transforme numa rede de restaurantes tematizados que se tornem pontos de destino em si mesmos, especialmente diante das dificuldades financeiras experimentadas por cadeias dessa natureza nos últimos anos, a lenta mudança evidenciada por algumas de suas lojas rumo a uma tematização mais evidente pode ser um interessante tipo de desenvolvimento de longo prazo em termos de uma Disneyzação.

Hotéis

Os hotéis estão se tematizando cada vez mais e não é mera coincidência que duas das mais famosas marcas de restaurantes tematizados – Hard Rock Cafe e Planet Hollywood – estejam sendo usadas como exemplo. A inauguração, em 2001, de um hotel Golden Arch (Arco Dourado) da McDonald's em Zurique, no qual todas as cabeceiras das camas têm o formato de um arco dourado, é uma ilustração interessante do uso de uma marca como mecanismo de tematização.[53] Entretanto, os desenvolvimentos mais notáveis dos hotéis tematizados têm-se mostrado nos hotéis vinculados aos parques temáticos, em que os hotéis dos parques temáticos Disney em particular – especialmente os do Disney World e da Disneylândia em Paris – serviram de pioneiros indiscutíveis da tendência, assim como os hotéis-cassinos em Las Vegas.

Nos parques temáticos da Disney, há variações quanto à intensidade e exuberância da tematização de seus hotéis, e esses traços estão mais ou menos diretamente relacionados com os preços dos apartamentos. Não obs-

---

[51] Gordon e Meunier (2001).
[52] Pine e Gimore (1999).
[53] Turner (2001).

tante, todos são tematizados. A Disneylândia em Paris, por exemplo, tem os seguintes hotéis (entre parênteses as "descrições" de cada um, na brochura 2002-3 da Disneylândia Paris):

- Disneyland Hotel ("uma exuberante fantasia vitoriana")
- New York Hotel ("a excitação de Nova York")
- Newport Bay Club – (rumo à Nova Inglaterra num veleiro!)
- Sequoia Lodge ("saboreie o clima das montanhas")
- Hotel Cheyenne ("o lendário Velho Oeste")
- Hotel Santa Fe ("viagem pelo antigo sudoeste")

Cada hotel tem uma decoração externa e interna consistente com o tema mais amplo, e restaurantes consistentes com o tema. Por exemplo, o Hotel New York tem o Restaurante Manhattan e a Lanchonete Parkside, enquanto o Sequoia Lodge tem o restaurante Hunter's Grill, e a Beaver Creek Tavern.

Veja abaixo outros exemplos de parques temáticos com hotéis tematizados associados:

- Universal Resort Orlando tem três hotéis tematizados: o Portofino Bay Hotel é descrito como "uma sensacional recriação da cidadezinha costeira de Portofino, na Itália, incluindo até ruas de paralelepípedos e cafés abertos na calçada", e ainda três piscinas. O Hard Rock Hotel e o Royal Pacific Resort ("Saia velejando até um paraíso tropical coberto com palmeiras ao vento, plantas exóticas e uma floresta de bambus, além de contar com transporte através da lagoa, que o levará até as ilhas encantadas dos Mares do Sul do Pacífico").[54]
- Alton Towers, o parque temático na Inglaterra, tem dois hotéis tematizados: o Alton Towers Hotel (tematizado levemente como máquina voadora e seus viajantes; alguns apartamentos têm temas como Coca-Cola, Chocolate, Peter Rabbit, Mil e uma Noites, e Castigo e Esquecimento. Esses dois brinquedos são opções de fortes emoções no parque.). O Splash Landings Hotel tem seu próprio novo parque aquático, chamado Cariba Creek, tematizado como um riacho que transbordou, localizado ao lado do parque temático. O parque aquático é para uso exclusivo dos hóspedes do hotel.

[54] themeparks.universalstudios.com/orlando/website/resort_hotels/, consultado no dia 21 de fevereiro de 2003.

• Universal Mediterrânea, na Espanha, tem dois hotéis tematizados: o Hotel Port Aventura, tematizado segundo o Mar Mediterrâneo, e o Hotel El Paso, com ambientação mexicana.

Em Las Vegas, praticamente cada novo hotel da grande avenida apresenta-se intensamente tematizado. Essa famosa via pública tem hoje temas tais como a antiga Roma (Caesar's Palace), o antigo Egito (Luxor), a velha Inglaterra (Excalibur), filmes (MGM Grand), vida urbana (New York New York), a vida social exuberante do início do século XX na costa do Mediterrâneo (Monte Carlo), o mar (Treasure Island), Paris (Paris), Veneza (Venetian), Itália e seu legado artístico (Bellagio), e assim por diante. Aqui, em Las Vegas, deparamos com o que provavelmente são os hotéis mais radicais em termos de complexidade e intensidade de tematização. A tematização expressa em termos de arquitetura e decoração é mais ainda acentuada pela presença de atrações e restaurantes intimamente associados ao tema central. Essa questão será discutida mais detalhadamente no Capítulo 3.

Entretanto, não são apenas hotéis de alta tematização que servem de exemplo desse gênero de estabelecimento. Um exemplo interessante de um hotel tematizado que antecede sua proliferação em parques temáticos e em Las Vegas é a discussão de Gottdiener (1997) sobre o Hotel Boulderado, em Boulder, no Colorado. Construído em 1909, é um tributo ao Oeste dos Estados Unidos em sua arquitetura e decoração. Gottdiener diz:

> O interior exibe lustres imitações da Tiffany no saguão e nos apartamentos, uma impressionante abóbada de vidro jateado no saguão, mobiliário e detalhes de madeira em mogno patinado, papéis de parede com padrões do início do século XX, e pés e cabeceiras de cama em metal em estilo antigo. As salas de reunião contêm ainda mais níveis de significação ao usar nomes que evocam locais das Montanhas Rochosas... Enquanto objeto é... um sinal de nostalgia e uma representação do tema "Velho Oeste".[55]

Outros exemplos de hotéis tematizados são:

• O Hotel Fantasyland, no West Edmonton Mall, como o Madonna Inn em San Luís Obispo, na Califórnia, tem apartamentos com temas internacionais, de modo que os hóspedes podem ficar em um país diferente a cada visita. Os apartamentos tematizados permitem que os convidados fiquem

[55] Gottdiener (1997: 13).

em lugares distantes em termos de localização (por exemplo, Polinésia e Hollywood), ou em termos tanto de tempo como de localização (por exemplo, a Roma antiga e a Inglaterra vitoriana).[56]

- No Old Te Whaiti Jail, na Nova Zelândia, os hóspedes podem ficar numa prisão/hotel e passar por uma experiência absolutamente única em termos de hospedagem por uma noite.[57]
- Shoval menciona planos para a construção de um Holiday Inn em Jerusalém, a ser tematizado em termos tanto do Velho como do Novo Testamento.[58]
- O Caboose Taupo Hotel, à margem do Lago Taupo na Nova Zelândia, é tematizado conforme a era das viagens por trem na África colonial.[59]
- O Sherlock Holmes Hotel, Baker Street, Londres, foi previsivelmente tematizado à base do detetive e seu auxiliar, dr. Watson. A tematização não é intensa e gira basicamente em torno de imagens e artefatos simulados.
- A House of Blues Hotel, como os hotéis Hard Rock e Planet Hollywood, tem como inspiração a marca do restaurante tematizado que criou. Ao descrevê-lo, um jornalista disse que oferece "menos que uma sutil e orgânica evocação da arte e da música afro-americana".[60]
- Na qualidade de hotel tematizado a partir dos Beatles, The Hard Day's Night Hotel foi inaugurado em Liverpool em 2003.
- O Madonna Inn tem 108 apartamentos, cada um com um tema distinto, e esquema cromático com nomes como España, Indian, Irish Hills, Old English.[61]
- O See Vue Motel, na costa do Oregon, se vangloria de uma variedade menor, mas assim mesmo farta, de apartamentos tematizados, tais como The Salish, Far Out East, e The Santa Fe.[62]

Parece muito provável que essa predileção por hotéis tematizados venha a proliferar muito mais, embora possivelmente não com as mesmas fachadas exóticas que adornam os estabelecimentos de Las Vegas.

Como sugere este breve apanhado, hotéis tematizados variam consideravelmente quanto à intensidade e diversidade do processo de tematização,

[56] Crawford (1992).
[57] Kirshenblatt-Gimblett (1998:171).
[58] Shoval (2000).
[59] www.taupo.caboose.co.nz, consultado no dia 4 de dezembro de 2001.
[60] Dedman (1998).
[61] www.madonnainn.com/tour/index.asp, consultado no dia 21 de fevereiro de 2003.
[62] www.seevue.com/rooms.html, consultado no dia 4 de dezembro de 2001.

mas não restam muitas dúvidas de que essa é uma tendência em expansão, especialmente quando se encontra associada a grandes *resorts* internacionais e parques temáticos.

*Centros de compras [Malls]**

Os shoppings estão cada vez se tornando mais tematizados, no sentido tanto de apresentarem um tema geral, todo-abrangente, quanto de conterem áreas tematizadas em seu interior. O Mall of America, em Minneapolis, e o West Edmonton Mall, em Alberta, ilustram esse ponto. Como Gottdiener salientou, o Mall of America tem como tema principal os Estados Unidos, tanto no nome como na fachada externa, decorada com estrelas e faixas.[63] Além disso, áreas internas do shopping são tematizadas com motivos individualizados. Em uma citação aparentemente extraída de um panfleto sobre o Mall of America, Cohn aponta que

> a South Avenue era "chique e sofisticada... com ares cosmopolitas em sua área de compras"; o North Garden, "um exemplo deslumbrante de paisagismo... um ambiente de parque com gazebos, treliças e clarabóias naturais"; o West Market "lembra uma estação de trens na Europa"; e a East Broadway parece um cabaré, todo em néon e cromados.[64]

Cohn também comenta que o som ambiente muda conforme a área em que o visitante está. Em sintonia com toda a tematização, os designers de centros de compras recorrem a imagens acessíveis para projetar os tipos de impressões que tentam transmitir. No West Edmonton Mall, podem-se ver alas que imitam os bulevares parisienses e também existem na Bourbon Street de Nova Orleans, ao lado de justaposições convencionais, associadas com os centros de compras norte-americanos.

Embora o Mall of America e o West Edmonton Mall sejam incomuns quanto ao tamanho e número de visitantes que atraem, de sorte que é importante não generalizar demais a partir deles, muitas características que exibem podem ser vistas em shoppings bem menores nos Estados Unidos e em outros lugares. Ao lado do Caesar's Palace em Las Vegas, existe um shopping chamado Forum Shops, em que as lojas e os restaurantes, pre-

* Mais conhecidos entre nós como shopping center, ou simplesmente shopping. (NT)

[63] Gottdiener (2001).

[64] Cohn (1996: 4.1, elipses no original).

dominantemente de alto nível, são repletos de sinais da antiga Roma. Esse é um dos shoppings mais bem-sucedidos dos Estados Unidos em termos de vendas a varejo por metro quadrado. Tornou-se com isso uma atração turística em si, e ainda mais por suas estátuas audioanimatrônicas e o teto engenhoso, que é um céu que muda de noite para dia e vice-versa. Essa brincadeira com o tempo é um elemento de atração, mas também pode ser considerado em relação com o modo como os cassinos – o Caesar's Palace, por exemplo – desorientam os visitantes ao não exibirem relógios e não terem janelas, de modo que o público não é lembrado da hora do dia. Outros exemplos de shoppings tematizados incluem o Borgata, um centro de compras ao ar livre em Scottsdale, "instalado no deserto do Arizona, e que reinterpreta a cidade toscana medieval de San Gimignano, com uma praça e torres um pouco menores que as originais (mas construídas com tijolos italianos verdadeiros)".[65]

A Mills Corporation tornou-se muito famosa por construir centros de compra com temas diferenciados, fora do perímetro urbano. Opry Mills, em Nashville, tem áreas distintas: "Quando um consumidor de Nashville atravessa do bairro 'norte-americano clássico' para outro mais elegante e 'fashion', luzes fulgurantes dão lugar a uma iluminação mais suave, os sucessos da década de 40 são substituídos por música clássica, os pisos recebem carpete, e os aconchegantes bancos de jardim e cadeiras de balanço dão lugar a cadeiras estofadas".[66] Arundel Mills, em Baltimore, exibe vários "bairros", cada um dos quais denotando aspectos diferentes da cidade ou do Estado de Maryland: Charm City (cidade do charme), o apelido de Baltimore, simula casas geminadas e degraus em mármore, o deque para caminhada em Ocean City, e os alagados de Chesapeake, com assentos de tartaruga e libélulas esvoaçantes.

Do mesmo modo, o MetroCentre, em Gateshead, na região nordeste da Inglaterra, contém shoppings tematizados, como o Mediterranean Village.[67] Quando examinamos o Trafford Centre, nas imediações de Manchester, região noroeste da Inglaterra, encontramos o que um colaborador do *Times* descreveu como transformar um "shopping numa aventura cinematográfica a la Disney".[68] Essas áreas se baseiam no Oriente, na estação de trens Grand Central em Nova York, na Nova Orleans do início do século XX, no Marro-

[65] Crawford (1992:16).
[66] Hamilton (2000: E1).
[67] Chaney (1990).
[68] Jenkins (1998).

[Fig. 2.2 - O Quarteirão New Orleans em Manchester, no Trafford Centre]

cos, Egito, em Veneza e na China. A Figura 2.2 mostra a área do Trafford Centre em Nova Orleans (ver também a Figura 3.2, que exibe áreas que significam o antigo Egito e os Astecas).

Podemos indagar por que ocorre esse tipo de tematização. Por que, em outras palavras, gastar quantidades não desprezíveis de dinheiro em ambientes simulados destinados a compras e atividades correlatas, tais como comer? Um dos motivos é que a tematização torna o shopping, que é um lugar neutro composto por um grupo de lojas basicamente desinteressantes, em uma coisa interessante em si mesma. Em outras palavras, além de diferenciar um shopping dos demais, o que é tematizado passa a ser um *destino* em si, que é algo acima e além de ser apenas aquele lugar ao qual as pessoas se dirigem quando querem comprar coisas. Há mais aspectos dessa questão a serem discutidos no Capítulo 3.

O segundo fator tem ligação com o princípio da *atração agregada*, que tem implicações para a discussão também das duas próximas seções. Esse princípio de marketing pressupõe que "os objetos mais dessemelhantes oferecem apoio uns aos outros, quando são posicionados lado a lado".[69] Esse princípio implica que colocar bens ou serviços geralmente pouco percep-

[69] Crawford (1992: 14-15).

tíveis à venda num ambiente em si mesmo interessante, ou que transmite mensagens além daquelas fornecidas pelos bens ou serviços propriamente ditos, torna-os todos mais atraentes e, com isso, mais propensos a serem adquiridos. Essa experiência de compras é intensificada pela tematização. Em parte, o consumidor que está num ambiente tematizado está consumindo aquele ambiente tanto quanto os bens ou serviços em si, durante a aquisição desejada.

A disseminação de shoppings tematizados coloca problemas para os shoppings que não têm essas camadas adicionais de atratividade e significação. Sandicki e Holt descrevem um shopping com um design basicamente pobre e que, na opinião deles, pouco faz para ocultar sua natureza essencialmente comercial. Seu estudo sobre usuários de shoppings constatou que muitos deles se queixavam de sua "natureza esteticamente tediosa, depressiva, aborrecida".[70] Como disse um consumidor: "É um shopping chato. Muito pequeno e sem graça. Não há muito que fazer. Só tem lojas e se você não está precisando mesmo fazer compras, não há mais nada aqui. Parece frio".[71] Embora grandes shoppings tematizados ainda sejam uma raridade no ramo, é claro que, conforme os consumidores vão se acostumando mais e mais com eles, começam a ser referências a partir das quais os outros serão avaliados. Isso constitui um problema para os projetistas de shoppings, que se sentem cada vez mais pressionados a embutir dispendiosas tematizações em seus projetos para poder proporcionar as espécies de experiências de compras que a maioria dos consumidores está evidentemente esperando.

Compras em locais com valor histórico

Um contexto para shoppings que está altamente relacionado com shoppings tematizados é o que ocorre quando locais tidos como de valor histórico são transformados em locais de consumo. Freqüentemente, construções antigas são ocupadas para servir como instalações para lojas e restaurantes; outras vezes, se revestem de algum design que imita a natureza e o valor histórico da construção e do local. De maneira bastante parecida com a da Main Street USA nos parques temáticos Disney, que servem de local tematizado para compras, onde os consumidores experimentam o acolhimento e a nostalgia com os quais essa homenagem às pequenas cidades do centro-oeste

[70] Sandicki e Holt (1998: 327).
[71] Citado em Sandicki e Holt (1998: 327).

dos Estados Unidos está associada, também áreas de "verdadeiro" valor histórico (ou pelo menos um valor histórico entendido como verdadeiro) têm sido transformadas em shoppings que exalam aquela sensação de passado valioso, funcionando, assim, como shoppings essencialmente tematizados.

Essa tendência é invariavelmente atribuída ao movimento em prol da construção de opções, para um mercado de locais públicos comemorativos, cujo início é geralmente marcado pelo reaproveitamento de Faneuil Hall em Boston, que resultou em sua transformação num local sofisticado de compras por James Rouse, um arquiteto que foi grande admirador dos parques temáticos Disney como modelos de desenvolvimento urbano, e que foi responsável pelo projeto de alguns hotéis da empresa. O trabalho de Rouse e empresa foi descrito como um "desenvolvimento comercial destinado a regenerar bairros de baixo valor no mercado e transformá-los em setores comerciais de contos de fadas, com a mesma simplicidade e inocência que Walt teria adorado".[72]

Faneuil Hall, inaugurado em agosto de 1976, baseia-se em três edifícios restaurados, de significação histórica, no centro comercial e financeiro de Boston que, em seu segundo ano de operações, atraiu mais visitantes do que a Disneylândia no mesmo ano. Esses desenvolvimentos são geralmente vistos como revitalização do centro da cidade, e servem de destino para turistas em visita à cidade, além de serem locais seguros para compras. A significação histórica dos edifícios ou suas localizações e a história construída que os caracteriza proporcionam um ambiente tematizado semelhante ao do shopping tematizado.

Segundo a propaganda em torno de Faneuil Hall, os prédios principais foram criados por Peter Faneuil para servir de hospedagem para os mercadores e vendedores hortifrutigranjeiros de Boston, e para ser um fórum para oradores. Foi ali que se ouviu o primeiro protesto contra o Decreto do Açúcar, em 1764. De acordo com o *website*, "o ativista político Samuel Adams mobilizou os cidadãos de Boston para que lutassem pela causa da independência da Grã-Bretanha naquele salão vazio, e ali George Washington brindou à nação em seu primeiro aniversário".[73]

Faneuil Hall funcionou como modelo para muitos outros novos desenvolvimentos em áreas no interior das cidades, anteriormente importantes regiões de atividade econômica e que tinham caído em desuso ou sido abandonadas. Entre esses desenvolvimentos, podem ser citados Harborplace

---

[72] Ball (1991: 81).

[73] www.faneuilhallmarketplace.com/info/design/PMPNew/exp._explore.cfm, consultado no dia 24 de fevereiro de 2003.

em Baltimore, Maryland; Jacksonville Landing em Jacksonville, Flórida; Riverwalk Marketplace em New Orleans; South Street Seaport na cidade de Nova York; Pioneer Place em Portland, Oregon; Fisherman's Wharf e Ghirardelli Square em São Francisco; Laclede's Landing em St. Louis; Cannery Row em Monterey, Califórnia; e Old Town Alexandria em Washington, DC. Pelo menos 25 cidades receberam a construção de novas áreas públicas comemorativas, em meados da década de 1990.[74]

Essa espécie de desenvolvimento tampouco se limita aos Estados Unidos. The Rocks, uma área portuária no Distrito Comercial Central de Sydney, vale-se de seu passado como porto e rememora a vida e o trabalho dos estivadores.[75] Locais na parte costeira da região portuária tornaram-se pontos populares para desenvolvimentos imobiliários destinados a comemorações, em parte devido à facilidade com que podem ser revestidos de um tema náutico atraente. No caso da Aloha Tower Marketplace em Honolulu, sua localização à beira-mar e os artefatos utilizados para sugerir um passado marítimo exótico[76] servem de tema para transportes e comércio, de uma maneira que lembra bastante The Rocks e South Street Seaport, em Nova York. Além disso, The Rocks alega ser o primeiro numa série de aspectos: o primeiro hospital da Austrália, o primeiro cemitério, além de conter suas mais antigas casas. Esses traços históricos servem de pano de fundo e são uma espécie de motivo para compras luxuosas e refeições incomuns. Em 1996, atraiu 1.2 milhão de visitantes, o que só foi meio milhão menor do que o público visitante da vizinha Opera House. Abordagens semelhantes ao desenvolvimento de shoppings históricos, que agregam atrações culturais e centro de compras, surgiram em Londres (Tobacco Dock), Liverpool (Albert Docks), Barcelona (Port Vail) e na Cidade do Cabo (Victoria e Albert Waterfront).

Enquanto os parques tematizados Disney e os shoppings tematizados encobrem o consumo com ambientes falsos para poder oferecer as vantagens do princípio da atração agregada, a abordagem do Faneuil Hall e similares consiste em ocupar construções e/ou locais autênticos, acrescentar-lhes mais camadas de significação histórica, e atrair varejistas e restaurantes que queiram participar dessa trama arquitetônica com seus significados fabricados. Esses shoppings históricos combinam turismo cultural com compras e refeições.

[74] Goss (1996).
[75] Waitt (2000).
[76] Goss (1996).

O processo aparentemente benigno de revigorar áreas que perderam qualidade, por exemplo, a região portuária das docas em resposta ao declínio da construção naval ou a mudanças da atividade comercial marítima, tem sido alvo de pesadas críticas. Um exemplo é a South Street Seaport de Nova York. Esse antigo distrito marítimo e mercantil foi redesenhado como shopping com praça de alimentação, com alusões ao seu passado. Entretanto, para especialistas como Boyer, esse é um passado filtrado que faz injustiça à realidade dos distritos e à vida daqueles que moravam e trabalhavam ali. Artefatos, edifícios e vielas de piso em paralelepípedos são usados como ícones históricos mas, nesse processo, a história realmente vivida se perdeu. Trata-se de uma versão nostálgica, para não dizer romantizada, do passado. Para Boyer, South Street Seaport é uma forma de criar um estado de ânimo de bem-estar a respeito do passado, a fim de camuflar os problemas do presente – "autopistas malconservadas, edifícios abandonados e aos pedaços, a escória do mundo das drogas, os nômades sem-teto, colapsos do serviço de metrô, ônibus deteriorados, lixo visual e bombardeio acústico".[77] Mas, nesse passado, conflitos, desigualdades de classe e etnia, opressão e acidentes de trabalho são todos mascarados para se poder projetar uma imagem consistente com o consumo e que o incentive. Com isso, não só se trata de tornar o passado um bem de consumo como também de torná-lo um momento histórico com omissões significativas da realidade passada, em prol do consumo.

Waitt comenta pontos muito semelhantes a respeito de The Rocks, em Sydney.[78] Ele diz que a versão da história apresentada pela Autoridade em Restauração de Sydney Cove é somente uma das várias versões da história que poderiam ter sido escolhidas. Alinhado com o comentário de Boyer a respeito da South Street Seaport, Waitt argumenta que a dieta histórica oferecida é pasteurizada e ignora questões tais como as alegações aborígines na história, o papel das mulheres como vendedoras ou prostitutas conscritas, os conflitos e o sofrimento dos trabalhadores. Em vez disso, um mundo ideal e mítico foi criado e tematizado a partir de um passado higienizado e desprovido de toda a feiúra, que serve de pano de fundo a pessoas que queiram fazer compras e se alimentar.

É muito interessante que essas críticas da história embutida em South Street Seaport e The Rocks sejam notavelmente parecidas com as que em geral são feitas a respeito das representações da história nos parques temáticos Disney. Além de projetar uma visão altamente edulcorada e nostálgica da história nos parques temáticos Disney, os críticos observam que essa empresa

[77] Boyer (1992: 191).
[78] Waitt (2000).

omite regularmente certos tópicos: os problemas causados pelas corporações; problemas de classe, raça e gênero; e conflitos.[79] Esses aspectos são quase idênticos às críticas levantadas contra os ambientes criados para servir como áreas comemorativas públicas, discutidos nesta seção, em que os designers são acusados de higienizar o passado a fim de providenciar uma versão positiva e invariavelmente nostálgica da história que a transforme em bem de consumo e a torne uma justificativa e um ambiente aceitável para compras, nesses territórios de lastro histórico. Essa mensagem transmite ao mesmo tempo uma sensação de perda (de um passado que era mais simples ou mais exótico do que o atual) e de rejuvenescimento (porque comunica uma sensação de resgate da era perdida). Em certo sentido, trata-se de um caso de triunfo por meio da nostalgia. Enquanto estratégia, não é de modo algum uma receita de sucesso. Exemplo disso é a cidade de Flint, em Michigan, cujos líderes civis tentaram, nos anos 70, transformar em atração turística depois da extensa deterioração de que foi objeto após o fechamento de uma fábrica da General Motors.[80] Somas substanciais de dinheiro público foram levantadas para a construção de um museu, que fechou seis meses após sua inauguração, e para ajudar na construção de um hotel de luxo. Além disso, foi comprometida uma verba para a construção de um local comercial que também serviria para comemorações, no estilo de Faneuil Hall, a ser chamado Water Street Pavilion, mas a maioria de suas lojas fechou em seu primeiro ano de operações.

Além disso, há exemplos de áreas comerciais com algumas características de locais do gênero de Faneuil Hall, no sentido de se valerem de temas históricos, mas que não se baseiam em edifícios e nem em áreas de significação histórica intrínseca. Um caso dessa espécie é o Burgis Junction, em Cingapura, um distrito de seis quarteirões incluindo lojas de varejo e locais de entretenimento. Os projetistas tematizaram o distrito a partir da cultura mercantil histórica do país, usando “arquitetura marinha, veleiros, cronômetros, e elementos congêneres”, ao lado de sinais que transmitem informações sobre o passado marítimo, a fim de comunicar o tema geral.[81]

Compras em ambientes tematizados

Tendo discutido shoppings e centros comerciais históricos tematizados, uma seção sobre comércio tematizado poderia parecer só uma repetição. No

[79] Bryman (1995).
[80] Judd (1999).
[81] Pine e Gilmore (1999: 39).

entanto, ao introduzir este ponto, estou buscando traçar uma distinção entre, por um lado, centros de compras nos quais a tematização tem a ver com o ambiente dentro do qual as lojas, os restaurantes e outros estabelecimentos estão situados – em outras palavras, shoppings tematizados e shoppings históricos –, e com o uso de ambientes tematizados pelos varejistas, em suas lojas. Basicamente da mesma maneira que nos restaurantes tematizados a tematização é em geral acompanhada de simulações para poder projetar a sensação do tema – como os animais em movimento e as chuvaradas tropicais, nos Cafés da rede Rainforest –, também os centros comerciais tematizados são normalmente complementados por simulações, em particular nos estabelecimentos em que a tematização é mais suntuosa.

Podem-se identificar dois principais tipos de tematização em relação aos centros comerciais tematizados: o uso de narrativas externas do tipo discernido em relação aos restaurantes tematizados, e o uso da tematização da marca. Ambos os tipos serão explicitados a seguir.

Narrativas externas

Bass Pro Shops Outdoor World, REI e Cabella's, todos fornecedores de equipamentos e vestuário para caça, pesca e atividades ao ar livre em geral, são exemplos dos tipos de varejista que transformaram a atividade da compra numa espécie de atividade artística. É comum ver esse gênero de loja de varejo em shoppings tematizados, como os desenvolvidos pela Mills Corporation. As lojas da Bass Pro Shops Outdoor World "incluem coisas como cascatas no interior da loja, estandes de tiro com arco-e-flecha, com pistolas, e deques externos, em que pescadores de vara podem tentar a sorte".[82] A loja da The Recreational Equipment (REI) em Seattle tem, conforme sua descrição, "aproximadamente 3.500m^2, a estrutura de um grande depósito, contendo um paredão de pedra com perto de 25m, para escalada livre, um estande de vidro para teste de equipamento para chuva, uma área com ventilação dirigida para teste de fogão de acampamento, e uma trilha externa para *mountain-biking*".[83] De acordo com Wolf, essa loja se tornou um das muitas atrações turísticas de Seattle, com mais de 1,5 milhão de visitantes em seu primeiro ano de funcionamento.[84] As lojas em outras localidades contam experiências diferentes que, em grande medida, estão associadas com

[82] Ritzer (1999: 111).
[83] Goldberger (1997a).
[84] Wolf (1999: 63-4).

as modalidades locais de terreno e preferências esportivas. A loja Cabela em Owatonna, Minnesota, é descrita como uma experiência estética

> centrada literalmente em torno de uma montanha com 12m de altura, com cachoeira e mais de uma centena de animais empalhados... Essa parte da loja representa quatro diferentes biossistemas norte-americanos. Em outra parte, dois enormes dioramas com cenas africanas incluem os chamados cinco temas principais das grandes caçadas: o elefante, o leão, o leopardo, o rinoceronte e o búfalo. Três aquários contêm uma enorme variedade de peixes de valor, enquanto que praticamente setecentos tipos diferentes de animais estão montados em cada departamento da loja.[85]

Outras lojas que funcionam no mesmo setor que essas cadeias, como a Timberland, também são tematizadas no sentido de oferecerem a sensação da vida ao ar livre, mas o que distingue essa última fase das compras tematizadas é a ênfase na tematização como foco em si, e não como mero elemento decorativo. Ao usar a simulação na forma de dispositivos como dioramas e cachoeiras dentro dos recintos, a sofisticação da tematização está sendo levada vários passos adiante, da mesma maneira como já ocorreu com os restaurantes mais recentemente tematizados.

A tematização pode ser encontrada com vários graus de complexidade também em outros setores do varejo. Foi sugerido que as livrarias da rede Barnes & Noble foram projetadas para dar a impressão de serem livrarias européias.[86] Goldberger sugere que algumas lojas de roupas da marca Diesel foram projetadas para dar a impressão de casas noturnas da moda. O Sneaker Stadium em Paramus, New Jersey, é uma construção muito grande, com pistas de corrida e quadras de basquetebol, onde os clientes podem testar suas possíveis próximas aquisições de tênis.[87] A loja da Nature Company, na Universal City Walk, em Los Angeles, tem uma pequena floresta tropical.

Wallendorf et al. apresentaram um interessante estudo de caso sobre um brinquedo e uma loja de roupas infantis – Mrs. Tiggy-Winkle – que, na época em que sua pesquisa teve início, localizava-se num shopping no centro da cidade, no Arizona, e tinha sido tematizada para criar uma sensação que os autores descrevem como "estar em casa".[88] Essa sensação era transmitida pelo design da loja, mas também pela cordialidade no atendimento e pela aparente espon-

[85] Pine e Gilmore (1999: 36).
[86] Klein (2000).
[87] Goldberger (1997a).
[88] Wallendorf et al. (1998).

taneidade na apresentação dos brinquedos favoritos, por parte dos atendentes da loja. Esse último elemento ressalta a importância do trabalho performático na Disneyzação. (Voltaremos a esta questão no Capítulo 5.) A sensação que a loja transmite de se estar em casa é agradável tanto para crianças como para adultos, que são atraídos pelo contexto nostálgico do ambiente. No decorrer da pesquisa, a loja mudou para um local muito maior, num distrito comercial situado a cerca de 6 km do endereço original. A troca de instalações originou também uma mudança na tematização. A nova loja era visualmente muito mais excitante e menos aconchegante que a antiga. Uma das maneiras de revelar a nova tematização estava na forma como os brinquedos e outros artigos eram expostos, de modo a contar uma história: "As histórias contadas por esses *displays* são o que as crianças sentem quando sonham – um safári no quintal atrás de insetos, uma tarde cuidando do jardim com a Tia Mary, um cipó imaginário que se balança entre as árvores da floresta, junto com os amigos primatas".[89] Os artigos são expostos de maneira a servir de referência para a história. Em conseqüência, é muito comum aparecerem em mais de um lugar quando servem como contexto para duas ou mais histórias. Comentando o tom geral da loja, os autores salientam: "Enquanto a antiga loja embalava os clientes com sua segurança nostálgica e aconchegante, a nova os remete a um quarto hollywoodiano de brinquedos, repleto de energia e empolgação por uma estética sofisticada e contemporânea".[90] Assim como outros estabelecimentos comerciais luxuosamente tematizados, a nova loja se tornou um ponto de destino em si.

Às vezes, o tema pode ser controverso. Em maio de 2000, a Associação Nacional do Rifle dos Estados Unidos anunciou seus planos para uma loja tematizada a partir de "todos os esportes que usam tiros", a ser instalada na Times Square em Nova York, e que teria também um restaurante tematizado. De acordo com um representante da Associação, essa loja ofereceria uma "experiência completa com armas de fogo e artigos destinados a esportes de tiro". No entanto, essa ênfase nas armas era incompatível com o tipo de imagem que os defensores de uma Times Square recuperada e segura queriam transmitir à cidade, e os representantes distritais incumbidos de zelar por sua recuperação alegavam que essa loja poderia devolver ao ambiente de Times Square exatamente aquilo que eles tanto tinham se esforçado por erradicar.[91]

---

[89] Wallendorf et al. (1998: 187).

[90] Wallendorf et al. (1998: 190).

[91] www.cnn.com/2000/FOOD/news/05/19/nra.restaurant, consultado no dia 4 de dezembro de 2001.

Narrativas a partir da marca

As narrativas a partir de marcas ocorrem quando as marcas são em si mesmas o tema. Exemplos de tematizações de marcas são: as Lojas Disney, nas quais os itens à venda e a loja como um todo são inteiramente tematizados a partir dos filmes Disney, seus personagens e parques temáticos; as lojas da Coca-Cola, o Imagination Center da Lego, e as Niketowns.

As Niketowns são especialmente interessantes e uma delas, a Niketown Chicago, já foi tema de duas etnografias distintas.[92] Em sua discussão da loja de Nova York, Goldberger escreveu:

> A mercadoria é secundária diante da experiência de estar na loja, uma experiência que tem mais do que uma semelhança fugaz com uma visita a um parque temático. A Niketown é um ambiente fantástico, acrescentando uma pitada de nostalgia a um molho predominantemente *high-tech*, e existe com o intuito de fascinar o consumidor, revestindo seus produtos com um irresistível *sex-appeal* para consolidar a marca Nike como a essência não só do traje esportivo, como de nossa cultura e modo de vida.[93]

As Niketowns são templos para se celebrar essa marca. Nelas, destacam-se dois motivos que veiculam sua identidade como marca: as narrativas de um ginásio esportivo,[94] e de um museu.[95] Sherry cita um comunicado para a imprensa apresentado pela Niketown Chicago que, entre outros aspectos, ressalta que a loja teria "a qualidade de um museu do Instituto Smithsonian".[96] Na realidade, o uso proposital de uma abordagem museológica para a apresentação das mercadorias à venda, em particular a exposição de roupas esportivas e outros itens, em *displays* entre os quais são exibidos valiosos itens de colecionador da história esportiva, causa uma confusão considerável nos compradores que, muitas vezes, não sabem ao certo se deveriam pagar um ingresso para entrar no recinto, e nem se aqueles artigos estão mesmo à venda. Eles *estão* à venda, embora muitos possíveis consumidores percebam que podem adquirir artigos muito mais baratos em outras lojas. As Niketowns, ao adotarem a narrativa do museu para expor suas mercadorias, estão em certo

92 Peñaloza (1999); Sherry (1998).
93 Goldberger (1997a).
94 Hannigan (1998: 92).
95 Peñaloza (1999); Sherry (1998).
96 Citado em Sherrry (1998: 115).

sentido agindo como mostruários para artigos da marca, e menos como lojas no sentido tradicional. Talvez essa seja em parte a razão de terem esse nome, Nike*towns* (*cidades* da Nike), em vez de Nike*stores* (*lojas* da Nike). O tema do ginásio esportivo é evidente não só na ambientação geral e no estilo da loja, mas também na presença de uma pequena quadra de basquetebol, uma miniatura das quadras oficiais, com seu piso de madeira envernizada e o som ambiente de uma torcida numerosa, para os clientes que quiserem experimentar tênis para jogar basquete.

As várias áreas de cada Niketown são tematizadas. Com respeito à loja de Chicago, Peñaloza escreve:

> Melodias tipo *Nova Era* permeiam a área de sandálias esportivas; o som das bolas num jogo de tênis e as palmas e gritos de uma torcida entusiasmada animam a área dedicada ao tênis, e os sons estridentes de tênis brecando na madeira, junto com o *suush* da bola de basquete encestada, ao som da platéia comemorando o ponto do time, são os sons da área de basquete. De repente me senti quase indo até lá para jogar... Na sala de ACG (*All Condition Gear* – Equipamentos para Todas as Situações) eram audíveis os pios de pássaros e grilos e o som de uma corda de escalada sendo instalada. O gerente de vendas Anthony (latino-americano, 20 anos) disse-me que estavam para começar uma reforma que iria incluir uma cachoeira e peixes, para criar um ambiente *mais natural*.[97]

Como outros exemplos de tematização à semelhança dos próprios parques temáticos Disney, as Niketowns são, portanto, tematizadas em vários níveis: em termos da Nike e seus artigos esportivos; em termos de um ginásio esportivo e de um museu; e em termos de diferentes setores da loja que funcionam como as "terras" nos parques temáticos Disney. O resultado disso foi que a Niketown Chicago só perde para o Instituto das Artes da cidade em número de visitantes.

Compras em ambientes tematizados

Shoppings tematizados, compras em locais de valor histórico e centros comerciais tematizados estão claramente se tornando cada vez mais predominantes. Além de sua utilidade como estratégias de diferenciação, esses locais dificilmente perderão sua importância no futuro porque constituem

[97] Peñaloza (1999: 376).

uma abordagem significativa para o combate às compras feitas a partir do próprio lar, em suas várias formas: compras pela televisão, por catálogos e, acima de tudo, pela internet. As compras efetuadas em ambientes tematizados proporcionam experiências que o envolvimento direto no shopping, ou a localização das lojas em si, pode fornecer mais facilmente. Esses locais geram razões para se sair de casa a fim de comprar, e também fornecem alternativas para as estratégias das lojas de desconto para vendas por semi-atacado, e suas enormes pilhas de artigos com preços baixíssimos, pois propiciam ao consumidor um valor adicional na forma de experiências memoráveis e de entretenimento, como parte da transação de compra. Assim como os restaurantes tematizados, as lojas tematizadas e os ambientes simulados extravagantes que em geral as acompanham são estratégias de diferenciação. As várias formas de ambientes tematizados para compras tentam diferenciar-se umas das outras e não só dos outros shoppings e lojas, mas também das novas formas de venda a varejo que estão conquistando sua fatia do mercado (como as compras feitas em casa, por catálogo e internet, e as grandes lojas de descontos).

Zoológicos

Pode-se dizer que a tematização caracteriza muitos zôos, em dois sentidos. Primeiro, há evidências de que a tematização é uma tendência em crescimento nos zôos, de modo que certas áreas e coleções são tematizadas de uma maneira mais abstrata do que a apresentação convencional dos animais em categorias tais como a área dos macacos, a toca dos leões e tigres, e assim por diante. Em segundo lugar, pode-se dizer que a tematização está ocorrendo nos zôos no sentido de que o processo de reconstrução de sua identidade institucional está incluindo a tematização da corporação em si. Examinemos cada um desses dois sentidos a seguir.

A tematização do recinto dos zôos

Primeiro, um exemplo da tematização do recinto dos zôos pode ser encontrado no Jungle World, no Zôo do Bronx, inaugurado em 1985, e geralmente considerado exemplar. Seus vários componentes são destinados a representar uma floresta tropical asiática, uma região de mangue, e uma mata de arbustos.[98] Com isso, a arquitetura do zôo e sua flora não são mais neutras mas, na realidade, são simulações dos habitats naturais. Um outro

[98] Mullan e Marvin (1999).

exemplo é o Lied Jungle no Henry Doorly Zoo em Omaha, que também coloca seus animais dentro de um contexto ecossistêmico mais amplo. A Floresta Tropical da Ford, no Zôo de Atlanta, a Amazônia no Zôo Nacional de Washington, DC, e a Floresta dos Elefantes e a Floresta Tropical, no Woodland Park Zoo, em Seattle, são outros casos do mesmo processo. O Lowry Park Zoo em Tampa, na Flórida, inclui áreas tematizadas como o Mundo Primata, o Domínio Asiático, e o Centro da Vida Selvagem na Flórida, dedicado a animais selvagens típicos encontrados na Flórida. A biodiversidade do Zôo de Londres é uma outra ilustração do mesmo aspecto, e exibe corajosamente uma mostra das criaturas mais numerosas e menos festejadas da Terra, como os insetos. O diretor do Zôo descreveu a nova exposição no *The Times* como "a declaração da nossa missão escrita em letras garrafais".[99] No Zôo de Adelaide, há um recinto "noturno" em que a noite é simulada de tal modo que animais notívagos, normalmente adormecidos durante o dia e, portanto, quase nunca vistos, estão expostos. Também há um Mundo dos Primatas em que o visitante é mergulhado num ambiente natural aparentemente intacto.[100]

Todo o ambiente no Busch Gardens em Tampa, Flórida, é tematizado em torno da África (que, conforme Malamud observa,[101] é um tema especialmente popular em zôos) e inclui uma área gigantesca com animais que podem se movimentar sem restrições, em zonas como a Reserva Myombe. Os parques temáticos do Sea World são basicamente zôos/aquários para várias formas de vida marinha e seus ambientes de exposição são tematizados de variadas maneiras: Penguin Encounter, Tropical Rain Forest, Tropical Reef, Key West, e Pacific Point Preserve. Como Davis observa em relação ao Sea World em San Diego, o parque temático foi aos poucos substituindo as pequenas gaiolas dos animais, os laguinhos e tanques, por "ambientes que tentam representar mundos inteiros".[102]

Em certo sentido, Disney criou seu próprio zôo na forma do Animal Kingdom no Walt Disney na Flórida, inaugurado em 1998. Inicialmente, a maior parte do parque foi tematizada a partir da savana africana (uma zona asiática foi inaugurada em 1999). Os visitantes podem fazer um safári no Kilimanjaro e visitar áreas como a Harambe Village. A publicidade que esse em-

[99] Hamilton (1999).
[100] Anderson (1995: 290).
[101] Malamud (1998: 79).
[102] Davis (1997: 71).

preendimento atraiu e sua escala monumental provavelmente servirão para estimular muitas idéias entre os administradores de zôos.

Em parte, a tematização interna de zôos é um produto da insatisfação pública diante da visão de animais presos em gaiolas.[103] Colocar animais em contextos nos quais podem gozar de liberdade de movimentos é muito mais consistente com as atitudes e a sensibilidade modernas a respeito de animais em cativeiro. No entanto, a tematização não foi um acompanhamento *necessário* dessa mudança. Por exemplo, em termos de um motivo africano, a tematização é em grande medida alheia à remoção de gaiolas, uma vez que panos de fundo podem ser e de fato muitas vezes são neutros quanto a suas conotações, embora possamos dizer que recriar os habitats "naturais" para animais selvagens signifique proporcionar-lhes um ambiente mais confortável. A evidência de que, em alguma medida, os animais se beneficiam com esses ambientes não é óbvia, e há alguns observadores sugerindo que são projetados para melhorar a sensação de bem-estar dos visitantes do zôo, mais do que para os próprios animais.[104]

Tematização dos zôos

O segundo sentido em que os zôos se tornaram tematizados é que estão buscando se reinventar em sentido institucional e cultural, à luz das mudanças no interesse público relativo à captura e aprisionamento de animais, e nas mudanças nos conceitos sobre os relacionamentos entre seres humanos e a natureza.[105] Essa tendência sugere uma crescente tematização do zôo como forma corporativa. Cada vez mais, os zôos divulgam publicamente e se justificam, não mais como depósitos de animais a serem espiados, mas como organismos dedicados à educação e preservação de espécies raras e quase extintas. Como Dibb salienta em seu exame dos zôos no Reino Unido e em parques com animais selvagens, um dos resultados na mudança da opinião pública relativa aos cativeiros nos zôos é que "o papel de instalações adequadas à vida selvagem para a proteção de espécies ameaçadas de extinção e o incentivo dado a programas de procriação em cativeiro têm recebido grande destaque da mídia".[106] O presidente e diretor-geral do Serviço de Conservação da Vida Selvagem escreveu que

> o desenvolvimento de uma nova síntese entre a programação do zôo e sua expertise tem sugerido que o futuro dos zoológicos está em se tor-

[103] Tarpy (1993).
[104] Anderson (1995: 290-1); Croke (1997: 76-84).
[105] Anderson (1995).
[106] Dibb (1995: 263).

narem "parques de conservação", contribuindo ativamente para a sobrevivência da natureza, em vez de museus silenciosos.[107]

Alguns zôos adotaram esse conceito como missão, mais ou menos desde o princípio. Outros se tematizaram essencialmente de acordo com esses conceitos e, com isso, se reinventaram. Em 1993, a Sociedade Zoológica de Nova York rebatizou os zôos de sua jurisdição como "parques de conservação da vida selvagem",[108] enquanto o Zôo Nacional em Washington DC hoje se autodenomina BioPark. No mesmo sentido, os parques do Sea World dão muito destaque ao seu papel de resgate e procriação de mamíferos marinhos raros, como o peixe-boi. Como Davis observa, na década de 1980 a ciência se tornou um tema generalizador para o San Diego Sea World.[109] Com isso, o parque ganhou um aspecto mais aceitável que lhe permitiu associar o interesse pelos animais com a sua preservação.

Além disso, um panfleto de 1997 sobre o Busch Gardens dizia que

> enquanto o entretenimento é sua face mais visível, a educação, a conservação e a pesquisa são compromissos fundamentais... Nosso premiado programa de atividades oferece oportunidades para alunos de todas as idades apreciarem a importância da diversidade e a necessidade da conservação. Nossos programas de procriação em cativeiro têm sido extremamente bem-sucedidos na preservação de espécies raras e ameaçadas de extinção que, assim, existirão por muitas gerações ainda.

Esses temas são igualmente proeminentes nos *sites* dos zoológicos. Por exemplo, a página inicial do Chester Zoo esclarece sua missão com as seguintes palavras:

> O papel do zôo é apoiar e promover a conservação das espécies, oferecendo procriação em cativeiro para as que estão em risco de extinção, e proporcionando excelentes cuidados e bem-estar aos animais, além de uma alta qualidade de serviço público, recreação, educação e ciência.[110]

---

[107]Conway (1996: 27).
[108]Malamud (1998: 79).
[109]Davis (1997).
[110]www.chesterzoo.org, consultado no dia 6 de junho de 2003.

Assim, é natural que a conservação neste zôo tenha um destaque tão especial em suas páginas na internet.

Não surpreende que a conservação das espécies animais e a educação sejam os principais componentes também da razão de ser do Animal Kingdom da Disney. A Disney diz que "inspirar o amor pelos animais e a preocupação por seu bem-estar é o tema subjacente, tanto sutil como óbvio, em toda a área do Animal Kingdom".[111] Esse comentário esquiva-se elegantemente do fato de uma de suas terras ser patrocinada pelo McDonald's e de o parque em si vender vastas quantidades de bifes, hot-dogs, nuggets e hambúrgueres, além de ter sido construído em uma área anteriormente pantanosa. Seu diretor de operações de animais, porém, contratado quando ainda trabalhava no famoso Zôo de San Diego, afirmou que não teria aceitado a incumbência de dirigir esse espaço se não "estivesse certo de que a Disney é uma empresa 100% certo comprometida com a conservação".[112]

Essa crescente inquietação com o uso do rótulo "zôo" e sua substituição por expressões alternativas que enfatizam a conservação e a educação são, em si mesmas, partes integrantes da tendência pró-tematização. No entanto, deve-se reconhecer que alguns observadores continuam céticos a respeito da aplicação de narrativas educacionais, científicas e de conservação de espécies.[113] Não obstante, esses dois processos geralmente coincidem. O Busch Gardens, em Tampa, que começou como um zôo vizinho a uma cervejaria (de posse de membros da família Anheuser-Busch, então e atualmente os proprietários do parque), tem sido descrito como "um parque temático, com motivo africano em grande medida embutido num tema naturalista-ambientalista".[114] Em muitos zôos, a tematização de áreas ou atrações em seu território caminhou lado a lado com a introdução do tema da conservação.

Tematização de lugares

Esta parte aborda duas formas inter-relacionadas de tematização. Ambas se dedicam à noção do local e ao papel que a tematização desempenha na criação de uma sensação de lugar. A ênfase recairá basicamente na criação de um local vinculado ao turismo. Uma das maneiras de falarmos da tematização do local é em relação ao uso de narrativas culturais para criar a sensação

[111]Citado em Tomkins (1998: 9).
[112]Citado em Churchill (1998: 3).
[113]Por exemplo, Jamieson (1995); Malamud (1998).
[114]Mintz (1998: 52).

de um local. Isso ocorre quando o local é tematizado em termos de sua associação com produtos ou eventos culturais notáveis, ou muito conhecidos. Uma outra maneira é a tematização mais interna, que tem como ponto de partida aspectos que são qualidades intrínsecas de um local ou, pelo menos, costumam ser considerados assim. Com esse segundo sentido, a tematização do local consiste em ressaltar características essenciais e pouco dignas de destaque. É raramente óbvio que certo lugar mereça ser visitado[115]. Embora alguns locais sejam notoriamente "visitáveis", a maioria não tem esse traço. Para estes, sua significação e possibilidade de se tornarem pontos de visitação turística devem ser apresentadas vigorosamente. Ao mesmo tempo, o visitante está recebendo um curso conciso sobre como o local deve ser visto.

Narrativas culturais de lugar

Como ponto de partida, podemos usar a observação de Urry, quando diz que:

> Há uma tendência rapidamente crescente no sentido de dividir os países em termos de novos setores espaciais, com novos rótulos de localização. No norte da Inglaterra, agora há áreas batizadas como "Last of the Summer Wine Country", "Emmerdale Farm Country", "James Herriot Country", "Robin Hood Country", "Catherine Cookson Country", "Brontë Country", e assim por diante. O espaço geográfico está sendo dividido em termos de sinais que significam determinados temas...[116]

Nesses casos, as regiões estão sendo tematizadas conforme totens consagrados da cultura popular: programas muito assistidos da tv britânica (*Last of the Summer Wine* e *Emmerdale Farm*); romancistas consagrados (Herriot, Cookson e Brontë); e um personagem lendário (Robin Hood). Esse tipo de tematização desperta a valorização da espécie de território que se encontra (paisagens bucólicas de colinas em sucessão, uma floresta, excertos da vida no campo) e de suas associações culturais. É útil revestir cada região com um "aspecto específico".[117] Essencialmente, trata-se de um artifício de marketing que ajuda a diferenciar uma região e, ao mesmo tempo, transmitir certas informações sobre as formas de turismo às quais está associada. Além

[115]Fainstein e Judd (1999).
[116]Urry (2002: 130).
[117]Lanfant (1995: 32).

dos exemplos citados por Urry, podemos encontrar mais ilustrações desse processo. Edensor salienta que, na esteira do filme *Coração Valente*, uma produção hollywoodiana, o Departamento de Turismo de Loch Lomond, Trossachs e Stirling soltou um anúncio com os seguintes dizeres: "Onde as Highlands encontram as Lowlands, siga o eco de Rob Roy, Robert the Bruce e William Wallace – Braveheart Country".[118] No mesmo sentido, Beatrix Potter foi apropriada como tema para a comunidade de Sawrey, em Lake District, na Inglaterra. Essa forma de associação, decorrente do filme de Potter (*Hill Top*), funcionou como ímã para o público adulto tomado pela nostalgia da vida rural na Inglaterra, e pela noção de um campo idílico.[119] Pretes mostra como, em 1984, o Departamento de Turismo da Finlândia, juntamente com autoridades regionais e interesses comerciais locais passou a rotular a Lapônia como "Terra do Papai Noel". Essa área se tornou a casa de Papai Noel e seu local de trabalho, e é usada como sinal da característica cultural distintiva dessa região. Para completar este exercício de tematização, perto de Rovaniemi, capital da Lapônia, foi erguida uma Aldeia do Papai Noel e sua Oficina, incluindo até o "Correio do Papai Noel... um recinto para renas, vários restaurantes e muitas lojas de presentes e suvenires".[120]

No entanto, ao se valer destas narrativas culturais, a tematização de lugares acaba se tornando controversa. A comunidade de Goathland, nos alagados ao norte de Yorkshire, na Inglaterra, e a região rural circunvizinha, são anunciadas pelo Departamento de Turismo de Yorkshire como "Heartbeat Country". *Heartbeat* é uma série muito popular de televisão que se passa numa pequena cidade fictícia chamada Aidensfield que, na realidade, é Goathland. A associação com a série televisiva marca indelevelmente o lugar e seus habitantes na mente dos seus possíveis visitantes, que pensam neles em termos de determinadas características. Mordue aponta que, embora os cidadãos não estivessem incomodados com o uso de *Heartbeat* como chamariz para atrair turistas, traçavam uma distinção entre os turistas genuínos que visitavam sua cidade e os alagados da região, daqueles que só vinham passar o dia movidos por uma curiosidade fugaz.[121] Enquanto os primeiros eram considerados gente preparada para apreciar a comunidade e suas características peculiares, os outros eram tidos apenas como pessoas em busca de um contato superficial com o local, comportando-se

[118] Edensor (2001: 68).
[119] Squire (1993).
[120] Pretes (1995: 8).
[121] Mordue (2001).

de maneiras desaprovadas pelos cidadãos. Estes diziam que estavam sendo criadas versões irreais, condensadas e pouco úteis da vida rural idílica, que entravam em contradição com a realidade da vida em sua cidade. Ao mesmo tempo, os turistas que vinham para passar o dia, em ônibus de excursão, carros e até *trailers*, eram a fonte de um considerável transtorno para o dia-a-dia da comunidade.

Liverpool tem usado seus vínculos com a música popular, e os Beatles em particular, como fonte de valor histórico. Esse uso de associações pode ser entendido ainda como um outro exemplo da narrativa cultural de locais. Urry, por exemplo, refere-se a um catálogo intitulado *Discover Merseyside*, datado de 1988, que se refere à "Beatleland".[122] No entanto, a pesquisa de Cohen mostra que, para muitos cidadãos de Liverpool, o elo entre a cidade e os Beatles é negativo porque, para eles, o quarteto desertou dali. Assim, embora ela mencione uma autoridade de turismo que disse que os Beatles "são para Liverpool o que o Papa é para Roma, e Shakespeare para Stratford: se puder, aproveite",[123] os locais adotam uma posição menos entusiasmada dessa herança histórica de sua cidade já que, para muitos deles, os Beatles simplesmente os abandonaram.

A alegação da Lapônia, na Finlândia, como a Terra do Papai Noel também se mostrou um recurso controverso, porque outros países dizem a mesma coisa. Pretes observa que "o prefeito de Drobak, terra do Papai Noel norueguês, pediu ao rei Harald e à rainha Sonja que cancelassem sua viagem, planejada para março de 1993, alegando que se visitassem Rovaniemi estariam dando apoio à alegação da Finlândia".[124] Na realidade, a viagem ocorreu, mas não a visita à Cidade do Papai Noel. Uma disputa semelhante aconteceu na época do lançamento de *O senhor dos anéis*, em dezembro de 2001, com o surgimento de três locais alegando serem a Terra de Tolkien: a Nova Zelândia, onde o filme foi rodado; Moseley, em Birmingham, onde Tolkien cresceu, e o Vale do Ribble, em Lancashire, onde ele escreveu a maior parte de sua obra.[125]

Narrativas intrínsecas de local

Nas narrativas intrínsecas de local, a tematização consiste na ênfase aos aspectos inerentes ao local em questão. Esses aspectos estão "lá", mas necessitam ser salientados para que a consciência dos visitantes os registre; há casos em que até precisam ser exagerados para que sua mensagem seja recebida de maneira clara, sem ambigüidades.

---

[122] Urry (2002).
[123] Cohen (1997: 82).
[124] Pretes (1995: 7).
[125] Sherwin (2001).

Por exemplo, o marketing de safáris na região leste da África vem permeado pela sensação de possíveis encontros com a natureza nua e crua.[126] Esse aspecto se expressa na ênfase dada aos animais tanto no texto como em especial nas imagens, que mostram os mais populares (leão, girafa, elefante, rinoceronte e hipopótamo) em seus habitats naturais. Além disso, imagens dos nativos Masai surgem entremeadas com as imagens dos cinco grandes animais. Estas e o texto correspondente são destinados a dar a impressão de um contato direto com a natureza intacta, e a pesquisa de Norton com turistas de safáris na região mostra que essa era a razão principal de terem escolhido aquele passeio em suas férias.

No mesmo sentido, Nuttall argumenta, a respeito do turismo no Alasca, que:

> Assim como nos primeiros tempos do turismo no Alasca, a região continua a ser anunciada como um local de superlativos e radicalismos, em que a natureza ainda pode ser vivenciada intacta, nua e crua. As brochuras turísticas... apresentam as previsíveis descrições estereotipadas, junto a imagens da vida selvagem intocada, da fascinante cultura nativa e de exemplos abundantes de vida selvagem, de modo que uma viagem até lá será um encontro inesquecível com cenários majestosos, a história da corrida do ouro, povos indígenas, e a oportunidade ímpar de observar baleias, a desova de salmões, ursos e outros animais.[127]

As referências à corrida do ouro e à cultura nativa, neste trecho, sugerem que as narrativas intrínsecas são geralmente suplantadas pelas narrativas culturais do local, mas a mensagem de uma vida selvagem intacta e de seus habitantes em estado natural parece ser a predominante. Nesse sentido, também Goss aponta, a respeito do Havaí, como sua tematização intrínseca, na condição de "paraíso terrestre", é suplementada por referências a sua cultura e história.[128] Para transmitir seu elemento temático, os desenvolvimentos urbanos no Havaí e sua infra-estrutura turística são praticamente ignorados, a fim de se oferecer a sensação de um contato direto e imediato com a natureza e a história das ilhas. Da mesma forma, a publicidade turística para o setor canadense do leste ártico enfatiza a "natureza", intensificando-a com referências à cultura *inuit* e a outros temas culturais correlatos, e é apresentada em oposição à vida urbana.[129]

---

[126] Norton (1996).
[127] Nuttall (1997: 226).
[128] Goss (1993b).
[129] Milne et al. (1998).

Esses estudos demonstram que um componente importante da publicidade e das imagens fornecidas aos turistas envolve a tematização do local em termos de narrativas intrínsecas, enfatizando qualidades inerentes à região, assim como seu aspecto cultural, suplementadas então por narrativas culturais. No entanto, em certo sentido, o próprio fato de que o material que forma a base de narrativas intrínsecas – a natureza, a vida selvagem, animais selvagens – passa por um processo de tematização significa que ele também se torna uma espécie de tematização cultural. Conforme as qualidades intrínsecas das regiões se tornam bens de consumo projetados na publicidade destinada a turistas, tornam-se também um tipo de artefato cultural.

Tematização do turismo e das férias

O turismo e as férias podem ser vistos em geral como atividades mais e mais tematizadas. Urry se refere ao "turismo de aventura" na Nova Zelândia, e a "passeios aborrecidos" em Sydney, que podem ser interpretados nesses termos.[130] Uma empresa londrina lançou um passeio tematizado à base de Jack, o Estripador, na esteira de uma nova versão dessa história para o cinema.[131] O "turismo do terror" organizou viagens para os pontos mais conturbados do mundo,[132] um gênero de turismo tematizado que inclui "eixos do mal", passando por Kabul.[133] Essas excursões podem ser vistas nesses termos. Urry também observa que muitas cadeias de hotéis no Reino Unido oferecem "fins de semana com tematização variada, incluindo artes e antigüidades, jogos de bridge, pintura em aquarela, arco-e-flecha, tiro-ao-pombo (com animais em argila), pesca de vara, golfe e passeios de pônei".[134] Esses fins de semana tematizados podem sê-lo também em termos de uma tendência crescente para a tematização do turismo. No Japão, houve um acentuado crescimento na oferta de pacotes turísticos tematizados em termos de motivos como lua-de-mel, sexo, culinária *gourmet*, vida urbana e vida rural.[135]

Cidades

Nos Estados Unidos, o surgimento do que se costuma chamar de *Novo Urbanismo* serve ainda como um outro exemplo da disseminação do princí-

[130] Urry (2002: 92).
[131] Harley (2002).
[132] Byrne (1997); Young (1998).
[133] Robbins (2002).
[134] Urry (2002: 137).
[135] Raz (1999: 154).

pio da tematização. O Novo Urbanismo está associado a desenvolvimentos residenciais neotradicionais, projetados de acordo com um design nostálgico que representaria a vida das pequenas cidades do interior, como era antigamente. Na prática isso significa restringir a influência dos automóveis em espaços públicos; incentivar as pessoas a caminhar, instalando lojas e opções de entretenimento perto de suas casas; estimular um senso de comunidade com opções de convívio cívico centralizado; e restringir a quantidade de variações nos projetos para fachadas externas e interiores das casas, de modo a moderar impulsos individualistas. As cidades do Novo Urbanismo dão ênfase ao pedestre em vez de ao motorista, e buscam recriar a sensação de um espaço público no qual todos os residentes têm um investimento como cidadãos.

O movimento do Novo Urbanismo, que é principalmente associado aos arquitetos Andres Duany e Elizabeth Plater-Zyberk, vem aos poucos ganhando espaço em projetos de pequenas cidades que estão passando a usar seus princípios básicos, gradualmente assentando em várias partes dos Estados Unidos. Até bem recentemente, seu monumento mais famoso era o local conhecido como Seaside, na Flórida, inaugurado em dezembro de 1981, e que serviu de cenário para o filme de Jim Carrey, *O Show de Truman*.

Em 1996, porém, uma cidade com características ainda mais requintadas do Novo Urbanismo recebeu seus primeiros cidadãos. Seu nome é Celebration, e foi construída para a Disney. Localiza-se ao lado do Disney World na Flórida (embora, em janeiro de 2004, tenham anunciado que a Disney vendeu o centro comercial para uma companhia imobiliária). De acordo com os dois jornalistas que viveram em Celebration por mais de um ano, os princípios do Novo Urbanismo são visíveis da seguinte maneira:

> A sensação do local se refletia no planejamento pós-neotradicionalista e na tentativa de criar um ambiente físico agradável, funcional, com parques públicos, fácil acesso a lojas, uma arquitetura diferenciada e uma esperada cultura de contatos entre vizinhos, na calçada. A intenção era criar bairros seguros e oportunidades de interação social que eram as mais esperadas pelas pessoas, conforme os dados obtidos em pesquisas.[136]

Há uma alta expectativa de que a publicidade e a popularidade de Celebration oportunizem novos desenvolvimentos do gênero, mesmo que a cidade em si tenha recebido uma dose razoável de propaganda negativa, ba-

[136]Frantz e Collins (1999: 116).

sicamente associada com o rígido controle da Disney sobre os cidadãos e suas casas (o que será mais discutido no Capítulo 6), e às críticas da escola da qual uma boa parte já tinha sido antecipada pelos residentes.[137] Outros projetos do Novo Urbanismo incluem: Rosemary Beach, WaterColor e Windsor, na Flórida; Kentlands, em Maryland; Mashpee Commons, em Cape Cod; Fort Mill, na Carolina do Sul: e DuPont, em Washington. As opiniões sobre os projetos desenvolvidos pelo Novo Urbanismo variam acentuadamente. Algumas consideram-nos modelos de futuros desenvolvimentos suburbanos que devolverão às pessoas a noção de uma vida cívica e comunitária, destruída pelas urbanizações de subúrbio não planejadas e pela inundação de carros como meios de transporte. Seus críticos consideram-nos discriminatórios, porque é mais provável que sejam acessíveis e atraentes ao público da classe média branca, e porque essencialmente ignoram os problemas das cidades americanas, ao criar enclaves que deixam de ver o que está acontecendo no mundo por um prisma mais largo. Outros ainda deploram sua dependência de uma nostalgia sentimental como caminho para a redenção da vida no subúrbio.[138]

As cidades erguidas segundo o conceito do Novo Urbanismo são tematizadas à medida que se baseiam numa narrativa da nostalgia e numa era e num estilo de vida urbana que projetam uma sensação de estar-com-outros em cenários urbanos e suburbanos, onde vive a maioria dos americanos. Além disso, em alguns casos, os estilos de moradia também são tematizados no sentido de que é estipulado um âmbito limitado de protótipos de casas, que recorrem a narrativas externas. Em Rosemary Beach, na Flórida, os protótipos de estilos de casas baseiam-se em estilos caribenhos e da antiga colonização espanhola na Flórida. Em Celebration, há seis estilos para moradias: clássico, vitoriano, colonial moderno, litorâneo, mediterrâneo e francês.

---

[137] Frantz e Collins (1999); Pollan (1997); Ross (1999).

[138] Huxtable (1997). Kenny e Zimmerman (2004), por exemplo, mostram como a tematização em termos nostálgicos foi um componente central no redesenvolvimento novo-urbanista da região central de Milwaukee. Nesse processo estiveram incluídas referências aos "alicerces da cidade, baseados nos valores tradicionais do meio-oeste", e "o capital cultural, representado pelo cenário industrial do final do século XIX" (2004: 76). No entanto, como os próprios autores observam, o processo de uma transformação "por meio da celebração nostálgica de um legado étnico e industrializado" (2004: 94) pressupõe, de uma forma carente de crítica, valores que eram obviamente escassos naquelas antigas regiões. No mesmo sentido, Falconer Al-Hindi e Staddon (1997) descrevem o encanto exercido por Seaside, na Flórida, como resultado de um passado idealizado em que a noção de comunidade é usada como seu elemento principal. Segundo Falconer Al-Hindi e Till (2001), desenvolvimentos associados com os princípios do Novo Urbanismo podem ser encontrados em pelo menos 45 Estados.

Museus

A tematização nos museus pode ser percebida mais claramente no aparecimento dos especializados, que podem ser vistos como exemplos de tematização. Em certo sentido, os museus sempre foram tematizados, mas como proliferaram e se tornaram cada vez mais especializados, cada vez mais parecem instituições tematizadas. Referindo-se à Inglaterra, Urry escreveu: "Alguns museus aparentemente improváveis são o museu do lápis em Keswick, um museu da indústria química em Widnes, vários museus do Holocausto, um museu dos dentes em Londres, e um museu do sapato em Street (Somerset)".[139] A lista de Urry não pára aqui de modo algum. Outros são: um museu da cor em Bradford, Yorkshire; um museu da Polícia da Área Metropolitana de Manchester; um museu do Guinness em Dublin; o Museu do Espião Internacional em Washington DC; e o Museu do Sexo em Nova York. Além disso, como salienta Gottdiener, muitos dos museus mais ecléticos têm mostras especiais com temas gerais.[140]

Também é relevante para esta discussão que, conforme muitos observadores já apontaram, a distinção entre parques temáticos e museus tem diminuído cada vez mais, e essa tendência tem contribuído para o aumento no número de museus tematizados. No Japão, as aldeias estrangeiras (*gaikoku mura*), construídas após a inauguração da Disneylândia de Tóquio, contêm tanto elementos de um museu como de um parque temático. Nas palavras de um observador:

> Para países que vão do Canadá, Suíça e Espanha até a Rússia, Holanda e Alemanha, os parques construídos tinham por objetivo oferecer réplicas e reconstruções de edifícios, mobiliários e toda espécie de artefatos. Peças musicais e outras formas de arte são executadas por especialistas nativos, e há uma abundante oferta de comidas, bebidas e ornamentos da região em questão, geralmente anunciadas como exclusividade local. Tudo isso os turistas locais (isto é, japoneses) podem usufruir, sem sequer terem de sair de sua terra.[141]

Nos Estados Unidos e no Reino Unido, alguns museus, em lugar de apresentarem peças raras em vitrines de vidro, em meio a um ambiente de respeitoso silêncio e assombro, buscam mergulhar o visitante em experiências que re-

[139]Urry (2002: 123).
[140]Gottdiener (2002).
[141]Hendry (200: 1).

correm aos modos de apresentação e representação, característicos dos parques temáticos. O Museu Beamish perto de Newcastle, no noroeste da Inglaterra, usa recriações da vida em vilarejos junto com "habitantes" que operam maquinários, falam sobre dispositivos artesanais e fazem demonstrações com eles, e interagem com os visitantes, como personagens desempenhando papéis. Esse processo de mergulhar os visitantes numa vida que representa um tempo e um lugar diferentes gera, na realidade, um tema que passa a ser legítimo em si. Da mesma maneira, no Snibston Discovery Park em Leicestershire, na região central do país, ex-mineiros explicam o funcionamento de minas de carvão e seu maquinário, no próprio local de uma das muitas minas inglesas desativadas. A vila colonial de Williamsburg, na Virgínia, é famosa por seu uso de edifícios restaurados e de uma equipe de funcionários de museu para recriar o mundo da vida cotidiana nos tempos de revolução. O Museu da Imigração, na Ilha Ellis, busca igualmente oferecer ao visitante uma experiência de imersão e, nesse processo, o museu "*tematiza* a imigração".[142] Passar por uma experiência do passado pode ser intensificado por meio da simulação de incidentes extremos. No Museu Imperial da Guerra, em Londres, há duas áreas tematizadas: uma sobre a vida nas trincheiras da Primeira Guerra Mundial, e outra sobre a vida durante a *blitz* da Segunda Guerra Mundial. Em ambos os casos, há simulações da experiência, com recriações de uma trincheira e uma rua e um abrigo antiaéreo em Londres, por onde o visitante pode caminhar. O impacto visual é acentuado por uma trilha sonora, com efeitos especiais como fumaça (que lembra a explosão de uma bomba alemã, quando os visitantes saem do *bunker*). O sucesso desses temas pode muitas vezes ser alterado pelo grau em que puderam oferecer simulações convincentes e, ao mesmo tempo, esteticamente agradáveis.

Recriações bem feitas de determinados ambientes, junto com a exposição de cenas ao vivo, com os funcionários do museu, tendem a diluir em parte a linha que divide a realidade da irrealidade, mas o ponto principal é que são elementos basicamente integrantes do processo de tematização. De sua parte, os museus variam quanto a sua atitude diante desse tipo de reconhecimento. Enquanto os visitantes às vezes acreditam que Williamsburg Colonial é, na realidade, um parque temático, os representantes do museu tentam distanciar-se dos parques temáticos.[143] Outros, como o diretor do *Den Gamle By* (A cidade velha), um museu ao ar livre na Dinamarca, estão mais preparados para aceitar a influência dos parques temáticos em seus estabelecimentos.[144]

[142] Kirshenblatt-Gimblett (1998: 9).
[143] Handler e Gable (1997).
[144] Hendry (2000: 137).

Outros domínios da tematização

A discussão anterior destacou algumas das principais esferas em que a tematização ocorreu na fase mais recente da sociedade moderna. No entanto, não esgotamos de modo algum toda a sua diversidade. Segue uma lista de outras esferas de tematização, e uma concisa apresentação de cada uma delas.

- *Justiça criminal norte-americana.* Num artigo escrito especificamente sobre a Disneyzação, baseado em uma apresentação que fiz sobre esse conceito num trabalho anterior, Robinson afirma que a justiça criminal nos Estados Unidos está tematizada. No entanto, Robinson argumenta que o processo de tematização é executado predominantemente pelos meios de comunicação de massa. Ele sugere que estes identificam questões e crises relacionadas com o crime e esse processo influencia as questões com que os líderes americanos e os cidadãos dos Estados Unidos se importarão. Robinson considera que isso é um tipo de tematização, com implicações sobre como é percebido o funcionamento do sistema da justiça criminal. Ele chama em especial a atenção para os crimes corporativos e do colarinho branco, predominantes apesar de amplamente ignorados, em comparação com os crimes espetaculares mas relativamente infreqüentes, mas que recebem largas doses de divulgação.[145]
- *Academias.* Uma cadeia de academias de ginástica na Inglaterra foi descrita por uma revista de investimentos como um "local que oferece aos clientes uma variedade de zonas tematizadas, destinadas a criar ambientes exclusivos com opções de diversão e entretenimento".[146]
- *Locais de atendimentos à saúde.* Baldwin descreve um local em New Canann, Connecticut, para pessoas com perda de memória, que tem uma reprodução de Main Street "baseada no modo como o centro da cidade (de New Canaan) se parecia há 40 anos". Aparentemente, a equipe que projetou o local trabalhou com fotografias da cidade nos anos 50, e com fotos de ruas reproduzidas em shoppings e no Disney World. A autora acrescenta: "Reconhecer que pessoas que não conseguem se lembrar do que estavam fazendo há alguns instantes conseguem, não obstante, recuperar lembranças de sua vida 30 anos antes fez com que centros para idosos, da Austrália a Manhattan, estejam recorrendo a ambientes carregados de indícios nostálgicos, na

[145]Robinson (2003).
[146]*Investor's Chronicle*, 24 de março de 2000: 26.

esperança de ajudar seus pacientes a se expressar nas reuniões do que agora se chamam 'grupos de reminiscências'".[147]

- *Cassinos.* Como sugere a discussão dos hotéis sofisticadamente tematizados em Las Vegas, esses hotéis são na realidade cassinos. É um aspecto secundário se são hotéis tematizados como cassinos ou o contrário, apesar de podermos suspeitar que se trata mais de cassinos tematizados como hotéis, dada a relevância do fator jogos de azar na cidade. Não obstante, os hotéis-cassinos em Las Vegas envolvem uma intrincada tematização em termos das várias narrativas dos hotéis. Além disso, essa predileção por cassinos tematizados está se espalhando. Acompanhando a onda de expectativas sobre a suspensão da proibição dos jogos de azar na Grã-Bretanha, Blackpool, um popular destino litorâneo para os ingleses, igualmente famoso por seu hedonismo e atrações, tem muita probabilidade de atrair um hotel-cassino tematizado conforme os modelos de Las Vegas. Há vários *resort*-cassinos projetados conforme os exemplos da famosa Golden Mile, entre eles um Pharaoh's Palace e um outro tematizado à base do Egito, incluindo até símbolos exclusivos do Antigo Egito.[148]
- *Navios de cruzeiro.* Ritzer e Liska sugerem que navios de cruzeiro estão se tornando cada vez mais tematizados,[149] e Wood afirmou que são comuns em muitos navios de cruzeiro simulações e tematizações à base de fantasias.[150] Às vezes, os navios têm um tema geral, como é o caso do carnaval no *Fascination*, tematizado ao estilo de Hollywood, ou o *Disney Magic*, largamente tematizado à base da própria Disney. Além disso, há diversas áreas muitas vezes tematizadas por influência de motivos tais como a nacionalidade. O *Disney Magic* tem uma área de entretenimentos tematizada, a Beat Street, com locais para dançar e assistir a *pocket-shows* de comediantes, além de um salão para piano-bar.[151]
- *Eventos.* Locais projetados pela Disney, para crianças pequenas brincarem, chamados Club Disney, não só têm áreas lúdicas tematizadas como também festas de aniversário tematizadas, com temas dos filmes "101 Dálmatas" e "Toy Story".[152]

[147]Baldwin (2002).
[148]Sherman (2001).
[149]Ritzer e Liska (1997).
[150]Wood (2000).
[151]Wickers (1999).
[152]Pine e Gilmore (1999: 41).

- *Alojamentos em universidades.* Ritzer aponta que algumas universidades nos Estados Unidos introduziram a tematização nos dormitórios para agradar alunos com interesses similares.[153]
- *Biscoitos.* Schmitt e Simonson sugerem que uma linha de biscoitos anunciados pela Pepperidge Farm, nos Estados Unidos, é tematizada. Há uma "Série Especial" que se vale de narrativas européias: Milão, Genebra, Bruxelas etc. Eis uma citação extraída de um pacote de Mint Brussels: "Imagine-se caminhando por uma rua calçada de pedra, rumo a sua padaria favorita na Europa. O aroma do Velho Mundo assando pão perfuma o ar a sua volta... O legado histórico da Europa e a tecnologia americana combinaram-se para criar biscoitos maravilhosos, que você pode desfrutar diariamente".[154] Além disso, há uma série "antiga" ("Biscoitos que poderiam ter saído diretamente do pote da Vovó").

Conclusão

Este capítulo buscou defender a noção de que cada vez mais áreas da vida moderna estão se tornando tematizadas, de uma maneira semelhante a como os parques temáticos Disney são tematizados. Walt não inventou a tematização e nem o uso de simulações que são a essência do processo da tematização, mas seus parques temáticos têm servido de ricos exemplos para ambos os processos, ilustrando o que está implicado numa tematização e em alguns usos práticos. Sem dúvida há numerosos exemplos de tematização anteriores a 1955, mas a Disneylândia foi um alto paradigma, muito bem-sucedido, do potencial que tanto tem servido a outros empreendimentos. Os parques temáticos Disney são emblemas do processo de tematização, tanto quanto exemplos também em outros sentidos da Disneyzação discutida neste livro. Cada vez mais, a tematização tem sido usada como meio para diferenciar os fornecedores dos serviços mais variados, como restaurantes, shopping centers, lojas, zôos, pontos turísticos. Quanto mais os serviços e os lugares se tornam padronizados[155] – especialmente em decorrência da tendência homogeneizadora da McDonaldização –, mais importante se torna a tematização como mecanismo de diferenciação. A tematização se torna um recurso para distinguir locais e produtos que, de outro modo, seriam idênticos e passariam despercebidos.

[153] Ritzer (1999).
[154] Citado em Schmitt e Simonson (1997: 122).
[155] Goldberger (1997b).

Os críticos da tematização em geral desaprovam o uso de símbolos da nostalgia como pistas temáticas. Valendo-se de projetos e histórias falsos, a tematização em termos de referências nostálgicas é geralmente descrita como um processo que, para fomentar o consumo, traz trechos higienizados da história, dos quais se removeram todas as referências às agruras e conflitos originais. Dessa maneira, suas críticas salientam o fato de os emblemas do passado, ainda ecoando em nossa cultura, terem sido transformados em itens de consumo. É muito interessante que as empresas que mais se empenham em resguardar as imagens de seus direitos autorais, logos e produtos, como a Disney e a Nike, sejam exatamente aquelas que mais utilizam com total impunidade alguns emblemas históricos e da cultura popular, todos de domínio público. No que diz respeito à autorização de uso de imagens com marca registrada, sua política de direitos autorais é uma via de mão única, já que caracterizações do velho oeste, da vida marítima, e do antigo Egito podem ser saqueadas com relativa liberdade.

Além de a tematização ser descrita como parte de uma estratégia de diferenciação, às vezes é sugerido, em especial em relação a compras, que ela é apresentada para que as pessoas se entreguem à experiência e, com isso, sintam-se mais propensas a comprar. Isso pode acontecer com algumas pessoas uma parte do tempo mas, como vários analistas já disseram, essa estratégia supõe o consumidor como uma espécie de palerma cultural que compra sem qualquer critério, em resposta à confusão que os ambientes tematizados criam no comportamento razoavelmente racional do consumo. É preciso tomar cuidado com esse pressuposto. A maioria das pessoas está muito acostumada com ambientes tematizados e suas atrações, e não se deixa levar pelas experiências sedutoras que lhes são oferecidas. A luta dos restaurantes tematizados, desde o final dos anos 90, é um bom exemplo disto. Foi justamente porque muitos deles ofereceram uma experiência de consumo, em vez de boa comida, que acabaram falindo. Essa mostra de racionalidade nas preferências e condutas do consumidor é um testemunho da resistência do público às tentativas sedutoras da tematização.

A tematização também pode estar se difundindo não só porque os fornecedores de serviços e outros percebem-na como uma arma para arrancar dinheiro do nosso bolso. Ela pode estar se espalhando porque surte alguma espécie de efeito bola-de-neve em nossa cabeça: cada vez mais, nós esperamos os ingredientes de uma tematização. Assim como os visitantes do shopping estudado por Sandicki e Holt que o consideraram monótono e sem

[156]Sandicki e Holt (1998).

graça,[156] há uma expectativa crescente de certo nível de tematização. Shoval aponta que, em Israel, os locais sagrados de visitação estão cada vez mais tematizados.[157] Seria de se esperar que fossem pontos capazes de falar por si mesmos, dotados como são de uma espécie de significação e de mensagem próprias, dada suas importantes conotações religiosas e históricas. Ele sugere que o motivo de tematizarem tais locais é que mais ou menos 80% dos visitantes vêm da Europa e dos Estados Unidos, onde a tematização se tornou um elemento central do turismo e de outras atividades de consumo. Em outras palavras, a tematização pode ter seu próprio impulso (ou é assim que a vemos), devido às expectativas e exigências dos próprios consumidores.

[157]Shoval (2000).

3
CONSUMO HÍBRIDO

Por "consumo híbrido" refiro-me à tendência geral por meio da qual as formas de consumo associadas com diferentes esferas institucionais se entrelaçam umas com as outras e se tornam cada vez mais difíceis de distinguir entre si. O que terminamos tendo dentro do consumo híbrido são formas desdiferenciadas de consumo, nas quais as distinções convencionais entre essas formas se tornam cada vez menos nítidas, chegando a ponto de quase desaparecerem. Com "formas de consumo" quero dizer coisas como: compras; visita a um parque temático; comer em restaurante; hospedar-se em hotel; visitar um museu; ir ao cinema; praticar e/ou assistir a esportes e jogar em cassino. Nos sistemas híbridos de consumo, as formas de consumo são aproximadas de maneiras novas e geralmente criativas.

Por que criar ambientes de consumo híbrido?

Se atrações adjacentes e diferenciação são os princípios que subjazem a tematização, como apresentamos no Capítulo 2, no caso do consumo híbrido o princípio característico é fazer com que as pessoas fiquem *mais tempo no local*. Essencialmente, quanto maior for o número de itens de consumo integrados, mais as pessoas permanecerão no local até o qual foram atraídas originalmente. No máximo, a idéia é criar um *destino*, um lugar aonde as pessoas queiram ir, que seja um local significativo, capaz de segurá-las lá algum tempo. Como pontos de destino, os locais de consumo híbrido se tornam atrações semelhantes a locais de visitação turística. A fusão de várias ordens de consumo, especialmente quando acompanhadas de tematização, cria um local espetacular para consumo, geralmente capaz de despertar uma reação de assombro, em parte devida ao seu tamanho, mas também em parte por causa de sua atitude inovadora no modo de reunir de maneira incomum alguns tipos de consumo.

A realidade do princípio da "maior permanência" pode ser detectada em comentários de vários designers e gerentes dos mais recentes destinos de consumo, dos quais vários serão novamente citados neste capítulo. Goss cita um vice-presidente sênior de *leasing* e marketing, da área de shoppings nos Estados Unidos, quando disse: "Nosso levantamento mostra (que) o valor das aquisições está *diretamente* relacionado com a quantidade de tempo que a pessoa esteve em um shopping... Qualquer coisa que possa prolongar a permanência dos compradores é do nosso maior interesse".[1] O autor prossegue citando um executivo de marketing associado com o Franklin Mills, um dos shoppings da companhia Mills Corporation, ao qual nos referimos no Capítulo 2: "Os entretenimentos nos shoppings da Franklin Mills mantêm os consumidores nesses locais durante 3 a 4 horas, o que significa uma ou duas vezes mais que no shopping comum, (e) quanto mais coisas você oferece para o consumidor fazer, mais tempo ele ficará por ali e mais comprará".[2] Crawford cita um empresário do segmento de shoppings, que tem a mesma visão: "Quanto mais necessidades você satisfaz, mais tempo as pessoas permanecerão no recinto".[3]

Camadas de tematização ajudam a intensificar a sensação de ser um ponto de destino, e oferecem mais razões ainda para a pessoa ficar mais tempo. De acordo com o editor de *Visual Merchandising and Store Design*: "Hoje está menor o tempo que se pode dedicar ao lazer, então as pessoas precisam se divertir. Você tem de usar toda a sua imaginação para fazer com que os compradores fiquem mais tempo no shopping".[4] Um ponto semelhante foi feito pelo gerente da Forum Shops, dentro do Caesar's Palace Casino-Hotel, em Las Vegas:

> Nós gostamos de nos comparar com a Disneylândia, onde você se sente bem de estar. E, quando as pessoas se sentem bem, elas tendem a ficar mais tempo num local. Então, é disso que se trata: fazer as pessoas se sentirem bem de estarem ali, e garantir que tenham uma experiência agradável. Se estão vindo para cá por causa do entretenimento, isso é um bônus. E, enquanto estão a caminho de ver os shows audioanimatrônicos, passam em frente da Banana Republic, ou de outras lojas quaisquer, e é capaz que pensem: "Ora, sabe de uma coisa, eu acho que seria genial comprar uma blusinha nova para hoje à noite", ou "Acho

[1] Citado em Goss (1993a: 22).
[2] Citado em Goss (1993a: 28).
[3] Citado em Crawford (1992: 15).
[4] Citado em Barber (1995: 325).

que vou pegar aquele vestido que vi para usar hoje à noite". Então, é meio uma mão lavando a outra.[5]

Da mesma forma, em relação ao Sea World em San Diego, Davi mostra o quanto é importante para esse parque garantir que os visitantes fiquem tanto quanto possível: quanto mais tempo permanecem no local, mais eles gastam. Como todos os parques temáticos, fazem isso tentando criar tantas razões quantas for possível para que as pessoas fiquem no parque. Isso inclui oferecer um grande número de atrações e garantir que os restaurantes e outras amenidades estejam disponíveis. Inclui também intensificar a ênfase tática de algumas atrações, pois, segundo o vice-presidente de entretenimento, "as pessoas ficam mais tempo se o entretenimento é menos passivo, menos dependente de só olhar, e envolve mais fisicamente o espectador".[6]

As mensagens desses diversos comentários são claras. O objetivo dos sítios de consumo híbrido é dar às pessoas tantas razões quantas possíveis para que elas fiquem ali mesmo. Quantas mais necessidades forem atendidas, mais tempo os visitantes permanecerão e mais dinheiro gastarão. Além disso, há outras razões para se visitar os parques, de modo que eles se tornam em si mesmos atrações motivacionais.

Consumo híbrido nos parques temáticos Disney

Walt percebeu muito cedo que a Disneylândia tinha grande potencial como veículo de venda de comida e outros vários bens. A Main Street USA ilustra isto, no sentido de seu principal propósito não ser abrigar atrações, mas agir como contexto para compras. Nas palavras de Umberto Eco: "As fachadas de Main Street são apresentadas ao público como casas de boneca, convidando-nos a entrar, mas seu interior sempre é um supermercado disfarçado, onde você compra obsessivamente, acreditando que ainda está brincando".[7] Hoje, os parques temáticos Disney estão tão cheios de lojas e restaurantes que alguns autores afirmam que seu propósito principal é cada vez mais justamente vender uma diversidade de itens e alimentos. As lojas e restaurantes são projetados para se integrarem às atrações sem choque visível, em termos de tematização e localização. No caso de muitas atrações, os visitantes são força-

[5] Esta citação foi extraída de "Shopology", o segundo de dois programas de televisão apresentados na BBC2, em 9 de setembro de 2001.

[6] Citado em Davis (1997: 103).

[7] Eco (1986: 43).

dos a atravessar uma loja que expõe mercadorias relevantes, a fim de poder sair (por exemplo, uma loja com artigos de Guerra nas Estrelas, conforme a pessoa sai do brinquedo Star Tours, nos dois parques da Disney nos Estados Unidos, e na Disneylândia em Paris). No World Showcase do Epcot Center, representações de diversas nações são o foco principal, mas um dos meios principais para as nações e sua nacionalidade se revelarem é na comida e nas compras. Na realidade, algumas construções, que são ícones de alguns países, não contêm atrações de espécie alguma (por exemplo, a Itália e a Inglaterra), ou talvez só um pouco mais do que um filme sobre o país (como o Canadá e a França), mas cada "país" tem pelo menos um restaurante (alguns, como França, México e China têm dois), e pelo menos uma loja. Não é de surpreender, portanto, que muitos analistas descrevam o Epcot e até mesmo os parques Disney como veículos para a venda de mercadorias e alimentos. Tanto é assim que o folheto para acionistas da Euro Disneylândia apresentava, como uma das principais técnicas de administração associadas com "o conceito do parque temático Disney", o fato de "a Disney ter aprendido a otimizar o mix de mercadorias nas lojas dentro de seus parques temáticos, o que conseqüentemente os torna altamente lucrativos e lhes permite atingir um dos mais elevados índices de vendas por metro quadrado, no segmento das lojas de varejo nos Estados Unidos".[8] Se acrescentarmos hotéis a essa equação, a defesa da idéia de que parques são sítios de consumo híbrido se torna ainda mais eloqüente.

No Disney World, o número de hotéis cresceu enormemente desde que Michael Eisner assumiu a chefia da Walt Disney Company, em 1984. Eisner e sua equipe estavam convencidos de que essa era uma das várias áreas que precisavam de mais atenção. Para eles, havia um número muito alto de visitantes de parques temáticos que se mantinham afastados das opções da Disney e, por causa disso, a empresa estava perdendo uma fatia gigantesca de sua possível lucratividade. Além disso, quando as pessoas se retiravam do recinto Disney, ao final do dia, havia menor probabilidade de que fossem gastar seu dinheiro em restaurantes no parque temático e em suas mercadorias. Como resultado, nos 20 anos seguintes, Eisner e equipe aumentaram maciçamente o número de apartamentos em hotéis Disney e, com isso, implantaram uma estratégia acelerada de consumo híbrido. Esse aumento na oferta de acomodações foi resolvido com a construção de hotéis menos dispendiosos, ao lado dos mais tradicionais estabelecimentos de luxo.

---

8 Euro Disneyland S.C.A. Oferta de venda de 10.691.000 ações, pela corretora S.G. Warburg Securities. Citado à p. 13.

Além de tematizados (ver capítulo anterior), foi feita a evidente tentativa de manter os hóspedes nos hotéis, ao enfatizar a vantagem de usar essas acomodações em vez das opções não-Disney. Por exemplo, os hóspedes Disney podem entrar nos parques mais cedo e, com isso, chegar aos brinquedos principais antes que as hordas de turistas ocupem a área. Também podem reservar mesas nos super-requisitados restaurantes (especialmente nos restaurantes étnicos do Epcot), telefonando do próprio hotel, em vez de serem obrigados a correr o risco de ver se há mesas disponíveis quando chegam ao parque. Além disso, já há algum tempo, a Disney vem oferecendo aos hóspedes de seus hotéis ingressos com vantagens abrangentes em termos de duração e opções de lazer. É digno de menção citar a conclusão a que chegaram os analistas, na época em que as dificuldades financeiras da Disneylândia Paris eram de conhecimento comum: um dos maiores motivos para essas dificuldades não era o número de visitantes do parque, mas o fato de que eles não gastavam em comida, suvenires e estadia nos hotéis Disney, tanto quanto havia sido previsto.[9] Assim, constatamos que, nos parques Disney, comprar, comer, se hospedar e visitar os parques temáticos são tendências indissoluvelmente entrelaçadas. Quaisquer distinções que se pretendam fazer são ainda mais dificultadas pelo fato de que a Disney construiu o que é, essencialmente, um shopping center no meio do Disney World (a Disney Village, antigamente chamada de Disney Marketplace), estratégia que depois foi adotada pela Disneylândia e pela Disneylândia Paris.

Uma extensão dessa estratégia no Disney World é que a Disney o transformou num *resort*. Disney World não é um parque temático, é um *resort* com quatro parques temáticos principais, alguns parques aquáticos, uma área para uma casa noturna, hotéis, restaurantes, um estabelecimento de ensino (Instituto Disney), uma área esportiva, um distrito comercial. No fundo, a estratégia é tentar oferecer aos visitantes o menor número possível de razões para querer ou precisar sair do território Disney. Essa estratégia também tem sido adotada no Universal Resort Orlando, que há não muito tempo era só a Universal Studios Orlando. Desde então, ele acrescentou um novo parque temático (Universal Islands of Adventure), uma área para vida noturna (Universal CityWalk, incluindo casas noturnas, restaurantes, um cinema e lojas), e hotéis tematizados. A Disney adotou sua própria estratégia na Disneylândia, que hoje é o Disneyland Resort. Ao inaugurar um novo parque temático – Californian Adventure –, além de um novo hotel e uma área de compras,

[9] Bryman (1995: 77).

deu a seus visitantes ainda mais motivos para que eles permaneçam no recinto Disney e tenham mais oportunidades de gastar seu dinheiro ali. O ponto é expresso com simplicidade por Kerry Hunnewell, ex-vice-presidente da Walt Disney Co.: "A filosofia de Orlando é levar você até lá, mantê-lo ali e garantir que você gaste todo o seu dinheiro lá mesmo... Em Anaheim, precisávamos de um motivo para que as pessoas não saíssem do local".[10]

Precursores do consumo híbrido

O consumo híbrido não é novidade: o que *é* novidade é a forma sistemática como diferentes formas de consumo estão sendo interligadas, com o objetivo de transformar os lugares em pontos de destino para visitantes que desejarão permanecer neles por mais tempo. Os parques de diversão sempre tiveram lanchonetes, cafés e restaurantes; os museus sempre venderam umas poucas lembrancinhas; e os hotéis invariavelmente contaram com seus restaurantes. O que também é nova é a notável variedade de formas de consumo que estão sendo ofertadas em conjunto, para criar novas possibilidades e formatos híbridos.

No decorrer do século XX, foi possível detectar alguns contextos de consumo híbrido. As lojas de departamentos são uma escolha óbvia. Sob um único teto, elas reuniam variados tipos de bens e serviços (principalmente restaurantes e casas de chá) que, antes, se localizavam (como ainda acontece) em lojas isoladas. Centros de compra começaram a funcionar segundo os mesmos princípios, mas proporcionavam uma integração um pouco menor que as lojas de departamentos. Tal como ocorre com os shoppings maiores e tematizados com mais sofisticação, as lojas de departamento e os centros comerciais podiam geralmente oferecer uma sensação de assombro diante da natureza espetacular desses locais e da imensa variedade de bens e serviços oferecidos.[11]

O supermercado e suas várias extensões em hipermercados e mais além podem também ser vistos como formas precursoras de consumo híbrido. O supermercado foi aos poucos incorporando mais e mais opções de varejo sob o mesmo teto – como carnes, produtos hortifrutigranjeiros e bebidas alcoólicas – que antes eram vendidas apenas em lojas especializadas. A partir de então, um vasto arsenal de produtos foi sendo aos poucos acrescentado e, hoje, se tornaram áreas nobres de lucratividade: artigos de vestuário, de

[10] Citado em Grover (2001).
[11] Chaney (1983).

música, itens para reparos e atividades do tipo faça-você-mesmo, para jardinagem, produtos elétricos, artigos farmacêuticos e assim por diante, além de lanchonetes, cafés, restaurantes e outros serviços. O consumo híbrido é, portanto, uma extensão de uma tendência que há décadas já vem fazendo sua estrada.

Os parques temáticos Disney podem até ter influenciado uma boa parte dos desenvolvimentos que serão examinados a seguir, em virtude de sua bem-sucedida política de aproximar e integrar diferentes formas de consumo. Por exemplo, um dos irmãos Ghermezian, que é dono e cuida da empresa responsável pelo projeto do West Edmonton Mall, um dos locais mais conhecidos de consumo híbrido, foi ao que parece influenciado pelos parques temáticos Disney.[12] É provável que o consumo híbrido seja em parte um caso de Disneyzação estrutural, mas também é um caso de Disneyzação transferida.

A difusão do consumo híbrido

Nesta seção, será apresentada a variedade de maneiras e contextos do consumo híbrido, como processo contemporâneo. Inicialmente, mencionaremos algumas das principais combinações de forma de consumo.

Hotéis e cassinos

Possivelmente, Las Vegas é uma ilustração melhor da Disneyzação na forma do consumo híbrido do que os próprios parques temáticos Disney. Os hotéis tematizados mencionados no Capítulo 2 poderiam ser igualmente descritos, e provavelmente de modo mais preciso, como cassinos. Cada um deles abriga um cassino enorme, embora possam ser igualmente descritos como cassinos com hotéis acoplados. Mas, nos últimos anos, a hibridização tem seguido um curso veloz de ocupação em Las Vegas. Você pode entrar na Forum Shops (também mencionada no Capítulo 2) dentro do Caesar's Palace, estando na esteira rolante, mas a única saída é atravessando o cassino. Muitos dos outros grandes hotéis-cassinos tematizados de Las Vegas anexaram shopping centers de luxo a suas construções. A proposta de um Pharaoh's Palace em Blackpool adota essa mesma combinação de oportunidades de consumo, para se tornar um *resort* no estilo de Las Vegas. Atlantic City, em Nova Jersey, também tem alguns cassinos-hotéis gigantes, com atrações coligadas.

[12] Hopkins (1990: 9-10).

[Fig. 3.1 - Hotel New York New York, em Las Vegas, mostrando sua montanha-russa]

Além disso, para atrair famílias e uma variedade mais ampla de clientes, os cassinos-hotéis de Las Vegas construíram partes temáticas (por exemplo, MGM Grand, Circus Circus), ou então incorporaram atrações de parques temáticos (por exemplo, Luxor, Stratosphere, New York New York, Treasure Island, Excalibur). A Figura 3.1 mostra o Hotel New York New York, com seu perfil lembrando Manhattan e um dos carrinhos da montanha-russa que acaba de entrar na cena.

Em 1994, um jornalista se sentiu impelido a escrever:

> A antiga Sin City (Cidade dos Pecados)... colocou um "próprio para menores" no lugar do velho "Proibido para menores". Não se vêem mais os letreiros sedutores em néon, as mulheres semidespidas, os cassinos envoltos em fumaça de cigarros e charutos. Las Vegas se transformou na Disneylândia do Deserto, um *resort* para famílias, em vez de um parquinho de diversões para adultos. Ou, pelo menos, essa é a impressão deixada por uma inundação de recentes artigos em jornais e revistas.[13]

Em meio a um processo como esse, as distinções convencionais entre cassinos, hotéis, restaurantes, compras e parques temáticos caem todas por terra. Além disso, os hotéis-cassinos de Las Vegas também são grandes locais para shows sofisticados e, eventualmente eventos esportivos em recinto fechado, como lutas de boxe. Crawford disse que "os shoppings centers são locais comuns para entretenimento, ao passo que parques temáticos funcionam como mercados disfarçados",[14] mas as últimas tendências deixam entrever que até mesmo esse comentário não capta exatamente a extensão alcançada pelo consumo híbrido em Las Vegas, onde várias formas anteriormente distintas de consumo agora se vêem reunidas sob um único teto.

Na realidade, a sugestão de que os hotéis-cassinos de Las Vegas caíram de cabeça no segmento do mercado para famílias é um exagero.[15] Embora o número de famílias para quem Las Vegas se tornou um destino turístico tenha sem dúvida aumentado, muitos operadores dos hotéis-cassinos se preocuparam com a possibilidade de os investimentos em entretenimentos para parques temáticos e a alocação de espaços para estes não serem dominados pelos níveis mais baixos de gastos nos jogos de azar (que são o fator básico de movimentação financeira da cidade). Além disso, alguns dos operadores desses estabelecimentos estavam apreensivos com a perspectiva de as famílias eventualmente se esquecerem de que Las Vegas se propõe como uma Disneylândia para adultos. A descrição comum de Las Vegas como uma Disneylândia para adultos denota que é um parque de diversões para os maiores de idade, *não* que é um parque temático em estilo Disney, para famílias.

Alguns operadores de cassino incluíram em seu portfólio de atividades turísticas atrações, até certo ponto limitadas, visando as famílias. Assim é que o Hilton construiu um brinquedo Star Trek junto com elementos corres-

[13] Citado em Gottdiener et al. (1999: 64).
[14] Crawford (1992: 16).
[15] Gottdiener et al. (1999).

pondentes, como por exemplo, uma loja vendendo mercadorias da Viagem às Estrelas e um bar chamado Quark's. Esses elementos tematizados foram desenhados para integrar-se da forma mais natural possível com a atividade de jogar, especialmente porque as pessoas jogam no Quark's "de verdade", em *Star Trek: Deep Space Nine*. Esse é um exemplo de um design limitado e circunscrito de atrações para a família. Outros empreendedores construíram parques aquáticos para atrair tanto adultos como famílias, aumentando assim o grau de consumo híbrido nos hotéis de Las Vegas.

A ligação entre atrações para famílias em parques temáticos e hotéis não obteve um sucesso estrondoso. A sensação é que alguns adultos perderam a motivação para ir a Las Vegas por causa justamente do ambiente familiar, preferindo então outros destinos exclusivos. No início do ano 2000, a ênfase estava começando a mudar, deixando a atmosfera familiar já menos acentuada. Um jornalista do *Times*, por exemplo, cita um porta-voz do Comitê de Visitantes e Convenções que teria dito: "Não queremos que as famílias se desinteressem, mas Vegas é uma cidade-festa para adultos".[16] Além disso, algumas atrações de parques temáticos simplesmente não conseguiram justificar seu custo. Provavelmente, o fracasso mais significativo é o parque temático ligado ao MGM Grand. Essa foi, talvez, a mais ambiciosa atração construída para famílias, no sentido de ser um parque temático completo, com tudo a que poderia ter direito, mas que fechou poucos anos depois de inaugurado porque o número de visitantes se manteve baixo.

Parques temáticos, compras e restaurantes

A maioria dos parques temáticos segue o exemplo da Disney e tenta maximizar as oportunidades que os visitantes têm de comprar e comer em restaurantes ou quiosques, enquanto passeiam pelo local. As vendas de objetos e comida contribuem grandemente para a lucratividade dos parques. Atualmente, os parques temáticos estão repletos de lojas vendendo artigos em parte ligados aos parques temáticos e, também, na forma como será explicada no Capítulo 4, enquanto mercadorias licenciadas que têm o logo do parque ou seus emblemas. Além disso, oferecem um amplo leque de oportunidades de se fazer refeições, que incluem restaurantes de tematização reflexiva, como o McDonald's e o KFC.

O Sea World em San Diego, na Califórnia, serve bem de ilustração desse processo. Davis escreveu sobre esse parque:

---

[16] Chesshyre (2002a).

> A equipe de projetistas e engenheiros privilegiou o problema de intensificar os gastos. Para manter as pessoas comprando comida e lembrancinhas, eles sabem que elas devem se sentir confortáveis, interessadas e ser deslocadas de um ponto a outro no ritmo certo, cruzando cenários que lhes pareçam atrativos por suas diferenças...[17]

Uma maneira de conseguir isso é criando a impressão de que o parque não está lotado demais, uma vez que as pessoas tendem a gastar menos se sentirem que o local está cheio. Davis cita o vice-presidente de operações dizendo que seu objetivo consiste em criar um ritmo para o parque que faça com que as vendas de bens e comida se tornem mais prováveis. A administração experimenta horários dos shows do Sea World para maximizar as possíveis vendas. Além disso, o *layout* do parque é tal que o visitante vai sendo levado até as lojas de presentes, tematizadas em relação aos animais do parque, tais como sua estrela maior, a baleia-assassina performática Shamu, ou os pingüins, no Penguin Encounter, os peixes-boi e assim por diante. Os estandes de comida ajudam a manter os restaurantes ligeiramente menos ocupados, nas horas do dia em que as pessoas se sentem mais propensas a comer, mas também ajudam a promover necessidades do consumidor que ele mesmo talvez não estivesse percebendo. Como decorrência dessas estratégias, Davis estima que 50% do lucro do parque advêm da venda de comidas, bebidas, mercadorias e fontes semelhantes. Embora os parques temáticos de menor escala possam parecer menos equipados que os maiores, como os Sea Worlds, eles sem dúvida empregam táticas similares para cultivar suas vendas e manter seus visitantes mais tempo no local.

O shopping center tornou-se um local preferencial para o consumo híbrido. Isso ocorre de inúmeros e bem conhecidos modos, por meio dos quais os shoppings buscam incorporar muitos tipos de consumo e funções, a fim de haver o menor número possível de razões pelas quais o comprador tenha de sair dali. Aliás, o shopping acaba muitas vezes se tornando um local para outras atividades que não comprar e, nesse sentido, passa a ser um destino em si.

Hoje, os shoppings incorporam uma ampla variedade de restaurantes, lanchonetes e cafés. Além disso, muitas vezes contam com postos de serviços bancários, tanto com agências propriamente ditas como com locais de auto-atendimento. Os cinemas se tornaram um componente cada vez mais integrado ao mix padrão de serviços e entretenimentos de um shopping.

[17] Davis (1997: 82).

[Fig. 3.2 - Restaurante e área de jogos do Trafford Centre]

Nos shoppings maiores, foram incluídos parques temáticos e outras opções de lazer. No Mall of America há um parque temático de 7 acres, chamado Knott's Camp Snoopy, oferecendo ao público 23 brinquedos. Não é cobrado ingresso e os visitantes pagam por brinquedo. Nos primeiros seis meses de operação, o parque teve mais de 4 milhões de usuários.[18] Pesquisas preliminares demonstraram que o visitante passou em média 3.1 horas no shopping, o que inclui uma visita de 30 minutos ao Camp Snoopy, embora desde então a permanência média no shopping tenha caído para 2.6 horas.[19] O West Edmonton Mall também incorporou um parque aquático enorme e atrações de parque temático em "Fantasyland" e agora tem ainda um campo para mini-golfe e uma capela.

A maioria dos shoppings não tem a extraordinária extensão de combinações de consumo híbrido que se encontram no West Edmonton Mall e no Mall of America, mas é capaz que terminem copiando esses modelos. O MetroCentre em Gateshead, na Inglaterra, contém um "enorme reino da fantasia, com brinquedos comuns de um recinto de exposições".[20] No Trafford Centre, nas imediações de Manchester, na Inglaterra, há pistas de boliche para

[18] Spellmeyer (1993).
[19] Cohn (1996).
[20] Urry (1990: 149).

10 garrafas, uma área para jogos de realidade virtual e um rinque de carrinho de bate-bate. A Figura 3.2 mostra um dos restaurantes de sua praça de alimentação, perto da área de jogos do shopping, contra um fundo de imagens do antigo Egito e do império asteca. Os empreendedores do Bluewater Mall, em Kent, na Inglaterra, prometeram concertos e apresentações artísticas regulares, como parte das opções de entretenimento oferecidas pelo local.[21]

Um jornalista escreveu, em relação ao Trafford Centre: "O shopping center como parque temático, que atrai igualmente homens e mulheres de todas as idades, é a chave da política de marketing do Trafford Centre".[22] É provável que esse processo só em parte tenha a ver com a tematização das áreas do shopping, em termos das partes do mundo ou dos céus variados, que foram copiados das Forum Shops, de Las Vegas. Também tem ligação com a introdução de uma ampla gama de opções de lazer, que podem ampliar a quantidade de membros de uma família querendo visitar o shopping, assim como o número de motivos para mantê-los lá. Como outros shoppings de grande porte, esse tem também seu próprio hotel dentro do complexo, uma estratégia que se mostrou especialmente significativa no West Edmonton Mall. O Ontario Mills, na Califórnia, tem mais de 200 lojas, um zôo no recinto fechado do shopping, dois rinques de gelo para patinação e um brinquedo com simulador de movimento, além de um ambiente de entretenimento na forma de um "Dave and Buster's" (ver a próxima seção, com mais informações sobre esses locais).[23] Vários novos shoppings de grande porte foram construídos em Bangcoc e muitos deles incluíram pequenos parques temáticos e áreas de entretenimento para famílias; em Sidney, na Austrália, há uma ampla área de comércio varejista, contendo atrações de parque temático e brinquedos, restaurantes temáticos, um Sega World, e teatro de rua.[24]

O trio de formas de consumo enfocado nesta seção também se mostra nessa forma em muitos parques temáticos do Extremo Oriente, que surgiram nos anos seguintes à inauguração da Disneylândia em Tóquio. A esse respeito, é notável que a passagem citada na página 50, extraída do trabalho de Hendry relativo às *gaikoku mura* (aldeias estrangeiras), mencione que, nesses locais, há "um estoque abundante de alimentos, bebidas e ornamentos da região específica".[25] Como exemplo disso, no Glücks Königreich, um parque

[21] Rugoff (1999).
[22] Jenkins (1998: 20).
[23] Wolf (1999: 10).
[24] Hannigan (1998).
[25] Hendry (2000: 1).

tematizado na Alemanha, há uma larga variedade de opções de comida em termos de alimentos apropriadamente étnicos, além de lojas, e a reprodução de um castelo que funciona como hotel de luxo. O parque inclui também um restaurante, instalações para conferências e um clube esportivo. Nesse mesmo sentido, o Huis ten Bosch, uma *gaikoku mura* tematizada a partir da Holanda, que é a maior de todas, contém um amplo espectro de lojas e restaurantes, além de um hotel (Hotel Europe).

Além de shopping centers como locais em que se mesclam atrações de parques temáticos, lojas e restaurantes, complexos de grande porte como locais para comemorações e festivais e pontos turísticos específicos (ver Capítulo 6) servem de exemplos de locais em que são reunidas diferentes formas de consumo. Wolf menciona vários complexos que combinam uma variedade de formas de consumo, e cita: Fox Studios, Australia Megaplex (com 16 salas de espetáculos, palco sonorizado com área para público volumoso, parque com brinquedos tipo aventura, recinto com lojas e restaurantes); Crown Resort em Melbourne, com um cassino, hotel, restaurantes, bares, casas noturnas e um teatro; e Genting, a Cidade do Entretenimento, na Malásia, que abrange área de jogos de azar, pistas de golfe, instalações para convenções, restaurantes e recintos esportivos.[26] Ao longo da orla na Filadélfia, foi inaugurado um grande número de bares e restaurantes tematizados, junto com um Dave and Buster's (veja seção seguinte), um museu dos portos marítimos, rinque de patinação no gelo e um hotel Hyatt.[27] A Times Square, cuja recuperação gerou tanta controvérsia, também é um outro exemplo, com sua surpreendente combinação de locais tematizados entre restaurantes, bares, teatros, lojas, todos vinculados a um tema geral de entretenimento para turistas. Claro que as cidades contêm invariavelmente uma combinação de locais de lazer, mas o que é significativo a respeito de tais desenvolvimentos é a maneira coordenada como essas áreas de consumo híbrido se reúnem, e o fato de que isso tende a ocorrer numa região claramente definida.

Consumo híbrido em lojas e pontos-de-venda

Um aspecto relativo ao consumo híbrido do tipo encontrado em shopping centers, conforme esboçamos na seção anterior, é a tentativa de muitos pontos-de-venda e lojas de incorporar mais e mais oportunidades de consumo num único local. Instalar cafés dentro de cadeias de livrarias, como

[26] Wolf (1999).
[27] Hannigan (1998: 191).

a Barnes e Noble e Borders, nos Estados Unidos, e Waterstone's no Reino Unido, é um exemplo da maneira como alguns pontos-de-venda buscam um relacionamento simbiótico entre diferentes formas de consumo, a fim de incrementar a ambientação geral de suas principais ofertas. Esse tipo de entrelaçamento também tem muito a ver com o princípio do aumento da permanência citado acima. Na época da redação deste livro, muitas filiais da Abbey National, uma cadeia de bancos do Reino Unido incluíam um pequeno café Costa dentro de cada filial (Costa é uma das maiores cadeias de cafés no Reino Unido).

Um outro exemplo do processo é Dave and Buster's, em que diversas atividades para entretenimento de adultos, como videogames, restaurantes, salas de bilhar e uma casa noturna estão contidas num único estabelecimento. A cadeia Dave and Buster's é geralmente encontrada em shopping centers, especialmente aqueles com uma decidida orientação para entretenimento. Uma vez que os pontos-de-venda da cadeia incluem algumas atividades de consumo, servem para aumentar a variedade de opções de consumo híbrido nesses shoppings. A cadeia ESPN Zone, da Disney, também funciona de modo semelhante, como *resort* para entusiastas adultos do esporte, e onde podem comer (no restaurante), assistir a espetáculos esportivos, participar de videogames interativos, e adquirir lembrancinhas esportivas, na loja.[28] No Reino Unido, no Girl Heaven, uma cadeia de lojas de varejo para meninas entre 3 e 13 anos, tematizada segundo o conceito "girl power" (menina poderosa), o objetivo é oferecer uma plataforma capaz de operar uma total transformação da menina numa "princesa", e para isso as lojas incluem serviços de cabeleireiro, manicure e maquiagem, além de roupas.[29]

Hotéis

Freqüentemente os hotéis estão no próprio cerne do consumo híbrido porque quanto maiores, mais provável é que as pessoas estejam preparadas para ficar mais tempo e, portanto, é mais provável que considerem a idéia de ficar num hotel com mais ligações. Vimos esse princípio em relação com os hotéis-cassinos, e os parques temáticos Disney também usaram a mesma estratégia. Muitos outros parques temáticos estão agindo assim também e o Universal Orlando, mencionado antes, desenvolveu-se muito, nessa área. Outros parques temáticos seguem na mesma linha, e por isso temos o Hotel

[28] Sherry et al. (2001).
[29] Russell e Tyler (2002).

da Legolândia na Holanda, enquanto o parque temático Alton Towers na Inglaterra tem, atualmente, dois hotéis tematizados em seu recinto.

Podemos citar ainda alguns shoppings de grande porte que estão incluindo hotéis em seu complexo. Até mesmo a Hamburguer University, em Illinois, em que as franquias McDonald's e seus gerentes são treinados, tem o seu próprio Hyatt.[30] O novo estádio de futebol que é a sede do Bolton Wanderers, conhecido como Reebok Stadium, tem um hotel anexo, refletindo a crescente tendência de locais esportivos servirem de sítios de consumo híbrido (ver a seção de estádios esportivos a seguir). Os grandes hotéis-cassinos de Las Vegas não são apenas plataformas para compras com opções de restaurantes, mas também, muitas vezes, locais de shows de vários gêneros ou eventos esportivos, ampliando assim as várias maneiras pelas quais os hotéis se envolvem com o consumo híbrido.

Ginásios esportivos

Muitos estádios esportivos, e a moderna arena para beisebol em particular, estão abrigando cada vez mais uma variedade de formas de consumo.[31] Não são mais apenas locais onde se assistir ao jogo do time favorito. Ao se pronunciar sobre marketing esportivo, certo escritor disse que "as arenas para jogos com bola têm postos de auto-atendimento bancário, shopping centers virtuais, e... restaurantes e hotéis". Ele também observa que o Skydome em Toronto "oferece uma visão do parque para quem está jantando, apartamentos no hotel com vista para o campo, e até mesmo um Hard Rock Cafe no setor direito".[32] De acordo com um jornalista do *Wall Street Journal*, no Tropicana Stadium, sede do time de beisebol Tampa Devil Rays, os fãs podem fazer um bom corte de cabelo, efetuar suas operações bancárias e depois ir comprar uma cerveja geladinha no bar da Budweiser, cujos barris de cobre têm a altura de três andares. Há inclusive uma parede de escalada para crianças e espaço de *show-room* destinado a fabricantes de veículos.[33]

No MCI Center em Washington, DC, Rtizer aponta que há uma loja do Canal Discovery, uma galeria esportiva com mostruários e vitrines de museu, e uma área de jogos eletrônicos. Com respeito a arenas para beisebol, há um número crescente desses locais incluindo alguns dos seguintes componentes:

---

30 Schlosser (2001: 31).
31 Ritzer (1999): Ritzer e Stillman (2001b).
32 Schlossberg (1996: 176).
33 Citado em Ritzer (1999: 140).

shopping centers, praças de alimentação, museus, choperias e bares, áreas de jogos eletrônicos, algumas atrações de parques de diversão e serviços bancários.[34]

McDonald's

Há duas maneiras principais de o consumo híbrido ser visto em relação ao McDonald's. Uma consiste em constatar de que maneira seus vínculos com companhias como a Disney se tornam um contexto para a distribuição de brinquedos, ou quando se dedica a novas modas fulminantes de brinquedos, como os Beanie Babies.[35] Esses brinquedos atraíram entusiastas que os colecionam e mantêm um *website* para trocar informações a respeito; há também uma convenção anual para colecionadores.[36] Muitos filmes da Disney estão envolvidos em vínculos promocionais cruzados com a rede McDonald's. Como Pecora e Meehan relatam no contexto de seu componente norte-americano do Projeto Global de Audiências Disney (ver Quadro 3.1): "Diante do acordo promocional da Disney com a rede McDonald's, a loja McDonald's do shopping center foi decorada com itens de divulgação do *Corcunda*. Foram oferecidos cardápios especiais com esse tema, e o personagem estava impresso nas toalhas de papel para as bandejas, nos guardanapos, copos de plástico etc.".[37]

Mas é a distribuição gratuita de brinquedos que representa para nós o aspecto principal do consumo híbrido. A exclusiva aliança McDonald's/ Disney produziu um aumento de 23% nos pedidos do McLanche Feliz nos Estados Unidos.[38] Em 1997, isto significou um aumento da ordem de 7% nas vendas. Com isso, a cadeia McDonald's se tornou o maior distribuidor mundial de brinquedos. Não surpreende, portanto, que os pesquisadores participantes do Projeto Global de Audiências Disney tenham notado que seus entrevistados, em diversos países, freqüentemente citavam os vínculos com os filmes Disney como um elemento importante (ver Quadro 3.1). No entanto, não são somente os filmes da Disney que estão interligados com as lojas McDonald's, pois produções como *Space Jam – O jogo do século* também foram envolvidos de maneira semelhante. Embora autores como Wolf digam que esses vínculos podem resultar em melhorias muito significativas nos índices de vendas para o McDonald's, a parceria com co-

---

[34] Ritzer e Stillman (2001a).
[35] Barboza (1999).
[36] Kincheloe (2002: 28-9).
[37] Pecora e Meehan (2001: 315).
[38] Wolf (1999: 55-6).

mida não é de modo algum uma receita infalível de sucesso, como a rede Taco Bell comprovou em sua promoção cruzada com o filme *Godzilla*. A significação dessas estratégias para a presente discussão é apenas que a distribuição de brinquedos gratuitos como isca para crianças pode ser vista como evidência de consumo híbrido, visto que envolve elementos da venda tanto de comida como de brinquedos. Deve-se salientar que essa forma de consumo híbrido é alvo comum de críticas por ser vista como evidência de manipulação dos consumidores e das crianças, em especial. O Arcebispo de Canterbury tem criticado essas promoções vinculadas e criticado, com ênfase particular, a empresa Disney, expressando sua aflição pelo modo como as empresas cultivam o consumismo nas crianças, especialmente recorrendo a essas associações de produtos e serviços, e reconhecendo a influência da Disney em todo o processo. Em certa oportunidade ele disse: "Uma 'promoção cruzada', associando revistinhas, doces, brinquedos e assim por diante, com um novo filme: o império Disney desenvolveu essa estratégia numa escala sem precedentes".[39]

Quadro 3.1 - Projeto Global de Audiências Disney

O Projeto Global de Audiências Disney abrangeu uma série de pesquisas interligadas relativas ao exame de como os produtos Disney estavam sendo recebidos no mundo todo. Pesquisadores de 18 países (um dos quais os Estados Unidos, onde foram estudadas cinco localidades) foram envolvidos no projeto geral. Em cada caso, os pesquisadores conduziram entrevistas e aplicaram questionários aos cidadãos de todos os países pesquisados, para dimensionar a recepção internacional dos produtos da empresa. Além disso, foram explorados os perfis nacionais do marketing da Disney para seus produtos, nos 18 países em questão, além de indicadores específicos de cada contexto nacional, referentes ao modo como os consumidores recebiam os produtos. Os questionários e entrevistas abordaram temas como a posse de bens Disney, assistir aos filmes da Disney, opiniões sobre a empresa, os valores percebidos em associação com os produtos Disney e a percepção da empresa como uma instituição culturalmente imperialista (ou não). Em todos os países, o alvo da pesquisa foram os estudantes universitários.

Fonte: Wasko, Philips e Meehan (2001).

[39] Citado em Gledhill (2002).

O segundo sentido principal em que encontramos o consumo híbrido relacionado com a McDonald's é o modo como muitas vezes ele está implicado em ambientes que oferecem diversas formas de consumo juntas. Alguns exemplos são óbvios, como a presença de lojas McDonald's em shoppings, mas outros também servem de ilustração, como sua localização em parques temáticos. A cadeia McDonald's também costuma estar presente em parques esportivos.[40] Essa espécie de difusão da McDonald's por uma variedade de locais tem sido uma óbvia estratégia por parte da empresa. No Posfácio à autobiografia de Ray Kroc, fundador da McDonald's que conhecemos hoje, o co-autor do livro, Robert Anderson, menciona com satisfação a instalação de uma loja McDonald's num hospital, em centros de serviços automotivos, bases militares, shoppings e parques de diversão. Baseando-se num relatório anual de 1985, ele cita: "Talvez, no futuro, encontremos uma loja da McDonald's em empresas de transporte aéreo, de cargas e passageiros, em estádios esportivos e nas melhores lojas de departamentos".[41] Alguns desses desdobramentos já se materializaram. No entanto, enquanto estratégia, esse movimento nem sempre foi bem-sucedido, como ocorreu quando a empresa foi forçada a fechar alguns pontos-de-venda em lojas da Wal-Mart, devido ao pequeno movimento.[42]

Zoológicos

Os zoológicos também estão envolvidos no consumo híbrido. O Animal Kingdom, na Disney, é um exemplo extremo nesse sentido, e não surpreende que esse posto da Disney seja um sítio de destaque quanto a essa dimensão da Disneyzação dos zôos. Ao colocar um zôo no meio do Disney World, que contém parques temáticos, parques aquáticos, cerca de 20 hotéis, seis pistas de golfe e numerosos restaurantes, inclusive um da cadeia Rainforest Cafe, perto de um hotel, o consumo híbrido relativo ao zôo é aumentado muitas vezes. Como nos Busch Gardens, no West Midlands Safari Park e em vários outros zôos, ele oferece em seu recinto atrações de parques temáticos. O Animal Kingdom tem um brinquedo excitante chamado, apelativamente, de Contagem Regressiva para a Extinção. No Busch Gardens, o visitante pode conhecer alguns brinquedos também excitantes, apresentados em termos de terras africanas. O Sea World em Miami tem um brinquedo com uma canaleta

[40] Ritzer e Stillman (2001b).
[41] Citado em Kroc (1987 [11977]: 209).
[42] Barboza (1999).

gigante, chamado Viagem à Atlântida, e uma montanha-russa. Alguns parques temáticos, como o Drayton Manor no Reino Unido, incorporam um zôo entre seus diversos brinquedos e atrações. Da mesma maneira, o Marine World Africa, na Califórnia, tem sido descrito como "parte zoológico, parte parque temático, parte circo e até mesmo parte carnaval".[43] Aqualeon, nas imediações de Barcelona, na Espanha, combina um parque aquático com a exibição de animais selvagens, além de shows com alguns desses animais. Dibb, ao examinar os zôos e parques com animais selvagens no Reino Unido, escreve:

> Ao longo de toda a década de 1980, a crescente popularidade dos parques temáticos representou um desafio significativo para o papel desempenhado pelos zoológicos. Cada vez mais, os empresários estão preferindo combinar a atração exercida pela vida selvagem e pelos animais domesticados com outros tipos de entretenimento. Por exemplo, Whipasnade, uma atração com animais no Reino Unido, introduziu um leque de novidades para atrair mais visitantes e levá-los a gastar mais e permanecer mais tempo no recinto da exposição. West Midlands Safari Park e Chessington World of Adventures (que inaugurou como zoológico) combinam brinquedos e vida selvagem.[44]

Vemos, com esses exemplos, que a possibilidade de distinção entre zoológicos e parques temáticos se torna menos nítida.

Um outro aspecto dessa questão é o fato de os maiores zôos e parques aquáticos nos Estados Unidos (Animal Kingdom, Busch Gardens, Sea World) incluírem extensas áreas com lojas e praças de alimentação. Enquanto a maioria dos zôos não consegue acompanhar essa estratégia devido a uma escala muito menor de operações, é de se supor que esses aspectos venham a ganhar destaque num futuro próximo, e gradualmente possam suplantar as lanchonetes e doçarias comuns e os pequenos quiosques de lembrancinhas perto da saída. Merritt e Cain apontam o crescente comercialismo dos zôos e aquários públicos americanos, e a importância de restaurantes e lojas de presentes, como parte dessa estratégia. Esses autores chegam até a sugerir que os administradores de zôos precisam estar mais conscientes de outras maneiras de desenvolver essas instituições enquanto negócios.[45]

---

[43] Desmond (1999: 193).
[44] Dibb (1995: 261).
[45] Cain e Merritt (1998).

Em certa altura, Ontario Mills, na Califórnia, tinha um pequeno zôo tematizado. Além disso, atrações com animais às vezes são incluídas em recintos em que não seria de se esperar algo como um zoológico. No hotel-cassino Mirage, em Las Vegas, além de um aquário gigantesco atrás do balcão da recepção, há tigres expostos em ambientes fabricados, que podem ser vistos do mesmo modo que num zôo tradicional. Esses tigres são usados em longos números de mágica no hotel (no show de Siegfried e Roy, que não estava funcionando na época em que este livro foi escrito).

Outra manifestação do consumo híbrido em zôos é que, conforme vem aumentando sua tematização, particularmente em termos dos habitats e da conservação dos animais, a ênfase na mera apreciação dos animais em espaços reservados sofreu um acentuado processo de transformação. Cada vez mais, o zoológico é um lugar em que acontece certa medida de educação. Para poder minimizar o incômodo de apenas se ver animais engaiolados ou quase, muitos zôos estão dando mais importância à educação dos visitantes, do que se praticava no passado. Isso é especialmente relevante para os zôos nesta época, em que tantos deles estão modificando seu perfil para servirem mais como agentes de preservação de espécies, adotando programas concentrados de reprodução em cativeiro. Para que o público compreenda esses processos, ele precisa ser informado educativamente sobre a preservação e a procriação de espécies nessas condições.

Museus

Os museus estão envolvidos no fenômeno do consumo híbrido de três interessantes e contrastantes maneiras. A primeira, e a mais óbvia, é que os museus estão se voltando cada vez mais para proporcionar serviços de alimentação e compras para seus visitantes. Invariavelmente, essas opções são uma fonte significativa de renda e ultrapassam em muito a escala das lojinhas pelas quais o visitante passa a caminho da saída do museu, ou da lanchonete acanhada, capaz de servir somente um cardápio restrito. Hoje, especialmente nos museus maiores, fazer compras e comer são duas fontes representativas de renda e, em geral, há mais de um estabelecimento de cada tipo nos museus.[46] No caso dos grandes museus, a venda a varejo se transformou numa atividade importante, que pode contribuir com até 25% do lucro líquido. As lojas instaladas no recinto do Museu de Arte Moderna em Nova York vendem em torno de US$1,750 por pé quadrado de área construída, com-

[46] Ver, por exemplo, Huxtable (1997: 84).

parando-se com os US$250 em média dos shoppings de tamanho médio nos Estados Unidos, e com os US$600 do Mall of America.[47]

Em segundo lugar, os museus às vezes fazem parte de ambientes de consumo híbrido. Grandes agremiações esportivas muitas vezes incluem um museu, ou pelo menos um recinto com a exposição de peças históricas, como parte do leque de opções de consumo oferecidas. Anteriormente, foi observado que o MCI Center, em Washington, DC, inclui vitrines e mostruários e, em muitos estádios, há museus propriamente ditos. Os clubes espanhóis de futebol Barcelona e Real Madrid têm ambos museus de larga escala, assim como o time Manchester United em seu Teatro dos Sonhos, em Old Trafford. O Universal CityWalk na Universal City inclui um Museu da Arte em Néon entre seus restaurantes e lojas tematizados.[48] Algumas empresas, como Hershey, Crayola, Goodyear e Hormel Foods (Spamtown), nos Estados Unidos, e Cardbury na Inglaterra, adicionaram museus às atrações que foram criadas ao redor de suas fábricas.[49] Durante certo tempo, houve um museu da Coca-Cola no Showcase Mall, em Las Vegas, mas foi fechado devido à falta de interesse por parte do público.

Em terceiro lugar, o que é e o que não é um museu está se tornando cada vez mais difícil de determinar. Como Macdonald observa, "os limites entre museus e outras instituições se tornaram indistintos".[50] Em parte, isso é porque os museus assimilaram muitos aspectos e características de um parque temático, subseqüente a sua tematização (ver Capítulo 2).

Um outro fator é a emergência do que Urry chamou de "uma cultura pós-moderna de museu, em que praticamente qualquer coisa pode tornar-se objeto da curiosidade".[51] No entanto, ainda mais que isso, exposições de caráter museológico às vezes permeiam ambientes que não são exatamente museus. Na cadeia de lojas inglesas Past Times, artefatos simulados do passado estão à venda em sítios com aspecto de museu. Em lugar nenhum esta tendência se mostra mais evidente que na Niketown Chicago. Como explicamos no Capítulo 2, essa loja foi projetada para ter o aspecto de um museu, com itens históricos originais guardados em vitrines de vidro, ao lado das mercadorias habituais de uma loja. A escolha de expor artigos históricos como se estivessem num museu causou uma confusão considerável entre os

---

[47] Leong (2001a: 147, 149).
[48] Hannigan (1998: 112).
[49] Pine e Gilmore (1999: 20); Ritzer (1999: 142-3).
[50] Macdonald (1996: 1).
[51] Urry (2002: 97).

consumidores, que não tinham certeza de poderem comprar alguma coisa naquela loja, e até mesmo de ser preciso talvez adquirir ingresso para adentrar o recinto. No entanto, a atmosfera de museu teve uma boa acolhida por parte do público. Recorrendo a sua pesquisa etnográfica sobre a loja de Chicago, Peñaloza cita um visitante (homem branco, faixa dos 30 anos) que teria dito, abanando os braços diante de um mostruário de vidro exibindo Air Jordans: "Eu não esperava nada disso. *É igual a um museu*. É genial".[52] O fato de os funcionários da loja estarem em cada aposento como se fossem guias de museu ajudou ainda mais a aumentar a apreensão dos visitantes quanto a saber se estariam ou não num museu.

Terminais de aeroporto

Outra ilustração de consumo híbrido é o modo como muitos aeroportos e terminais estão se tornando mini-shoppings. Há não muito tempo, muitos terminais se gabavam de ter pouco mais de um *duty free shop*, um restaurante e uma livraria e/ou revistaria de estoque limitado. Hamilton e Harlow observaram um notável crescimento nessa área e sugeriram que, no início dos anos 90, as vendas nas lojas de aeroportos estavam aumentando três vezes mais depressa do que as lojas de rua.[53] Aeroportos e terminais estão atraindo nomes fortes do setor varejista como Selfridges, Harrods e House of Fraser, que usam esses pontos-de-venda como opção de divulgação de sua presença na cidade, além de poderem vender lembrancinhas, presentes e outras mercadorias. Além disso, os aeroportos têm atraído cadeias de lojas e algumas das maiores lojas de rua agora têm presença garantida em terminais, entre elas McDonald's, Starbucks, Nathan's, Chilli's, TGI Friday's e Planet Hollywood. Muitos terminais agora também têm um local para videogames.

Contudo, o princípio subjacente ao consumo híbrido em aeroportos é diferente do que foi explorado em relação à maioria dos outros casos discutidos até aqui. Tem sido dito que um grande princípio por trás das várias formas de consumo híbrido é o de uma maior permanência. Esse princípio não se traduz inteiramente no caso dos aeroportos, porque o principal objetivo de estar num terminal é justamente estar em trânsito. Algumas pessoas podem chegar com certa antecedência e, com isso, ter tempo para uma comprinha de última hora ou uma rápida refeição antes do vôo, mas é pouco provável que sejam seduzidos pelo princípio da maior permanência porque,

[52] Peñaloza (1999: 367, ênfase cf. no original).
[53] Hamilton e Harlow (1995).

se isso acontecesse, correriam o risco de perder o vôo! Em vez disso, o princípio por trás da proliferação dos pontos-de-venda de comida e mercadorias e outros elementos em contextos de consumo híbrido é que esses formam um público cativo de consumidores, comensais e jogadores. Fazer compras, comer e jogar são atividades que oferecem opções de escapar ao tédio de esperar por um vôo. As pessoas podem até entrar numa loja só para dar uma espiada, mas há uma chance razoável de algumas delas serem tentadas a fazer alguma compra. Esses pontos-de-venda atingem um dos mais altos índices de venda por pé quadrado, comparando-se todas as formas de shoppings; os de aeroporto, como os que estão instalados no Aeroporto Internacional de Pittsburgh, conseguem alcançar vendas por pé quadrado que chegam a ser três vezes maiores do que a dos shoppings tradicionais dos Estados Unidos.[54] As maiores estações de trem, como a Grand Central em Nova York, estão da mesma forma acordando para as oportunidades de comércio varejista oferecidas por esses desenvolvimentos.[55]

Cruzeiros de navio

Os maiores navios de passageiros se tornaram contextos de consumo híbrido. Em certo nível, tratam de turismo e de transportar passageiros a uma variedade de destinos. Mas muitos deles ultrapassaram em muito esse perfil e agora são *resorts* em si, no sentido de englobarem tantas formas de consumo que se tornaram eles mesmos destinos em si, independentemente de seu propósito final como meio de transporte. Esses grandes navios de cruzeiro incluem uma infinidade de lojas (alguns navios chegam a ter seus próprios shoppings), muitos restaurantes, apresentam shows e muitos artistas, cassinos, serviços bancários, instalações esportivas (que incluem rinques de gelo e pistas de golfe). A linha de navios *Destiny* da Carnival Cruise Lines inclui: um grande cassino, quatro piscinas e outras instalações esportivas; um clube de jazz; uma gigantesca discoteca; um bar para shows de comediantes com pista de dança; shows no estilo de Las Vegas; e muitos restaurantes, além de salões de refeições.[56]

Há sinais de que esse processo de acrescentar mais e mais formas de consumo tem a chance de acelerar ainda mais. Num discurso proferido no Seatrade Asia Pacific Cruise Convention, em Cingapura, em dezembro de 1996, o arquiteto italiano que projetou o navio de passageiros *Crystal Harmony*, e Huis ten Bosch, uma das mais bem-sucedidas *gaikoku mura* japone-

[54] Steinhauer (1998).
[55] Leong (2001b).
[56] Ritzer (1999: 167-8).

sas (cidadelas estrangeiras), à qual nos referimos no Capítulo 2, sugeriu que os navios de cruzeiro chegarão a ser em breve verdadeiros parques temáticos flutuantes.[57]

Outros domínios do consumo híbrido

A discussão precedente enfatizou algumas das principais esferas em que o consumo híbrido ocorreu recentemente na sociedade moderna. No entanto, não esgota de modo algum todas as variedades existentes. Segue-se uma breve relação de outras opções, com uma rápida descrição de cada uma delas:

- *Casamentos.* Estes estão entre os elementos mais surpreendentes a serem incluídos no leque das ofertas de consumo. O casamento Disney se tornou um rito popular de passagem nos parques temáticos Disney nos Estados Unidos, mas esse não é o único local de consumo híbrido em que ocorrem casamentos, pois eles também costumam ser realizados no Mall of America.[58]
- *Centros de entretenimento familiar.* Geralmente situados nos subúrbios, os centros de entretenimento familiar são locais em que uma variedade de experiências de lazer se combinam num único lugar, com um cinema mulitplex geralmente constituindo a principal opção de lazer.[59] Star City, em Birmingham, na Inglaterra, alia um grande centro de cinema – Warner Village – com áreas de diversão e jogos, vários restaurantes, uma casa noturna, algumas lojas, e uma academia de ginástica. Um tipo semelhante de desenvolvimento é Xscape, nas imediações de Milton Keynes, com uma rampa para esqui *indoor* como atração central, e ainda paredes de escalada, pistas de boliche, um multiplex, uma área para jogos interativos, cafés e restaurantes, e algumas lojas, um recinto que atrai cerca de cinco milhões de visitantes por ano.[60] À noite, a atmosfera do local muda e os bares e casas noturnas passam a ser o foco principal para a clientela.[61] Em São Francisco, o Sony's Metreon Center contém um multiplex, IMAX

[57] Wood (2000).
[58] "Shopology". Segundo de dois programas de televisão exibidos pela BBC2 em 9 de setembro de 2001.
[59] Hubbard (2002).
[60] Waples (2003).
[61] www.xscape.co.uk/xplained.

cinema, videogames, uma simulação de aventuras, atrações de parques temáticos, shopping com ênfase em jogos e entretenimentos, e restaurantes.[62]

- *Campi da Universal.* Vários autores observaram a maneira como os *campi* das universidades nos Estados Unidos estão cada vez mais parecendo shopping centers, no sentido de apresentarem um largo leque de lojas e restaurantes, muitas das quais pertencentes a cadeias de âmbito nacional.[63] Um processo similar está ocorrendo em alguns *campi* no Reino Unido, que estão progressivamente se tornando locais onde ocorre uma ampla variedade de formas de consumo, tais como bancos, estabelecimentos de compras (supermercados, agências de viagem, óticas), e cadeias de restaurantes. Muitos incluem hotéis e instalações esportivas para alunos e funcionários, como parte de um pacote total de consumo que inclui a educação universitária.
- *Hospitais.* Cada vez mais, os hospitais estão se tornando sítios de uma considerável variedade de oportunidades de consumo, em especial lojas e restaurantes, incluindo cadeias de *fast-food* como McDonald's e Pizza Hut. Além disso, em alguns empreendimentos hospitalares na Flórida está havendo a instalação de centros de condicionamento físico que cada vez mais estão substituindo as academias de ginástica independentes.[64]
- *Formas híbridas mais prosaicas.* Muitas formas e muitos contextos de consumo híbrido a que nos referimos neste capítulo foram exemplos de casos sofisticados e de alto grau de complexidade. Mas também há outras formas mais simples que merecem ser mencionadas. Postos de combustível geralmente funcionam como pequenos supermercados, vendendo uma variedade de mercadorias; no Reino Unido, contam também com agência de correio e outros serviços. Ritzer e Stillman mencionam lavanderias de auto-atendimento com máquinas para exercícios físicos e cyber-cafés, como exemplos adicionais de um processo em que os limites entre as diferenças entre formas de consumo são abolidas.[65]

---

[62] www.metreon.com.
[63] Por exemplo, Klein (2000: 92).
[64] Ross (1999: 259).
[65] Ritzer e Stillman (2001a: 101-2).

Conclusão

Neste capítulo, o objetivo foi demonstrar que de maneira muito semelhante ao que ocorre nos parques temáticos Disney, que não são só parques de diversão tematizados, pois incorporam uma ampla variedade de oportunidades de consumo, também muitos setores da vida social e econômica passaram a fundir formas diversas de consumo. Cada vez mais, uma visita a esses novos contextos híbridos de consumo se nos apresenta como uma maneira de usufruir de mais de uma oportunidade de consumo. Foram apresentados dois princípios que norteiam o surgimento de muitas, senão de quase todas as formas de consumo híbrido. Um é o principio da destinação. A idéia aqui é que, ao incluir várias formas diferentes de consumo praticamente em um único local, é criado um ponto de destino que se torna mais do que apenas a soma de suas partes. Gottdiener cita um empresário do setor comercial: "Assim como nas praças de alimentação e nos complexos de restaurantes e de cinemas, se há um leque suficiente de escolhas, o próprio projeto se torna um destino em si, e a escolha do entretenimento será feita quando o consumidor chegar ao local".[66] Para o comerciante, além de atrair consumidores que querem especificamente o seu produto – seja ele o filme, o prato, ou outros artigos – há muitas pessoas que, ao visitar por outros motivos o local, podem ser atraídas e consumir mais. A citação à página 58, do gerente da Forum Shops, também indica essa espécie de idéia. O segundo princípio é o da permanência maior. Este diz, essencialmente, que quanto maior for o âmbito de necessidades que um local atender, mais tempo as pessoas ficarão lá. Esses dois princípios estão evidentemente interligados porque se as pessoas são atraídas pelos locais de consumo híbrido enquanto destino em si e ficam lá mais tempo, é mais provável que experimentem a criação de uma necessidade que desconheciam antes.

Há, porém, um outro ponto que pode ser salientado a este respeito e que tem estreita relação com as espécies de observação feitas no final do Capítulo 2. As combinações de diferentes formas de consumo podem tornar-se mecanismos para diferenciar lugares idênticos ou ao menos similares. Ao introduzir mesclas ímpares de formas de consumo, especialmente quando se combinam com a tematização, o designer também se torna capaz de diferenciar sítios que, de outra forma, poderiam passar despercebidos. A mistura de diferentes formas de consumo serve para criar ambientes percebidos como espetaculares.[67] Esse é um traço significativo em sua capacidade de combater

[66] Citado em Gottdiener (2001: 101-2).
[67] Ritzer (1999).

os processos de compra pela internet e sem sair de casa. Os e-comerciantes têm revidado, criando as suas próprias formas de consumo híbrido. Wolf descreve o *site* da PepsiCo, chamado Pepsi World, como exemplo da tentativa de envolver o usuário numa variedade de formas de consumo, como assistir a videoclipes, jogar algum jogo e outras atividades que, reunidas, têm como propósito manter o usuário navegando nesse *site*.[68] Nesse mesmo sentido, Pine e Gilmore citam o presidente e CEO da AOL: "Vemos a experiência *on-line* como um pacote completo que pretendemos levar aos consumidores. Esse pacote inclui cada vez mais algumas áreas novas, e uma dose maior do que já temos, como jogos com múltiplos participantes, compras e serviços financeiros".[69] Assim, à medida que os portais da internet revidam, criam suas próprias formas de consumo híbrido.

A observação acima, de que novas formas de consumo híbrido freqüentemente servem de meio de diferenciação, pode ser proveitosamente ampliada ao sugerir que combinações incomuns virão a ser ainda mais arrebatadoras e, com isso, capazes de chamar atenção para contextos comuns, se não fosse por isso. Essa espécie de raciocínio é especialmente significativa num mundo em que não só as esferas de consumo de muitas nações estão sob o domínio de cadeias espalhadas por toda parte, mas em que essas cadeias geralmente são entre-combinadas, de maneira que não são lembradas e às quais faltam uma identidade bem delineada. O uso da tematização e de mesclas incomuns de formas de consumo ajudam a criar o extraordinário em contextos, afora isso, dominados por um tom ordinário. Cadeias de restaurantes e lojas idênticas em locais cuja montagem é desprovida de imaginação não têm identidade; elas poderiam estar em qualquer lugar. São o que tanto Augé como Zukin denominaram de "não-lugares",[70] ou seja, lugares sem senso de identidade, ou sem encaixe num espaço reconhecível, e são ainda exemplos do que Ritzer denomina de "nada", quer dizer, espaços desprovidos de substância distintiva.[71] Num mundo de tantas padronizações, situação para a qual processos como o da McDonaldização contribuíram de forma considerável, a tematização e o consumo híbrido oferecem ao comércio e aos empresários maneiras de diferenciar espaços e criar para eles identidades perceptíveis.

---

[68] Wolf (1999: 196).
[69] Pine e Gilmore (1999: 39).
[70] Augé (1995); Zukin (1991).
[71] Ritzer (2004).

4 MERCHANDISING

Nesta discussão, "merchandising" se refere à promoção de artigos comerciais, trazendo imagens e logos de empresas ou esses formatos, incluindo produtos licenciados. Nesse sentido, estão incluídos itens como camisetas e canecas com logos e modelos de personagens registrados. O merchandising é uma forma de franquia, já que é um mecanismo para alavancar usos adicionais e valores agregados de imagens existentes bem conhecidas. Cada vez mais, um filme não é mais só um filme, mas uma plataforma de lançamento para toda uma variedade de diferentes extensões desse filme. Pode-se dizer que ocorreu merchandising se tiver havido uma plataforma para lançar toda uma variedade de subprodutos. O merchandising tem suas raízes na produção em massa de lembrancinhas, mas estende esse fenômeno associando-o à noção de uma lembrança com logos e imagens protegidos por direitos autorais.

O merchandising tem fortes afinidades com o consumo híbrido. Na realidade, em sua discussão da Disneyzação em relação ao sistema norte-americano da justiça criminal, Robinson vincula os dois de tal forma que essas duas dimensões se tornam praticamente uma só.[1] O consumo híbrido implica, em geral, a venda de bens baseada no princípio de extensão de imagens e conceitos, central ao merchandising. Como veremos adiante, um parque temático, conforme discutido no capítulo anterior, é a localização para diversas formas de consumo. Um dos modos principais como isso ocorre é a venda de mercadorias relacionadas com o parque tematizado. Apesar disso, ainda vale a pena distinguir consumo híbrido de merchandising, porque há vários aspectos importantes deste último que são independentes do primeiro, e um dos que merece menção imediata é o fato de que o desenvolvimento de objetos próprios

[1] Robinson (2003).

para merchandising tornou-se uma meta em si, e não é algo que faça necessariamente parte de um contexto ou uma referência de consumo híbrido.

Por que fazer merchandising?

O princípio mais importante por trás do merchandising é simples: consiste em extrair o máximo lucro possível de uma imagem que já atraiu seu público. Para os distribuidores do artigo comercial, o merchandising é uma forma de construir e ampliar uma imagem e seu aproveitamento pelos consumidores. Conforme diz Wolf: "Não é mais suficiente simplesmente produzir um filme, programa de televisão, revista ou livro de sucesso, como produto em si. O sucesso tem de se tornar uma franquia e, assim, se torna o eixo a partir do qual emana uma ampla variedade de produtos".[2] O merchandising pode ser imensamente lucrativo. Isso significa que itens que custam só um pouco para serem fabricados podem ser vendidos por valores substancialmente maiores, simplesmente agregando um logo ou uma imagem a eles, ou fabricando uma boneca ou bichinho de pelúcia com uma forma imediatamente identificável, bem conhecida, como o Mickey Mouse ou Darth Vader.

O termo relevante aqui é "sinergia". A questão do merchandising é que esse processo pode efetivamente ajudar a promover outras atividades correlatas, além de ser lucrativo em si mesmo. Como disse um escritor em artigo para *The Economist*, "quando a Viacom licencia a pasta de dente *Rugrats* e o queijo ralado *Rugrats*, ela tanto ganha dinheiro como promove a versão do filme para vídeo, lançada no ano passado, e o desenho animado para cinema, que deve sair ainda este ano".[3] O merchandising se torna parte de um sistema mutuamente referente de promoção cruzada, que pode se estender por brinquedos de parques temáticos, roupas, jogos de computador, brinquedos, programas de televisão, livros, vídeos e assim por diante. Assim, a imagem do artigo se fixa na mente do consumidor e age como um anúncio constante para subprodutos já existentes e futuros. Há duas razões principais para o uso disseminado de vínculos entre filmes e pratos de *fast-food* e cereais, por meio dos quais os brinquedos associados com um novo filme ou são dados de graça com a compra de comida, ou vendidos a preço muito baixos (uma forma de consumo híbrido, conforme apontamos no capítulo anterior). Primeiramente, eles servem de isca para a aquisição dos próprios pratos *fast-food* ou à base de cereais. Além disso, também ajudam a promover o filme e outros artigos comerciais. Davis sugere que os parques temáticos se tornaram veículos nobres para merchandising e

[2] Wolf (1999: 227).
[3] Citado em Wasko (2001: 8).

que isso, pelo menos, explica a tendência crescente entre os conglomerados da mídia de comprá-los ou fabricá-los. Como ela diz, "as imagens e mercadorias licenciadas são o 'x' da questão, e o potencial da indústria dos parques temáticos para vender e dar suporte a produtos licenciados é central à sinergia".[4]

Para aqueles que compram mercadorias no sentido em que esse termo está sendo usado aqui, esses itens servem como lembretes da visita a algum lugar, de alguma experiência em especial, ou do quanto apreciam certo personagem ou artefato. Cada vez mais, as pessoas antecipam a possibilidade de serem capazes de comprar essas mercadorias e podem inclusive se desapontar se não contarem com essa possibilidade. No entanto, o merchandising não se assenta em princípios automaticamente destinados ao sucesso, uma vez que as imagens e os logos devem ser alimentados para poderem criar os valiosos itens comerciais franqueáveis, tão apreciados. Criar itens comerciais com o apelo e a identificação dos logos e personagens Disney, ou da primeira série de imagens de *Star Wars*, é uma espécie de Santo Graal que poucas companhias conseguem alcançar, mas que se torna cada vez mais um objetivo de alto potencial lucrativo. Como veremos a seguir, o sucesso do merchandising não é sempre previsível, e já aconteceram alguns fracassos famosos e razoavelmente espetaculares nessa área.

O merchandising e o consumo híbrido se fundem, em certos sentidos. Muito freqüentemente, os contextos de consumo híbrido são ambientes para a venda de artigos do tipo que se discute neste capítulo. É especialmente o caso dos parques temáticos e dos restaurantes tematizados, nos quais é comum a venda de mercadorias licenciadas, justamente o principal componente da compra em contextos híbridos, nos quais ela é combinada com alguma outra forma de consumo. Por exemplo, no Capítulo 3, a estratégia do Sea World para aumentar a probabilidade de que as pessoas comprem coisas já foi mencionada. Uma boa parte do que é vendido nos pontos-de-venda tão cuidadosamente posicionados pelos administradores e designers de parques é constituída por mercadorias que ostentam a imagem ou o logo do Sea World, e representações de suas criaturas, especialmente Shamu. No entanto, as lojas não se dedicam exclusivamente à venda de artigos dessa espécie, pois também comercializam outros que são tematicamente relevantes para uma determinada atração. Nesse mesmo sentido, mas analisando a questão por outro prisma, nem todas as mercadorias são vendidas em contextos de consumo híbrido. Uma camiseta do *Jurassic Park*, vendida numa loja independente, não faz parte do formato de consumo híbrido que descrevemos no Capítulo 3.

---

[4] Davis (1996: 407).

Merchandising nos parques temáticos Disney

Os parques temáticos Disney têm dois pontos significativos em relação ao merchandising como componente da Disneyzação. O primeiro e mais óbvio é que os parques são contextos para a venda de um amplo sortimento de mercadorias Disney, que vem crescendo ao longo dos anos: de canetas e roupas a livros e doces, passando por relógios de pulso e bichinhos de pelúcia. As vendas dessas mercadorias são um componente significativo da lucratividade dos parques. Os parques são cuidadosamente planejados para maximizar a oportunidade e a propensão dos visitantes para adquirir mercadorias. O segundo é que os parques fornecem a sua própria mercadoria. Isso ocorre de numerosas maneiras, incluindo camisetas com o nome do parque; roupas ou suvenires da Epcot, acompanhados de um personagem adequadamente vestido, como o Mickey "francês" que se pode comprar no Pavilhão da França, ou o Pateta esportivo, adquirido no pavilhão *Wonders of Life*; mercadorias derivadas de personagens especificamente associados com os parques, como o Figment (personagem do brinquedo Viagem à Imaginação, do Epcot); e um Mickey petrificado, espiando do alto da Torre do Terror, na *Twilight Zone* (atração do Estúdio Disney-MGM), bordado nas roupas. Há comentários de que os parques temáticos Disney vendem mercadorias disponíveis em qualquer Loja Disney de rua ou em shoppings.[5] Isso simplesmente não é verdadeiro: há uma ampla gama de mercadorias nos parques que não está à venda fora deles. A maioria desses itens está especificamente relacionada com os parques e suas "terras", tais como o Mickey petrificado que citamos antes.

Os parques são projetados para maximizar oportunidades e razões para comprar mercadorias. A Main Street USA funciona como um funil. Os visitantes saem de amplos espaços abertos após a entrada e depois são encaminhados ao longo da Main Street com suas inúmeras lojas, vendendo toda sorte de artigos. Depois, saem novamente para amplas áreas ao ar livre. Não só eles têm de percorrer a Main Street para chegar aos brinquedos como são levados a locais em que é mais provável se sentirem atraídos pelas lojas.

Precursores do merchandising

O merchandising não é de modo algum um fenômeno que deveria ser atribuído somente aos parques temáticos Disney. Por exemplo, desde 1929 havia uma grande quantidade de artigos relacionados com o ursinho Pooh, incluindo cartões de Natal e calendários, livros e blocos para anotações.[6] Walt

[5] Fainstein e Judd (1999: 15).
[6] Sparks (1998).

Disney certamente não criou a idéia do merchandising, e nem mesmo de um merchandising usando personagens animados de histórias em quadrinhos. O Gato Félix foi o foco de uma grande quantidade de artigos, em meados dos anos 20. Um autor americano de um periódico do setor, publicado na Grã-Bretanha, onde o Gato Félix era especialmente popular, escreveu:

> É praticamente incrível, mas a mais notória figura popular da indústria do filme neste momento, em praticamente todos os recintos e recantos do Reino, é o Gato Félix... Há canções do Félix, alfinetes de gravata, broches, colheres de prata, bonecos grandes e pequenos, fronhas, tampas de radiadores, confeitos, cobertores, novidades de camelôs, tudo com a estampa e o motivo do Gato Félix, além de tantos outros itens de publicidade que quase não se podem contar.[7]

Entretanto, a própria Disney provavelmente funciona como um dos melhores exemplos do merchandising pré-parques temáticos Disney. Esse é um âmbito no qual a Disney tem merecido destaque. A primeira estrela animada pode-se dizer que não foi o Mickey Mouse, mas Oswald, o Coelho Feliz, em torno do qual ele e seu estúdio criaram uma série muito popular de curtas de animação, em 1927. Quando tentou negociar um melhor acordo financeiro para esses filmes, Walt descobriu que não era ele, mas sim o distribuidor, quem detinha os direitos autorais sobre o material. Em decorrência disso, o estúdio não tinha direitos sobre o nome Oswald e, portanto, tampouco ao pequeno sortimento de mercadorias que tinha começado a aparecer com o nome e a imagem do personagem. Daí em diante, ele começou a zelar melhor por esse tipo de direitos. Um fator importante pode ter sido o potencial de lucratividade do merchandising contendo a imagem de Oswald, incluindo uma marionete *pop-up*, um conjunto de estênceis, outro de figuras de celulóide, e pôsteres.[8] Segundo a lenda, para a qual o próprio Walt contribuiu largamente, em sua viagem de trem de volta de suas malogradas tentativas de negociação, nas quais buscara aumentar a participação do estúdio na receita gerada pelos curtas com Oswald, ele sonhou com a idéia de uma série de desenhos animados, baseados num camundongo que se chamaria Mortimer. Sua esposa, Lillian, gostou da idéia mas não do nome, e foi de uma conversa entre ambos que nasceu o nome Mickey Mouse.

[7] Citado em Canemaker (1991: 88-9).

[8] Tumbusch (1989: 28).

O merchandising e o licenciamento de artigos proliferaram na esteira do aparecimento de Mickey, em novembro de 1928. Um ano mais tarde, a Walt Disney Productions foi transformada em quatro empresas separadas, uma das quais lidaria diretamente com merchandising e licenciamentos. Em 1932, um jornalista relatou que entre 50 e 60 companhias estavam produzindo mercadorias de Mickey Mouse, que eram vendidas em 200.000 lojas.[9] As negociações foram feitas primeiro por George Borgfeldt e, de 1934 em diante, pela exuberante Kay Kamen. Em 1948, as negociações da empresa com Kamen tinham resultado na venda do relógio número 5 milhões com o motivo do Mickey Mouse (ver Quadro 4.1) e, só naquele ano, artigos ostentando imagens de personagens Disney geraram divisas da ordem de US$ 100 milhões.[10]

Quadro 4.1 - O relógio Mickey Mouse

O relógio do Mickey Mouse é uma das histórias de grande sucesso no campo do merchandising. A idéia de um relógio com Mickey no mostrador foi desenvolvida por Kay Kamen, que vendeu a idéia para a Ingersoll-Waterbury, uma companhia que estava à beira da falência naquela época. O relógio, cuja primeira versão apareceu em 1933, salvou a empresa. O primeiro relógio de pulso foi vendido por US$ 3,75 a unidade, e um relógio de bolso, mais ou menos na mesma ocasião, saía por US$ 1,50. Assim que foram postos à venda, a Macy's em Nova York vendeu 11.000 relógios num único dia. Tanto na Macy's como na Marshall Fields de Chicago, os relógios foram o ponto central de vitrines espetaculares. Na Feira Mundial de Chicago de 1993, a Ingersoll montou uma pequena fábrica em que era demonstrada a fabricação dos relógios Mickey. Esse item se tornou um objeto de desejo e a Ingersoll conseguiu ampliar seus quadros com mais 2.800 funcionários, no espaço de meros dois anos. Na Feira Mundial de Nova York de 1939, um relógio do Mickey foi guardado numa cápsula do tempo. Os relógios Mickey Mouse ainda estão em produção atualmente e, na realidade, há relógios com toda a gama de personagens Disney atualmente à venda. Eles vêm numa variedade de formatos e tamanhos e, às vezes, são fabricadas séries para comemorar eventos ou datas significativas da Disney. Hoje, o estilo é geralmente irônico como, por exemplo, um relógio do Dick Tracy com um desenho em que há traços tanto de Mickey como de Tracy. Uma ampla variedade de fabricantes participa da cadeia produtiva hoje em dia, entre eles Lorus e Fossil.

Fonte: Heide e Gilman (1997)

[9] Anônimo (1932).
[10] Anônimo (1948).

Walt percebeu a imensa lucratividade do merchandising e a significação do papel que poderia vir a ter para a empresa. Nos anos que se seguiram à chegada de Mickey, a empresa não faturou grandes somas com os desenhos animados porque a busca incessante de Walt por melhorias na qualidade da animação consumia fatias consideráveis dos lucros da empresa. Em medida bastante considerável, ele conseguiu financiar dispendiosas inovações técnicas e sua insistência inflexível na qualidade às custas dos lucros gerados pelo merchandising. Cerca de metade dos lucros do estúdio advinham do merchandising.[11] Na realidade, alguns autores têm até sugerido que, em anos subseqüentes, o design dos personagens dos quadrinhos, em especial sua graciosidade, era pelo menos em parte motivado pela possibilidade de virem a ser artigos de merchandising.[12]

Certamente, parece que a graciosidade foi cada vez mais se tornando a medida que pautava o desenho dos personagens. Forgacs assinala que, durante os anos 30, esse elemento do *design* era freqüentemente mencionado. Por exemplo, anotações da reunião de pauta sobre *Branca de Neve* incluíam o seguinte: "Walt aponta que os animadores devem sempre tentar sentir a graciosidade desses personagens... o Dunga poderia tornar-se muito grotesco, a menos que fosse mantido ligeiramente gracioso".[13] No alto da escrivaninha do animador havia uma inscrição dizendo "tem de ser gracioso".[14] Essa ênfase na graciosidade também pode explicar as mudanças no perfil cada vez menos "roedor" do Mickey e cada vez mais semelhante a uma criança, conforme o tempo foi passando.[15] Essa insistência na graciosidade pode, pelo menos em parte, ter sido motivada pelo maior potencial mercadológico dos personagens graciosos. Da mesma forma, Walt teve de perseverar por muitos anos para assegurar os direitos do *Jungle Book*. Seu editor para essa história disse, na época em que o filme foi lançado, que um dos motivos da persistência de Walt tinha sido a existência de um menininho, Mowgli, e de um grande número de animais, que eram todos ótimos para futuro merchandising".[16]

---

[11] Klein (1993); Merritt e Kaufman (1992: 144).

[12] Por exemplo, Bryman (1995); Forgacs (1992) 13. De uma reunião sobre a história em 3 de novembro de 1936, citado em Forgacs (1992: 364).

[14] Bailey (1982: 75).

[15] Gould (1979).

[16] Citado em Fessier (1977: 19).

A difusão do merchandising

Esta seção delineia a larga variedade de maneiras e contextos nos quais atualmente ocorre o merchandising.

Merchandising na Disney

Desde o começo, o merchandising tem sido uma das principais atividades da Disney. Na época do lançamento de *Branca de Neve e os Sete Anões*, em 1937, a Disney assinou pelo menos 70 contratos de licenciamento.[17] Em 1958, num artigo para *The Wall Street Journal*, o jornalista assinalou a importância do merchandising para a Disney, no seguinte comentário:

> A Disney supõe que foram criados aproximadamente 2.000 personalidades imaginárias ao longo dos anos e que, no último levantamento, mais de 140 firmas nacionais e mais de 700 no exterior estavam ajudando a Disney a faturar em cima da popularidade de mais ou menos 50 desses personagens. O valor aproximado de US$ 2 milhões em royalties veio de atividades de merchandising no ano passado.[18]

Embora esses números demonstrem um aumento substancial da atividade do merchandising em relação ao que existia na época de *Branca de Neve*, perdem sua significação quando comparados com o quadro atual, mesmo quando damos margem para a inflação e outras mudanças (ver adiante).

Entretanto, entre a época (1971) em que faleceu o irmão de Walt, Roy O. Disney, que tinha tomado as rédeas da empresa após a morte do fundador em 1966, e a chegada de Michael Eisner como presidente, há evidências de que o merchandising não estava sendo posto em prática tão ativamente quanto poderia. Na época da chegada de Eisner, a Disney estava se arrastando e mal conseguira fazer frente a uma operação de *takeover* destinada a se apossar de seu estoque de filmes e bens intelectuais, que fora vista como manobra de intimidação financeira. Além disso, o número de visitantes a parques temáticos tinha caído a tal ponto que fora preciso usar menos recursos em merchandising e em outras instalações próprias. Conseqüentemente, os dividendos altamente lucrativos que poderiam advir das vendas do merchandising não

[17] Schlosser (2000).
[18] Gordon (1958: 12).

estavam sendo consolidados. A Disney adotou cinco importantes estratégias que aumentariam seu envolvimento no merchandising. Em cada caso, o merchandising não era a *única* razão das estratégias; nada na Disney jamais parece ocorrer por um único motivo, dado o seu comprometimento com a sinergia.

Primeiro, a Disney aumentou o número de seus visitantes de duas formas. Anúncios e promoções foram intensificados ao máximo. Antes da vinda de Eisner e equipe, ambas as estratégias quase não eram usadas. Segundo, começaram a ser desenvolvidas e introduzidas nos parques atrações mais possivelmente interessantes a adolescentes, como por exemplo um brinquedo baseado em *Guerra nas Estrelas*, e um filme em 3-D com Michael Jackson no papel de capitão de um vôo espacial. Essa estratégia foi extremamente bem-sucedida, apesar de a equipe implantar uma outra que poderia ter surtido o efeito oposto quanto ao número de visitantes, a saber, injetar aumentos regulares no preço dos ingressos, que Eisner e seu time julgavam baixo demais.

Um terceiro componente da estratégia da Disney pós-1984, voltada efetivamente para o merchandising, iria ter um papel ainda mais ativo no desenvolvimento de negócios. Eisner tinha escrito que, na época em que assumira o comando da empresa, "os licenciamentos eram essencialmente um trabalho passivo. A Disney quase não tinha papel na produção, distribuição e nem no marketing desses produtos".[19] Já em 1994, os lucros operacionais a partir da venda de produtos ao consumidor tinham quadruplicado. Um quarto componente foi a Loja Disney, a primeira das quais inaugurada em 1987, na Glendale Galleria no sul da Califórnia e que, desde então, se espalhou em franquias pelo mundo todo. Quando a idéia de uma Loja Disney foi aventada para Eisner, ele escreveu que gostou dela porque tais pontos-de-venda poderiam promover os filmes da empresa e seus parques temáticos, além de vender mercadorias.

Uma quinta estratégia consistiu em incrementar a produção de longas de animação para cinema. Antes da gestão de Eisner, a qualidade e a quantidade de animações da Disney tinha caído. A animação tinha conquistado a reputação de um produto dispendioso, e toda a vasta gama de vantagens de uma animação não tinha sido levada devidamente em conta. Em 1979, um dos principais animadores, Don Bluth, saiu da empresa junto com vários outros profissionais, alegando os problemas que estavam tendo para produzir animações de boa qualidade. Produzir animações medíocres e geralmente de baixa qualidade (pelos padrões Disney) tinha surtido um efeito deletério

[19] Eisner (1998: 241).

sobre a venda de mercadorias que vinham de filmes, bastante à margem da mensagem passiva quanto aos licenciamentos, já mencionada acima. O departamento de animação produziu uma série de longas de animação, bem recebida tanto nas bilheterias como pela crítica especializada, culminando com *A Bela e a Fera* (de 1991), largamente aclamado pelo público.

Mas foi *O Rei Leão* de 1994 que se tornou o marco divisório. Um dos principais motivos para a retomada de longas de animação pela Disney foi a convicção de seus diretores de que a animação era, ou pelo menos deveria ser, o centro das atividades da empresa. Segundo eles, um filme de animação da Disney, sendo bem-sucedido, traria sucesso também em outras esferas do portfólio de atividades da empresa. Em nenhum outro setor isso ficava tão evidente quanto no merchandising, uma vez que personagens animados são extremamente adaptáveis e ajustáveis às transformações de um processo de merchandising. Um longa de animação com recorde de público prenunciava a perspectiva de mais lucros em outras áreas, não somente a partir do filme em si. Foi muito interessante que o artigo do *The Wall Street Journal* citado acima tivesse incluído um diagrama, com um indicador dos direitos autorais da Disney, mostrando os *links* entre as várias atividades da empresa (televisão, Disneylândia, merchandising, revistas em quadrinhos, publicações e música); no centro desse diagrama estavam os filmes. Por algum motivo, nos anos que se seguiram à morte de Roy O. Disney, a significação desse ponto pareceu ter sido marginalizada.

A equipe de Eisner tinha razão de resgatar a animação como centro de suas atividades e, em certo sentido, estaria ainda mais certa do que tinha previsto. Masters escreveu sobre o lançamento de *A Pequena Sereia*, em 1989: "A Disney não tinha se preparado realmente para a fase das vacas gordas e não tinha tantas opções de merchandising à mão quanto poderia ter vendido... A Disney começou a ponderar sobre as quantidades avassaladoras de lucros que poderiam ser obtidos com um veículo que permitiria ao estúdio total controle sobre seus elementos e não continha quaisquer atores vivos que depois viriam reclamar uma porcentagem dos lucros".[20] Entretanto, esse sucesso de bilheteria e merchandising se torna insignificante quando comparado com *O Rei Leão*. Não só esse filme foi um sucesso monumental de bilheteria, como representou uma avalanche de dividendos para a Disney que superou todas as mais audaciosas expectativas. Giroux sugeriu que seu sucesso foi tamanho que se tornou um modelo de marketing, e ainda agregou

[20] Masters (2000: 229).

valor a outros longas de animação que se seguiram.[21] Os brinquedos do Rei Leão atingiram, no varejo, vendas na ordem de US$ 214 milhões, no Natal de 1994, uma marca difícil de superar.[22] Em seu Relatório Anual, a Disney informou que as vendas na Loja Disney tinham caído 2% em relação ao ano anterior, "principalmente devido à força do merchandising do *Rei Leão* no ano anterior".[23] Em geral, reconhece-se que os lucros do filme foram de pouco menos de US$ 1 bilhão, dos quais um terço oriundo das bilheterias. O restante é renda composta pela venda de vídeos, jogos de computador e mercadorias licenciadas, além de outras fontes. Desde *O Rei Leão*, a Disney tem-se mostrado mais entusiasmada a respeito dos longas de animação e tem produzido cerca de um filme por ano (o que é muito mais freqüente do que nos últimos anos de gestão de Walt, quando os longas de animação eram lançados a cada três anos). Isso inclui filmes que usam as tradicionais técnicas de animação "flat" (apesar de aprimoradas com a animação gerada por computação gráfica), e personagens animados em 3-D, produzidos por computação gráfica, como os filmes *Toy Story*, *Vida de Inseto*, *Dinosaur*, *Monsters, Inc.* e *Procurando Nemo*.

Foi muito interessante e até surpreendente constatar que a Disney novamente foi pega de calças curtas, com merchandising insuficiente, para o primeiro *Toy Story*.[24] A falta de exemplares suficientes de Buzz Lightyears em especial foi largamente noticiada. Hoje, é usual a oferta de um vasto leque de itens de merchandising. Pecora e Meehan foram atrás de artigos alusivos ao *Corcunda de Notre-Dame* num shopping do Arizona, o Tucson Mall. Mesmo que esse levantamento estivesse sendo realizado após o merchandising do filme ter alcançado o auge, foram localizados 320 itens. Disseram os dois pesquisadores:

> Nossas observações confirmaram que o merchandising de *Corcunda* estava em toda parte. Lojas de departamento luxuosas de médio porte e muitas lojas especializadas ofereciam os produtos do *Corcunda* e outros artigos da Disney. O mesmo vestido da Esmeralda poderia ser comprado tanto nas lojas-âncora como na Loja Disney. A mesma camiseta do *Corcunda* estava à venda nas âncoras e em lojas de presentes. As pequenas papelarias especializadas em cartões comemorativos, artigos

[21] Giroux (1999).
[22] Pereira (1999).
[23] The Walt Disney Company, Relatório Anual de 1996: 57.
[24] Masters (2000).

de papel, doces, livros e discos, vídeos, brinquedos etc. tinham em exposição itens do *Corcunda* assim como outros produtos Disney. A Loja Disney ampliou suas próprias operações de varejo. Depois de firmado o acordo promocional entre a McDonald's e a Disney, a loja McDonald's no shopping foi decorada com motivos do *Corcunda* em vários materiais. Chegou a incluir no cardápio pratos alusivos, além de ter forro de bandeja, guardanapos, copos de papel e outros itens com os mesmos motivos do filme.[25]

A parceria promocional tornou-se um dos maiores veículos de merchandising para os filmes de animação da Disney. Para o primeiro *Toy Story*, foram investidos US$ 125 milhões na assinatura de parcerias com empresas como Burger King, Nestlé, Frito-Lay, Minute Maid e Payless ShoeSource. Somente o Burger King gastou US$ 45 milhões para poder incrementar as vendas de seus pratos com a distribuição de brindes de *Toy Story*, além de vender os bonecos do filme por US$ 1,99. Goodwin relata: "Algumas lojas do Burger King relataram uma demanda tão intensa pelos brinquedos que, em apenas dez dias, esgotaram estoques estimados para durar pelo menos cinco semanas".[26] Sete anos depois, com seu último filme de animação por computação gráfica (como o *Toy Story* produzido pela Pixar), foi estabelecido um leque ainda mais amplo de parcerias. Esses elos são importantes para a Disney poder chamar atenção para o filme, em tantos locais quanto possível. Na realidade, as parcerias e outras atividades relacionadas ao merchandising são elaboradas meses antes do lançamento do filme, de modo a familiarizar as crianças com os personagens e com os principais temas do filme. De acordo com o vice-presidente de marketing da Buena Vista UK, o braço distribuidor da Disney, "esses filmes são muito caros de se fazer e lançar, e essas parcerias nos proporcionam uma exposição que de outra forma não poderíamos bancar".[27] Para a outra ponta da parceria, há possibilidade de uma considerável margem de lucratividade, como foi constatado em relação ao McDonald's e ao consumo híbrido, no Capítulo 3. No caso de *Monsters Inc.* e um dos parceiros de produtos da Disney, a Fairy Liquid, um lava-louças, a inclusão dos personagens no rótulo resultou em recorde de vendas, naquele mês.

[25] Pecora e Meehan (2001: 314-15).
[26] Goodwin (1995: 10.7).
[27] Citado em Sherwin (2002: 11).

[Fig. 4.1 - Merchandising em Celebration]

Assim, a Disney transformou o merchandising num dos principais focos de geração de lucros. Até mesmo sua cidade, Celebration (ver Figura 4.1), citada no Capítulo 2, tem sua própria loja de merchandising. Esse é um bom exemplo de Disneyzação porque a empresa tem uma atividade extraordinária em termos do seu âmbito de merchandising e da margem de contribuição desses artigos que é significativa, para a lucratividade geral. A empresa protege assiduamente suas imagens registradas contra uso indevido e muitas vezes se vê envolvida em litígios por causa de direitos autorais.[28] Entretanto, poucos são os que conseguem se equiparar a essa empresa em termos da parcela que o merchandising ocupa em sua sinergia, um sistema para o qual diversos componentes contribuem, sinalizando e fortalecendo uns aos outros. Atualmente, um longa de animação faz parte de uma rede de atividades na qual

[28] Litman (1994).

seu potencial comercial compreende lançamentos em vídeo e DVD, CD-ROMs, programa de computador, brinquedos de parques temáticos, exibição no Canal Disney, a produção de séries para televisão, de vídeos com animação limitada, livros, revistas e outros artigos que podem ser vendidos nas Lojas Disney e nas lojas dos parques temáticos. Ninguém consegue igualar-se à Disney em termos de uma sinergia tão complexa de atividades comerciais mutuamente lucrativas. Por outro lado, a Disney tornou-se um modelo do que é possível e, assim, tem sido copiada.

Longas-metragens de animação

Com o passar dos anos, veio se tornando cada vez mais evidente que se pode ganhar mais dinheiro com os longas de animação, através do merchandising e de licenciamentos, do que nas bilheterias propriamente ditas. Embora merchandisings imensamente bem-sucedidos, como os associados com *Guerra nas Estrelas*, *Jurassic Park*, e *O Rei Leão* não tenham comparação possível, representam a ponta de um lucrativo iceberg. Como disse Wolf, cada vez mais um filme é visto como "o produto âncora que dá nascimento a outros negócios",[29] e cita como exemplo *Jurassic Park*:

> *Jurassic Park* tornou-se uma marca que significa dinossauros. Os dois filmes acumularam mais de £ 1,5 bilhão no mundo inteiro... O brinquedo no parque temático é uma das atrações mais bem-sucedidas dos Estúdios Universal em Hollywood e na Flórida. Os vídeos domésticos desapareceram das prateleiras das lojas, rendendo um total de US$ 454 milhões. As vendas de mercadorias, incluindo brinquedos e videogames, atingiram aproximadamente US$ 1,5 bilhão. Somadas a outras fontes de renda, a Universal acumulou um império de US$ 5 bilhões com a marca. [30]

A avaliação de Wolf é interessante e muito relevante, mas possivelmente enganosa a respeito de um aspecto, em seu comentário sobre um filme ser o "produto âncora". Evidentemente é esse o caso de *Jurassic Park*, assim como dos filmes *Guerra nas Estrelas*, *Harry Potter*, da trilogia *O Senhor dos Anéis*, *O Homem-Aranha*, e também outros longas de animação da Disney e outras produtoras. Mas o fio comum a todos esses filmes é que ou são dirigidos ao público infantil, ou são extremamente atraentes para ele. Filmes que são sucesso de crítica, como *A Lista de Schindler* ou *As Horas*, não geram quanti-

[29] Wolf (1999: 228)
[30] Wolf (1999: 229).

dades notáveis de mercadorias populares, embora sem dúvida gerem boa lucratividade em produtos como vídeos e DVDs. Os filmes direcionados mais ou menos exclusivamente para adultos, mesmo os proibidos para menores de 18 anos, não geram a mesma espécie de "ancoragem" a que Wolf se refere e, nesse sentido, não é irrelevante que ele use o *Jurassic Park* como ilustração. Embora não seja um filme exclusivamente direcionado para crianças, sem dúvida é muito atrativo para elas, pois para o público infantil os dinossauros são fascinantes. A nova estratégia da Warner Brothers, em 2001 e 2002, estava voltada para transformar tantos filmes quanto possíveis em nomes de marcas por meio de franquias, num processo em que o merchandising desempenha um papel importante, mas é digno de nota que a maior parte dos filmes que eles têm em mente, conforme artigo do *New York Times* sobre essa forma de abordagem, pareça direcionado para as crianças.[31]

Em certa oportunidade, Walt comentou que fazia filmes para adultos, não para crianças. Em certo sentido, estava sendo malicioso também, porque tipicamente seus filmes atraíam tanto uns como outros. São as crianças que geralmente pedem para serem levadas ao cinema para assistir aos filmes e ganhar artigos Disney de presente. Mas o que ele também estava dizendo, do mesmo modo como queria que a Disneylândia fosse igualmente atraente para adultos (ver Capítulo 2), era que, a menos que os adultos também achassem o filme e seu conceito atraentes, eles não levariam os filhos para o cinema e nem comprariam as mercadorias, mesmo que fossem assediados por uma avalanche de pedidos, até malcriados, dos filhos. São específicos os filmes que atraem as crianças que tipicamente constituem o foco de vastos tipos de merchandising, e Walt se deu conta desse ponto e buscou atendê-lo da melhor forma possível, ampliando ao máximo essa disposição com a insistência na graciosidade dos personagens, que ele e seus sucessores tanto fizeram questão de cultivar. Hoje, tendo uma consciência ainda maior do potencial do merchandising, ocorreu um aumento considerável no número de filmes produzidos para crianças (e incluo nessa expressão filmes que interessam tanto a elas como aos adultos, como é o caso de *Jurassic Park*, *Guerra nas Estrelas* e *Star Trek*). Moretti observou que, no período de 1986 a 1995, 25% das maiores cinco bilheterias nos Estados Unidos foram computadas em filmes lançados para crianças.[32] Essa porcentagem foi ainda maior em vários outros países: Eslováquia, Polônia. Porto Rico, Egito, Luxemburgo, Suécia, Reino Unido,

[31] Holson e Lyman (2002).
[32] Moretti (2001).

Áustria, França, Suíça e Japão. Moretti comparou a situação com a época de meados dos anos 50, quando ele era criança, e constatou que havia extremamente poucos filmes para crianças. Em meados dos anos 50, não havia um único filme dirigido ao público infantil, listado entre os 20 mais assistidos na *Variety* daquele ano, embora ele consigne *Vinte Mil Léguas Submarinas* (um filme da Disney) e *Volta ao Mundo em 80 Dias* como produções que podem ser consideradas para crianças. Um fator responsável pelo significativo crescimento da indústria de filmes infantis pode ser seu potencial de merchandising, e o desenvolvimento de subprodutos, como séries para televisão.

Com isso, não se está sugerindo que filmes feitos quase que exclusivamente para adultos sejam desprovidos de potencial para merchandising. Estée Lauder, por exemplo, lançou uma linha de maquiagem chamada "Rosto de Evita", aproveitando a popularidade do filme *Evita*, em 1996. Entretanto, segundo Pat Wyatt, que na época era presidente de licenciamentos da Fox, filmes para família têm o maior potencial possível de merchandising, especialmente quando o filme contém um elemento de fantasia. Em parte, isso acontece porque filmes infantis com um forte elemento de fantasia incluem muitos personagens não-humanos que, segundo Wyatt, "se saem melhor que representações de pessoas, porque as crianças podem projetar uma fantasia ainda maior no enredo do filme".[33] Um outro problema do merchandising à base de atores humanos dos filmes é que às vezes eles criam problemas para aceitar seus símiles, assim como é difícil obter no início a imagem correta.

Os filmes da série *Harry Potter* servem para lembrar a lucratividade do merchandising. O lançamento do primeiro filme veio acompanhado de uma abundância de artigos para merchandising, como jogos, um Castelo de Hogwarts em Lego (que teve uma saída espetacular),[34] camisetas e um trenzinho de brinquedo chamado Hornby Hogwarts Express, e ainda imagens alusivas a Potter numa variedade de itens, como espuma para banho.[35] Hamleys, que é um empório imenso de brinquedos em Londres, até abriu uma lojinha "Harry Potter" dentro do estabelecimento, e ali pôde vender mais de 200 linhas licenciadas de mercadorias Harry Potter.[36] Uma empresa de Nottingham, que detinha com exclusividade os direitos de fabricação das meias oficiais de Harry Potter, tornou-se o fabricante de meias de mais rápi-

[33] Citado em Handy (1996: 56).
[34] Voyle (2001).
[35] Cunningham (2001).
[36] Reid e Peak (2001).

do crescimento em toda a Inglaterra, por volta da época em que o primeiro filme da série surgiu nas telas. Eram vendidos 50.000 pares por semana, nessa época.[37] Como decorrência de sua participação na vasta gama de mercadorias à venda, estimava-se que a autora da série de livros, J.K. Rowling, se tornaria a primeira autora bilionária e que, no mínimo, seus ganhos com o merchandising seriam superiores aos royalties que já a haviam tornado a mulher mais rica da Grã-Bretanha.[38] Calculou-se que, em 2003, as mercadorias licenciadas como Harry Potter estavam gerando um retorno de £ 1 bilhão por ano, e que J.K. Rowling ganharia £ 10 milhões com o surgimento de um jogo para computador baseado no *quidditch*.[39]

No entanto, de modo algum todos os filmes infantis e muito menos todos os filmes geram linhas bem-sucedidas de merchandising, e têm havido alguns fracassos interessantes e até mesmo surpreendentes. Se o filme fracassa, como por exemplo *Judge Dredd*, mesmo quando baseado num popular personagem de história em quadrinhos, e tendo um aparente potencial para merchandising, ou se o filme não parece ter bom potencial para merchandising, os produtos ou não serão licenciados ou não serão vendidos. Além disso, o merchandising de filmes até relativamente bem-sucedidos, como *Flintstones* e *Gasparzinho*, podem ser decepcionantes.[40] Certamente, a Disney parece ter-se decepcionado com a venda de mercadorias associadas com *Dick Tracy*, produzido pela Touchstone Pictures, uma de suas divisões incumbidas da produção de filmes.[41] É muito interessante apontar que o merchandising ligado aos filmes *Harry Potter* foi imensamente bem-sucedido, embora na Inglaterra não tenha conhecido o mesmo sucesso que teve "Bob, the Builder", uma série de tv para crianças, muito popular na mesma época.[42]

Podem até mesmo ocorrer alguns fracassos notáveis na área do merchandising de filmes. O exemplo clássico é *A Ameaça Fantasma*, de uma trilogia prévia a *Guerra nas Estrelas*. Nos meses anteriores ao lançamento do filme, uma ampla variedade de produtos foi posta à venda. Em parte, isso antecipava o nível maciço de demanda de artigos de merchandising que acompanhara a primeira série e tinha sido um poderoso fator de influência sobre a percepção das mercadorias relacionadas ao filme, como

---

[37] Akwagyiram (2001).
[38] Chittenden e Winnett (2001).
[39] *Sunday Times Rich List 2003*; Boztas (2003).
[40] Pereira (1996).
[41] Grover (1991: 261).
[42] Studd (2002).

uma das principais fontes de renda desse produto.[43] Embora houvesse certa inquietação quanto à possibilidade de superexposição,[44] os fabricantes de brinquedos e outros interessados não queriam ser apanhados com estoques insuficientes, algo que tinha ocorrido na primeira rodada de filmes. Na realidade, o merchandising do filme em questão foi um fracasso. Duas empresas inglesas – Character Group e a editora Dorling Kindersley – terminaram absorvendo prejuízos em 2000, o ano de lançamento do filme. As perdas, em ambos os casos, foram quase que inteiramente atribuídas ao fracasso do merchandising com artigos de *Guerra nas Estrelas*.[45] No caso de Character Group, o preço de suas ações caiu para 62,5p, de um patamar anterior de 440p, atingido um ano antes. Quanto à Dorling Kindersley, o prejuízo resultou na transformação de um lucro de £ 4,7 milhões numa perda de £ 25 milhões, seguida da renúncia de seu diretor-executivo e a perda de 140 empregos.[46] Para o episódio seguinte, *Ataque dos Clones*, foram contratados apenas produtos cujo licenciamento chegou à metade do volume negociado antes, e a abordagem geral dos licenciados foi muito mais seletiva do que para *A Ameaça Fantasma*. Entretanto, embora a venda de artigos licenciados tivesse sido uma decepção na época de *A Ameaça Fantasma*, mesmo assim atingiu o patamar de US$ 2 bilhões, em 1999.[47] O problema parece ter sido que as expectativas haviam sido altas demais e tinham sido tomadas algumas decisões imprudentes acerca de artigos e parceiros licenciados.

Um outro aspecto relativo a filmes é que, para ampliar as franquias tanto quanto possível, precisam ser feitos outros episódios. Contudo, isso quer dizer que, para extrair tanto quanto possível das vendas de merchandising, os fabricantes de artigos precisam lançar idéias novas e entusiasmadoras. Simplesmente reciclar brinquedos não é suficiente. Até certo ponto, as aventuras do filme provavelmente induzem novos personagens e objetos com potencial de merchandising mas, mesmo havendo a necessidade de uma continuidade entre os episódios, a inovação ainda é compulsória. Uma maneira radical de fazer isso ocorreu com o segundo filme da série *Jurassic Park*, *O Mundo Perdido*, em que um dos parceiros licenciados persuadiu os realizadores do filme a incluir na trama um caminhão que poderia depois ser transformado em um brinquedo muito atrativo.[48]

[43] Simensky (1998).
[44] Whittell (1999).
[45] Armstrong (2000).
[46] Ashworth (2002).
[47] Goodman (2002).
[48] Handy (1996).

Séries para a televisão

Como muitos filmes, as séries para televisão em geral formam a base de linhas de sucesso para merchandising e até já se chegou a sugerir que o seu próprio desenvolvimento leva muito em conta o potencial para licenciamentos e merchandising. Sem dúvida, Kline argumenta que, quando a publicidade de televisão para crianças foi efetivamente liberada nos Estados Unidos, em 1980, a vinculação com o merchandising se tornou "a tática preferencial dos programadores do horário infantil e, conseqüentemente, transformou a capacidade de gerar produtos comercializáveis a principal consideração na criação de roteiros para tv".[49] Foram criados programas de televisão tendo em vista principalmente a criação e promoção de personagens na linha de frente da redação e da programação. Kline argumenta que essa atitude permitiu que dois importantes elementos da infância fossem reunidos: histórias e brincar. Ao colocar personagens numa narrativa coerente e enfatizar o modo como poderiam ser usados pelas crianças para brincar, recorrendo a anúncios e aos próprios programas, os criadores de brinquedos licenciados a partir de programas de tv conseguiram capitalizar esses dois poderosos ingredientes da infância. Os personagens foram sendo cada vez mais desenvolvidos com a criação de figuras fortes em mente. Foram especialmente úteis nesse sentido as séries do tipo *Meu Pequeno Pônei* e *Ursinhos Carinhosos*, em que as figuras principais eram nitidamente diferentes (embora ao mesmo tempo fizessem parte de um "conjunto") e, por isso, se prestavam a ser colecionadas. No caso das séries *He-Man* e *Mestres do Universo*, os custos da montagem da produção foram repartidos entre uma companhia de brinquedos (Mattel), os produtores e uma agência de licenciamentos, demonstrando a significação de uma série de televisão como veículo de propaganda e promoção.

Séries para televisão têm sido a mais destacada estratégia para o lançamento de mercadorias licenciadas em âmbito mundial. *Thomas the Tank Engine*, baseado numa série de livros, tem mais de 2.500 linhas de produtos. Personagens como Bob the Builder, Angelina Ballerina, As meninas superpoderosas e Teletubbies resultaram em alto lucro com merchandising. O potencial derivado das franquias desses personagens é tão grande que parece improvável a sua criação não ter sido planejada justamente com esse fator em mente. Por exemplo, um novo personagem de história em quadrinhos, PC Pepper, foi comprado do seu criador, Rob Lee, pelo Galleon Group, uma empresa de mídia. Esse personagem é um policial amistoso, que trabalha

[49] Kline (1993: 218).

numa ilha. Foi noticiado depois que a empresa pretendia investir dinheiro nesse personagem para criar uma série para tv. Também foi relatado que pretendiam "investir no licenciamento do personagem para merchandising – mais de 2/3 dos lucros de investimentos em histórias em quadrinhos vem dessa espécie de atividade".[50] Esse é um padrão comum, por meio do qual os personagens são desenvolvidos para a série de tv, mirando o seu potencial de merchandising já no estágio inicial das produções, e não como decorrência de um projeto bem-sucedido. A chegada de novas redes da BBC tv para crianças sem dúvida ajuda nesse processo de desenvolvimento, ao mesmo tempo em que alavanca os lucros da própria BBC. PC Pepper pode não se tornar um Bob the Builder, mas o processo por meio do qual esses personagens são desenvolvidos em séries para tv e em artigos de merchandising, mais ou menos simultaneamente, é um processo que se repete.

Uma surpreendente onda de sucesso de merchandising ocorreu em 1998-1999, quando a série de desenhos animados *South Park* foi usada para um leque enorme de mercadorias licenciadas. Somente no Reino Unido, entre agosto e dezembro de 1998, £ 50 milhões foram gastos em merchandising baseado nesse programa.[51] O que autoriza chamarmos esse sucesso de surpreendente é que, diferentemente dos maiores sucessos do merchandising, não se dirigia ao público infantil. Na realidade, por causa de seu conteúdo adulto, os produtos e anúncios para eles foram direcionados ao público com mais de 18 anos. A bem da verdade, a série e seus artigos licenciados são altamente populares junto às crianças, e o que tornou os produtos tão bem-sucedidos foi terem sido bem recebidos pelo público infantil e pelos jovens adultos – com 20 anos e mais – um caso de rara ocorrência. Em certo sentido, o fenômeno *South Park* passou por uma transformação, no que tange ao segundo grupo. Armstrong afirma que, quando ficamos mais velhos, geralmente trocamos de "mercadorias de entretenimento" para "mercadorias de marca", como CK, Ralph Lauren, The Gap, e assim por diante.[52] Ele afirma que o caso do merchandising de *South Park* desafiou essa lei, mas talvez em certo sentido esse comentário tenha perdido o ponto. Para a faixa dos 20 e poucos anos, *South Park* se tornou uma marca. De que outra forma compreender o fato de que

---

[50] O'Donnell (2002). Da mesma maneira, Larson (2003: 64) assinala que o merchandising dos *The Simpsons* foi um evento crítico para companhias que faziam séries de animação para tv porque levaram para dentro dos lares toda a percepção de seu potencial. Estima-se que a Fox lucrou em torno de US$ 1 bilhão com vendas secundárias, em especial de merchandising.
[51] Armstrong (1999).
[52] Armstrong (1999).

é relativamente baixo o número de telespectadores que assistem ao programa no Reino Unido, enquanto o merchandising é um sucesso absoluto? Este caso é um interessante exemplo de um caso de fusão do merchandising associado a entretenimento com o merchandising de marca. Entretanto, o ponto principal a se registrar é que a série de televisão pode tornar-se o catalisador de linhas extremamente bem-sucedidas de merchandising.

Parques temáticos

Não é surpresa alguma que, em vista da provável influência dos parques temáticos Disney, outros parques temáticos sejam locais de primeira ordem para a venda de todas as espécies de merchandising ostentando imagens e logos registrados e alusivos aos parques ou a seus temas. Assim, nos Estúdios da Universal, não só há itens à venda com o nome e o logo do parque gravados, como também são vendidas imagens do acervo de filmes do estúdio, geralmente acompanhadas do nome do parque. Para os parques temáticos sem imagens para pronto uso desse mesmo naipe, elas precisam ser criadas. Foi assim que, no Sea World, Shamu, a orca que serve de ícone do parque e cujo show é uma das maiores atrações do local, preencheu a lacuna nesse sentido. Dar a Shamu o seu nome e uma identidade por meio de sua interação com os treinadores no show serve de isca para o merchandising. Ela não é em absoluto a única fonte de merchandising, uma vez que o parque pode atrair visitantes por seus outros animais, e por se promover como uma fundação que cuida da preservação de animais em risco de extinção, o que é uma forma de vincular imagens da natureza a interesses comerciais. Da mesma forma, em outros parques temáticos foram inventados personagens para servir de foco para o merchandising. No Parque España no Japão, Don Quixote e Sancho Pança foram transformados em personagens de quadrinhos (respectivamente, como um cachorro e um guaxinim), e o grande potencial desses emblemas para o merchandising pode ter contribuído em muito para esse tipo de desenvolvimento.[53]

Restaurantes e hotéis temáticos

Seria sem dúvida um erro encarar o merchandising só em termos de personagens de filmes e quadrinhos, embora essas áreas certamente sejam aquelas em que o merchandising mais se desenvolveu. As cadeias de restaurantes tematizados seguem todas a deixas do Hard Rock Café, desenvolvendo ex-

---

[53] Hendry (2000).

tensas linhas de mercadorias licenciadas, como a onipresente camiseta que, além de informar onde o sujeito passou suas férias, age literalmente como um anúncio ambulante da cadeia. A pessoa não precisa obrigatoriamente comer no restaurante para comprar os seus artigos. Muitas vezes, quando não invariavelmente, você pode entrar na área da loja sem necessidade de fazer uma refeição ali. No caso da cadeia Rain Forest Cafe, a área de compras ocupa em geral um espaço correspondente ao do restaurante. A ESPN Zone, em Chicago, tem alguns traços de uma apresentação de museu, mas vende suas mercadorias da marca e também outros itens (ver Figura 4.2). Antes, muitas das cadeias de restaurantes temáticos tinham apenas pequenos estandes de mercadorias, anexos aos restaurantes, mas hoje essas áreas cresceram bastante. A combinação de restaurantes tematizados vendendo itens com seus próprios logos licenciados tornou-se uma estratégia de destaque.

Alguns hotéis tematizados adotaram uma estratégia similar. Em especial, os grandes hotéis-cassinos tematizados em Las Vegas têm amplas áreas comerciais onde são vendidos todos os tipos de itens relativos ao tema geral do estabelecimento, incluindo os licenciados. O Hotel Luxor, por exemplo, tem uma loja com artigos que imitam objetos do antigo Egito, ao lado de camisetas, canecas e muitos outros itens com o logo e demais sinais do hotel.

Zoológicos

Todos os grandes zoológicos nos Estados Unidos vendem uma larga variedade de mercadorias licenciadas, de camisetas e bonés de beisebol, a carteiras, lápis, canetas e assim por diante. Há, porém, evidências de que esse aspecto está se tornando muito mais disseminado. O diretor do zôo de Atlanta, Terry Maple, disse que o merchandising é importante porque produz renda e também publicidade, além de promover a experiência da visita ao zoológico. Em um artigo, ele escreveu que "devemos estar preparados para proporcionar aos nossos apoiadores, parceiros e visitantes adesivos especiais de pára-choques, alfinetes decorativos, camisetas, canecas para chá e café".[54] Além disso, ele declara que, no seu zôo, "adotamos algumas técnicas e métodos comumente empregados pelos negócios da área de entretenimento e diversão, como o Disney World e Six Flags".[55] O merchandising é reforçado por meio da criação de representações de animais "emblemáticos" (por exemplo, tigres, peixes-bois, pandas gigantes) e outras espécies vistas

---

[54] Maple e Archibald (1993: 79-80).
[55] Maple e Archibald (1993: 89).

[Fig. 4.2 - Loja de Mechandising, ESPN Zone em Chicago]

como ameaçadas de extinção, ou dotadas de um magnetismo particular. Essas representações podem ser então diretamente incorporadas aos itens do merchandising. Com isso, a apresentação de animais e suas performances nos zôos podem ser canalizadas diretamente para a produção de imagens que se tornam *commodities*, ou seja, itens dotados de potencial comercial. Como Desmond observa, a "commodificação" de animais selvagens é um processo irônico porque, invariavelmente, são retratados como símbolos da natureza intacta e, portanto, como seres que estão além das garras do mundo comercializável.[56] Entretanto, ao cercar os zoológicos com a aura das pesquisas e atividades de educação e conservação de espécies, a commodificação torna-se legítima e ajuda a resolver a ironia.

[56] Desmond (1999: 148).

A referência de Maple à influência dos parques temáticos Disney sugere que, em muitos casos de Disneyzação, o processo pode ser direto (por exemplo, a Disneyzação transferida), envolvendo a imitação, da mesma maneira que ocorreu com os museus.[57] Maple também não é o único autor a chamar atenção para o potencial e a verdadeira influência da Disney e de outros parques temáticos sobre os zoológicos. O diretor do Parque Zoológico Nacional nos Estados Unidos escreveu:

> Os parques temáticos estão atraindo pessoas para temas que muitos museus acham difícil exibir de uma maneira que seja cativante. Precisamos recorrer às melhores técnicas de exposição e de gerenciamento de qualidade, sem nos deixar levar pela falta de consciência social, pelos desafios intelectuais e pela verdadeira controvérsia que caracterizam uma grande parte do que a mídia produz.[58]

No mesmo sentido, Coe aponta que o Zoológico de San Diego e o Wild Animal Park "recorrem maciçamente ao marketing dos parques temáticos e aos seus serviços para visitantes, além de seus conceitos de gerenciamento".[59]

McDonald's

Há evidências de merchandising no McDonald's, e também de tematização. Elas podem ser vistas na disponibilização de um vasto leque de artigos com o logo da rede ou seu personagem principal, Ronald McDonald. O *site* da rede tem um grande número de mercadorias licenciadas à venda, incluindo itens que vão de bonés de beisebol e camisetas a artigos de colecionador, como frascos para biscoitos. A loja da McDonald's na Disney Village, em Orlando, tinha uma variedade especialmente ampla de artigos, quando a visitei em 2000. Schlosser assinala que no Ray A. Kroc Museum o visitante é obrigado a passar pela loja McStore, em que "se podem comprar bonequinhos de pano do McBurglar... telefones com formato de batatas fritas, gravatas, relógios de parede, chaveiros, sacolas para golfe, e bolsas à prova d'água, jóias, roupinhas para bebês, lancheiras, almofadas para *mouses*, jaquetas de couro, cartões postais, caminhões de brinquedo, e muito, muito mais, todos com o selo do McDonald's".[60]

---

[57] King (1991).
[58] Robinson (1996: 50).
[59] Coe (1996: 114).
[60] Schlosser (2001: 31).

O merchandising também chegou à linha McKids de roupas para crianças. Referindo-se a essa linha, em entrevista para o *Foreign Policy*, Jack Greenberg (então diretor-executivo da McDonald's) disse: "Acontece que foi licenciada para o Wal-Mart, mas a marca é nossa e nós faturamos royalties por ela".[61] Embora o merchandising da rede McDonald's não seja de maneira alguma tão extenso quanto o que acontece nos parques temáticos Disney, há evidências de que essa cadeia de restaurantes incorporou esse elemento da Disneyzação.

Esportes

Os esportes sucumbiram às atrações do merchandising, no sentido de que os principais clubes e eventos podem ser o foco de um merchandising bem-sucedido. Os clubes principais dos esportes mais populares vendem uma diversificada linha de artigos em suas próprias lojas, ou em estabelecimentos que nem estão nas imediações dos estádios, assim como por meio da rede de lojas de artigos esportivos em geral. Clubes como Manchester United FC, New York Yankees, Real Madrid, Chicago Bulls e Dallas Cowboys têm seu nome e logos aplicados a uma imensa quantidade de mercadorias. Vale o mesmo para os eventos de que participam. Na época do campeonato de futebol Euro '96 no Reino Unido, foi estimado que em artigos com o logo do torneio seriam comercializados em torno de £ 120 milhões em merchandising, embora a idéia de usar até camisinhas nesse esforço comercial tenha sido vetada.[62]

Para dar uma idéia da escala do crescimento do merchandising e de sua significação para os clubes, Huper escreveu que o Manchester United Football Club "triplicou seu faturamento em mais de £ 60 milhões de libras no decorrer dos últimos cinco anos, em grande medida graças ao merchandising".[63] No início dos anos 80, o merchandising era só uma fração da renda dos maiores clubes, mas já em 2001 as vendas geradas por essa atividade estavam um pouco abaixo apenas da margem de 40% da renda total.[64] No futebol inglês, o merchandising na forma de itens com detalhes especiais nas roupas tem sido uma das principais maneiras pelas quais esses clubes elevaram sua lucratividade.[65] Além da ampla variedade de mercadorias licenciadas com sig-

[61] Anônimo (2001: 36).
[62] Longmore (1996).
[63] Kuper (1996: 2).
[64] Programa de tv "The Men Who Changed Football", exibido no dia 13 de março de 2001, BBC2.
[65] King (2002: 136).

nos dos clubes e eventos esportivos, organismos esportivos como a Federação Mundial de Luta-Livre também entraram no mundo do merchandising. Segundo estimativa de Wolf, em 1997 o lucro total da Associação Nacional de Basquetebol foi "manipulado" pela renda obtida com a venda de artigos licenciados, num valor que atingiu mais de US$ 3 bilhões em negócios, no mundo inteiro.[66] O esporte universitário nos Estados Unidos teve vendas de merchandising da ordem de US$ 2,75 bilhões, em 1997.[67] Por volta da década de 1990, os fãs do esporte nos Estados Unidos despendiam algo em torno de US$ 12 bilhões, anualmente.[68] Além disso, a ausência de bons resultados nos campos não implica obrigatoriamente menos vendas de merchandising. O Dallas Cowboys, com uma linha extensa e altamente popular de artigos esportivos, estava em 3º lugar na temporada de 2002/2003, entre os times da Liga de Futebol Americano, em termos de vendas de merchandising, apesar de três temporadas consecutivas com resultados pouco expressivos.[69]

Outros domínios do merchandising

A discussão acima enfatizou algumas das principais esferas nas quais o consumo híbrido ocorre na sociedade moderna. Entretanto, a lista não é de modo algum completa. A seguir, uma relação de outras esferas, com uma pequena discussão de cada uma delas.

- *Universidades.* Há muitos anos, as universidades da América do Norte, especialmente as maiores, vêm vendendo um amplo leque de mercadorias licenciadas. Para instituições como a UCLA e Harvard, o merchandising é uma fonte muito significativa de lucros, e muitas outras universidades nos Estados Unidos contam com lojas fora dos limites do *campus.* A UCLA tem inclusive uma loja na Universal CityWalk, anexa aos Estúdios da Universal na Califórnia. Enquanto as universidades inglesas se atrasaram significativamente em relação às norte-americanas em termos de merchandising, parece que elas enfim também se deram conta do potencial daquilo que um jornalista apropriadamente designou como "merchandising em estilo Disney".[70] Por exemplo, a Oxford Ltd. relatou que, em 1997, teve projeção de vendas de mercadorias licenciadas oficiais da Oxford estimadas em mais de £ 4 milhões,

[66] Wolf (1999).
[67] Klein (2000: 96).
[68] Schlossberg (1996: 172).
[69] Durrett (2003).
[70] Swanton (1996: vi).

o que representou o dobro do lucro, nos três anos em que esse recurso esteve em funcionamento. A maior parte das vendas ocorreu no sudeste asiático e no Japão, num feito que se equipara ao sucesso do merchandising do Manchester United nessas mesmas regiões.

- *Princesa Diana*. Uma firma nos Estados Unidos produziu uma boneca Diana; também foram produzidas outras mercadorias "Diana".[71] Diante disso, este caso não pareceria um exemplo de merchandising conforme definimos neste capítulo, uma vez que foi pautado por direitos autorais de logos e imagens. Por outro lado, o Fundo Memorial Diana, Princesa de Gales, processou os fabricantes, alegando que a empresa não obteve permissão de uso dos direitos de propriedade intelectual e identidade de Diana.[72] Com isso, o que é e o que não é direito autoral de imagem ou logo pode ser uma questão controversa, e na realidade o Fundo não obteve sucesso com sua ação. Desde então, estabeleceu parceria com um dos maiores competidores da empresa norte-americana, para produzir mercadorias Diana licenciadas.[73]
- *Força policial*. Robinson observa que houve um grande aumento na demanda por mercadorias ostentando o logo de policiais e bombeiros, após a tragédia de 11 de setembro.[74] Parte da mercadoria que se tornou disponível não é oficial e, portanto, ilegal. A polícia de Londres também começou a se movimentar no sentido de praticar o respeito pelos direitos autorais de suas várias insígnias, como o famoso capacete. Em resultado disso, não só autorizará que licenciem itens com o seu logo, como conseguirá usufruir dos lucros do uso de seus objetos como itens cênicos, em programas de tv sobre os policiais.[75] A Real Polícia Montada Canadense assinou um acordo em 1995 com a Disney para licenciar mercadorias desses policiais no mundo todo. Esse acordo foi criticado no Canadá por sua associação com uma empresa fortemente ligada ao imperialismo cultural, mas acabou sendo defendido com a alegação de que permitiria um maior controle sobre a marca, por conta da maior experiência demonstrada por essa empresa do ramo.[76]
- *Arte*. O licenciamento de arte tornou-se um negócio em expansão nos últimos anos. Há anos, as galerias de arte vêm vendendo reproduções de obras artísticas, mas a variedade que está à venda atualmente se estende a toda uma

[71] Elliott (1998).
[72] Bale (1998).
[73] Ashworth (2000).
[74] Robinson (2003).
[75] Ludlow (2002).
[76] Wasko (2001).

série de objetos, desde ímãs de geladeira, gravatas e porta-copos, até apoios de borracha para *mouses*, adornados com imagens artísticas das galerias.

• *Danceterias*. Danceterias como o Ministry of Sound e Cream usam o próprio logo como base de merchandising. Num programa de televisão, um representante deste último afirmou que seu clube "não dá tanto dinheiro assim; o que rende são os outros produtos que temos".[77] Ele estava se referindo aos discos e camisetas.

• *O Vaticano*. Tem-se dito que o Vaticano está planejando uma cadeia de lojas para venda de artigos e presentes licenciados, com base em exposições de museus.[78] As mercadorias do Vaticano vêm sendo vendidas há algum tempo, mas esse plano implica ampliar consideravelmente a variedade dos artigos à venda.

Reflexões sobre merchandising

O potencial que é geralmente visto em personagens de filmes, séries de televisão e livros fica especialmente aparente na tendência que se tem destacado nos últimos anos. É dessa maneira que antigos personagens de quadrinhos e outros veículos são ressuscitados e comprados e vendidos como bens de consumo. Às vezes, o comércio com esses personagens ocorre com vistas a atualizar o que são consideradas franquias potencialmente lucrativas, mas que não estão mais em moda. Recentemente, personagens ingleses como Sooty, Pingu o Pinguim, Capitão Pugwash e Noddy têm sido negociados por empresas interessadas em desenvolver o potencial mercadológico desses artigos.[79] Muitos personagens de Enid Blyton estão sendo igualmente reinventados, e seus direitos autorais foram comprados por uma empresa inglesa interessada em explorar seu potencial no mercado.[80] Nos Estados Unidos, a retomada dos heróis dos quadrinhos da Marvel pode ser vista como parte do mesmo processo de elevar o perfil de personagens anteriormente populares, que parecem promissores.[81] O comércio de logos e imagens com direitos autorais protegidos dá uma sensação de sua importância, se o valor potencial de franqueá-los for plenamente percebido.

---

[77] Episódio da série de tv "Logo" exibido no BBC Choice, em 27 de novembro de 2001.
[78] Jones (1999).
[79] Fox (1996); Hopkins (2002); Waples (1997).
[80] Koenig (1996).
[81] Alexander (1993); Brodie (1996). É muito interessante que Nel (2003) tenha observado que, apesar de suas reservas a respeito da comercialização, Theodore Seuss Geisel (Dr. Seuss) tenha permitido o licenciamento dos personagens de seus livros. A conversão de alguns de seus livros em filmes e especiais para televisão aumentou a pressão para esse tipo de mercadoria licenciada entre os possíveis licenciados, companhias produtoras, e outros. Desde sua morte em 1991, houve um notável aumento de mercadorias licenciadas a partir de seus personagens.

As estratégias de merchandising têm de ser cautelosas para evitar o risco de uma superexposição. As produtoras de cinema e os fabricantes de brinquedos costumam ser acusados de explorar as crianças e seus pais, por tabela, ao criarem uma avalanche de mercadorias ou recorrerem a estratégias destinadas a manipular o público infantil. Foi relatado, por exemplo, que J.K. Rowling estava sendo muito cuidadosa em suas decisões a respeito de qual tipo e qual quantidade de mercadorias estariam disponíveis para venda, por ocasião de seu primeiro filme sobre Harry Potter.[82] Diziam que ela estava preocupada com a possibilidade de as crianças e seus pais serem explorados pelos acordos de merchandising. Não obstante, uma parceria promocional com a Coca-Cola se tornou um foco de controvérsia quando ela foi acusada de se associar, como pessoa e produtora de obras literárias, com um produto capaz de prejudicar os dentes das crianças.[83] Embora tivesse dito que a parceria estava sendo usada para promover a familiarização das crianças com a literatura, o caso da parceira de Harry Potter com a Coca-Cola demonstra que o merchandising pode facilmente se tornar um foco para controvérsias. Nesse mesmo sentido, alguns clubes esportivos têm sido acusados de exagerar no merchandising e de explorar seus fãs. Os pais de filhos loucos por futebol acham que estão sendo explorados pelos clubes há muito tempo, porque ficam trocando regularmente sua linha de acessórios (camisetas, shorts e meias), para continuar colhendo seus lucros, e por fim essa estratégia terminou por causar uma desaceleração nas vendas.[84] Apenas a lista de produtos associados com a marca do Manchester United (a marca mais poderosa de futebol em todo o mundo depois do Real Madrid) já foi suficiente para levar esse clube a enfrentar acusações de exploração dos fãs.[85]

O merchandising em excesso pode levar a acusações ou à percepção de comercialismo, imagem que pode macular e até mesmo comprometer um empreendimento. Tem-se sugerido que um dos motivos pelos quais *Hércules* foi um filme menos bem-sucedido dos estúdios Disney que seus predecessores porque suas parcerias e merchandising fizeram com que parecesse, de acordo com um jornalista do *Los Angeles Times*, "menos um filme e mais uma gigantesca manobra de marketing".[86] Nem mesmo a autoparódia existente no filme, de uma Loja Hércules repleta de bonequinhos animados do perso-

[82] Chittenden e Winnett (2001).
[83] Koster (2001).
[84] Fresco (2001).
[85] Nicolas (2002).
[86] Citado em Wasko (2001: 80).

nagem, conseguiu diminuir a sensação de um assédio marketeiro.[87] Inclusive, muitos dos que responderam ao Projeto Global de Audiência da Disney (ver Quadro 3.1) acharam que o crescente comercialismo da empresa, exposto em sua estratégia de merchandising, era de total mau gosto e algo que era entendido como perigoso para as crianças. Embora os itens de merchandising da Disney que os próprios entrevistados tinham recebido na infância fossem lembrados com afeto, sua tendência foi sentir que a atual política de marketing da Disney tinha ido longe demais. Além disso, os elos sinérgicos entre filmes, parques temáticos, merchandising e publicidade foram considerados manipuladores pelos entrevistados. Entretanto, deve ser analisado que os entrevistados de cada país eram estudantes universitários, de quem seria de se esperar uma postura mais crítica. Nesse mesmo sentido, o concerto de rock Woodstock '94, projetado para reprisar o famoso evento dos anos 60, foi criticado como excessivamente comercial, dado o volume de mercadorias do concerto à venda.[88]

Os proprietários dos direitos de licenciamento de logos e imagens, como os protetores de marcas em âmbito geral, têm de ser sensíveis à possibilidade de estendê-los a produtos que poderiam ser considerados impróprios para aquela linha. A extensão das imagens e logos da Harley-Davidson a artigos de toilete foi, na opinião de muitos, um verdadeiro fracasso. Como disse um parceiro na administração de uma consultoria de marketing: "Como foi que puderam pegar um ícone da liberação, algo que era totalmente a sensação de vento no cabelo, e enfiar em produtos baratos, em embalagens pseudomachistas?".[89]

Um dos maiores problemas para quem trabalha com merchandising e licenciamentos de marcas é que a moda muda. Camisetas de restaurantes temáticos e réplicas de camisas de futebol não representam mais o que está na moda, da mesma forma como acontecia em meados da década de 1990.[90] Artigos que pertenceram à Princesa Diana, e que foram objeto de uma ação judicial, estavam vendendo pouquíssimo, em meados de 2002.[91] Os Teletubbies da BBC, que tinham conseguido um sucesso maciço de merchandising em 1998 e 1999, amargaram um declínio acentuado dos lucros em 2001, apenas três anos depois.[92] Até mesmo o merchandising relativo a Elvis Pres-

[87] Ver Giroux (1999: 161), para um resumo dos artigos licenciados gerados pelo filme e para ele.
[88] Klein (2000).
[89] Citado em Nicolas (2002: 34).
[90] Fresco (2002).
[91] Hamilton (2002).
[92] Midgley (1999); Steiner (2002).

ley tem exibido sinais de desaceleração nas vendas, em grande medida devido a mudanças demográficas, embora a moda também possa ter tido uma influência nesse caso.[93]

Conclusão

Como sugerem as reflexões da seção precedente, o merchandising não é uma licença para imprimir dinheiro. Há inúmeras armadilhas e riscos em todo o processo. Para início de conversa, é difícil para os proprietários de direitos autorais saber até que ponto uma franquia pode ser estendida. Em segundo lugar, é difícil para os licenciados saberem que imagens e logos aplicar, e em quais produtos. Embora eles possam mostrar-se cautelosos e optar por imagens estabelecidas, como Harry Potter, que já estava bem estabelecido por meio de uma série de livros, ou as séries para televisão de sucesso, a moda muda e os licenciados podem eventualmente se deparar com um estoque que não conseguem mais vender, mas sobre cujos artigos eles ainda têm de pagar taxas de licenciamentos para as imagens e logos. Em terceiro lugar, os pontos-de-venda que exibem mercadorias licenciadas provavelmente não têm certeza do volume do estoque que devem ter, porque há poucas certezas mesmo, assim como os licenciados já experimentaram.

Por outro lado, o merchandising é uma área imensamente lucrativa se os participantes conseguem calcular corretamente. O que mais se destaca no merchandising é que, em certo sentido, já deixou de ser a cobertura do bolo e se transformou no principal ingrediente do bolo, por mérito próprio. Cada vez mais, filmes, séries para tv e cadeias de restaurantes temáticos são inaugurados com uma decidida atenção para o seu potencial de merchandising, que não é mais só um benefício agregado. A Disney mostrou esse caminho, mas poucas empresas conseguem atingir seu nível de sinergia. Quando tentaram, raramente se saíram tão bem. As muitas lojas da Warner Bros. Studios e da Hanna-Barbera, que fecharam na Grande Los Angeles logo após sua inauguração em 1990,[94] são ilustrações ostensivas da posição incomparável da Disney, além de servirem como indicadores do quanto é frágil a natureza de uma estratégia de merchandising. Outro exemplo são as lojas da Viacom, projetadas como pontos-de-venda de mercadorias licenciadas com as diversas áreas de atuação do conglomerado. No entanto, no início de 2003, havia claros indícios de que as Lojas Disney também não estavam tendo grande movimentação.

[93] Gwynne (1997); Goodwin (2002).
[94] Simensky (1998).

O merchandising está intimamente vinculado com o consumo híbrido porque, em muitos ambientes de consumo híbrido, como parques temáticos e restaurantes tematizados, as mercadorias licenciadas constituem um dos principais artigos de venda. No entanto, o consumo híbrido e o merchandising não devem ser confundidos porque há um bloco distinto de atividades de merchandising – que foram examinadas neste capítulo, mais claramente as relacionadas com filmes e séries para televisão. De sua parte, os comerciantes de merchandising têm de percorrer com muito cuidado uma linha que atraia o público infantil, provavelmente o público-alvo mais influente, e desiluda seus pais ao criar "objetos imprescindíveis" que provavelmente terão uma vida de prateleira tão limitada quanto a sua existência nas lojas.

5
TRABALHO PERFORMÁTICO

Há uma demanda cada vez maior para que o perfil das atividades profissionais, em especial no setor de serviços, seja caracterizado por seu potencial performático, como num teatro. O funcionário se torna uma espécie de ator num palco. Assim, ao usar a expressão "trabalho performático", estou apenas querendo dizer o desempenho do trabalho pelos gerentes e funcionários como uma interpretação semelhante a uma representação teatral; o local de trabalho é visto como um tipo de palco. Nos parques temáticos Disney, a metáfora da representação teatral é explícita, pois são feitas referências a "membros do elenco", "audições", atividades "em cena" e "coxia". Para os consultores em administração que cunharam o termo "economia da experiência", a metáfora do teatro é central quando sugerem que, "em todos os níveis de qualquer empresa, os trabalhadores têm de entender que... cada negócio é um palco e que, portanto, o trabalho é teatro".[1] O trabalho da pessoa que encena a experiência é crucial para que a experiência permaneça na memória do cliente. Eles insistem com os trabalhadores-atores para envolver os clientes, "como se seu trabalho dependesse disso!"[2] Um dos elementos principais na geração dessa sensação de performance, especialmente evidente nos parques temáticos Disney, ocorre no *trabalho emocional*, que é o foco principal deste capítulo.

Trabalho emocional

O trabalho emocional se refere a situações de emprego em que os trabalhadores, como parte de seu papel profissional, precisam transmitir emoções e de preferência parecer que essas são emoções profundas. O autor que mais

---

[1] Pine e Gilmore (1999: x).
[2] Pine e Gilmore (1999: 112).

está associado com esses termos definiu o trabalho emocional como "a administração dos sentimentos, para criar uma manifestação facial e corporal publicamente observável".[3] As emoções que o trabalhador emocional pode eventualmente transmitir podem ser tanto negativas como positivas. No caso das negativas, das quais um exemplo é o cobrador de contas, as emoções que ele supostamente deve transmitir são em geral as de frieza, desatenção pelas condições do consumidor, e até certo teor de ameaça. No entanto, não é esse tipo de trabalho emocional que iremos considerar neste capítulo. Em vez disso, a ênfase aqui incidirá sobre as emoções *positivas*, a saber, aquelas que supostamente permitirão ao alvo do trabalho emocional se sentir bem a respeito do trabalhador e da organização para a qual trabalha.

O trabalho emocional sempre está relacionado com uma atuação teatral, mas Hochschild traça uma interessante distinção entre a atuação superficial e a atuação profunda. A primeira implica essencialmente em realizar os movimentos compatíveis com a demonstração de uma forma emocional correta. Os gestos corporais são adequados, mas falta-lhes intensidade ou convicção. Provavelmente, existe uma considerável variação entre a manifestação visível de emoções e como o trabalhador emocional está realmente se sentindo. Já na atuação profunda, o trabalhador emocional realmente sente as emoções que estão sendo exibidas. Esta é uma forma de atuação muito mais difícil que a superficial, para os trabalhadores emocionais conseguirem cultivar. Apesar disso, é uma espécie de Santo Graal com o qual muitas organizações do setor de prestação de serviços estão comprometidas, como meio de melhorar sua atividade.

O trabalho emocional não esgota as diversas maneiras pelas quais as emoções se relacionam com as organizações e sofrem a influência desse contexto.[4] Há diversas maneiras de as emoções se tornarem significativas nas organizações, mas ao chamarmos atenção para o trabalho emocional, o foco está incidindo sobre uma característica dos parques temáticos Disney que está ganhando espaço no setor de serviços. Num movimento paralelo, um dos mais notáveis desenvolvimentos organizacionais desde os anos 70 tem sido a gradual mudança de ênfase sobre o controle para a geração do comprometimento.[5] Cada vez mais, as organizações buscam motivar os empregados intensificando nos seus funcionários a sensação de compromisso para com a firma ou a equipe, de modo a que se tornem emocionalmente vinculados com

[3] Hochschild (1983: 7).
[4] Rafaeli e Sutton (1989).
[5] Walton (1985).

essa estrutura. Em decorrência disso, espera-se que se comprometam com a organização e tudo o que ela representa, e não somente com suas tarefas. A apresentação de declarações de missão e a elaboração de valores culturais da organização são algumas das opções de ativação de emoções nos empregados, para fins organizacionais. Vincular emocionalmente os empregados com a organização e manipular a cultura organizacional para que crie uma noção de sentido e ligação para eles são dois dos principais mecanismos para a criação desse vínculo. Gurus da administração como Tom Peters e colegas defendem a criação de culturas fortes que despertem uma sensação de paixão e significado nos empregados.[6] Nesse mesmo sentido, Hamel e Prahalad escrevem sobre a "intenção estratégica" que transmite a sensação de uma direção, com conotação semelhante à das culturas fortes de Peters. A intenção estratégica proporciona "a energia emocional e intelectual" necessária para se chegar a certo ponto no futuro, e "almeja criar empolgação nos funcionários".[7] Embora haja certo ceticismo quanto ao grau em que as culturas organizacionais podem ser mudadas e manipuladas da maneira como os autores citados insinuam,[8] há poucas dúvidas de que muitas consultorias e organizações buscaram recriar culturas de alto comprometimento, capazes de mobilizar os recursos emocionais de seus funcionários. Esse aspecto da emotividade nas organizações será abordado brevemente, pelo menos em parte, porque é uma das formas pelas quais é cultivado o trabalho emocional.

Por que promover o trabalho emocional?

O trabalho emocional está intimamente associado com a prestação de serviços, mais notavelmente talvez no caso daqueles que envolvem uma transação emocional. O vínculo é tão próximo que a qualidade do serviço prestado, para o qual um componente importante é a manifestação de emoções positivas, está sendo cada vez mais associada com a qualidade do serviço em si, ou com os bens oferecidos ao longo de uma prestação de serviços. Isso quer dizer que é mais provável os clientes de um restaurante de *fast-food* terem uma reação positiva a uma refeição se ela for servida de maneira agradável, do que se ela for servida com descaso ou demora. Isso é especialmente mais provável de acontecer quanto mais os serviços vão ganhando destaque na economia, e mais aumenta a expectativa dos consumidores por serviços de qualidade.[9]

---

[6] Peters e Waterman (1982); Peters e Austin (1985).
[7] Hamel e Prahalad (1994: 129, 134).
[8] Por exemplo, Legge (1995).
[9] Korczynski (2002: 62).

Provavelmente nada ilustra ou exemplifica mais o trabalho emocional do que *o sorriso*. Junto com outros elementos de uma manifestação emocional positiva, o sorriso, como olhar diretamente nos olhos do cliente, transfere para a prestação do serviço um conjunto de impressões animadoras, destinadas a melhorar o ambiente da prestação do serviço. Quando Hochschild realizou uma pesquisa com comissários de bordo, ela observou que, durante uma sessão de treinamento a que esteve presente, uma futura comissária tinha escrito: "é importante sorrir, não esqueça de sorrir". Essa instrução tinha sido dada por um piloto que dissera: "Bom, meninas, quero que vocês saiam e *sorriam*, realmente. Seu sorriso é seu maior *trunfo*. Quero que saiam e usem-no. Sorriam, *realmente* sorriam. *Esbanjem* sorrisos".[10] Além disso, o fato de uma das companhias aéreas que ela pesquisou enfatizar o sorriso em um de seus *jingles*, dizendo "sorrisos não só pintados no rosto", sugeria que o sorriso devia ser sincero e, com isso, não ser somente uma encenação superficial.

O motivo para se inculcar o trabalho emocional na equipe de uma firma prestadora de serviços é o crescente reconhecimento de que o estilo e a qualidade da prestação de um serviço são cruciais percepção para sua pelo cliente.[11] Em muitos casos, e o trabalho de atendentes de vôo é um desses, a demonstração de emoções positivas se torna um componente do serviço. Em outras palavras, o trabalho emocional é uma fonte de *diferenciação*. É um meio de diferenciar serviços que, de outra maneira, são mais ou menos idênticos, ou cujos produtos são servidos por meio de diversas atividades mais ou menos similares, no segmento da prestação de serviços (como pode ocorrer com restaurantes de *fast-food* ou lojas de varejo). De acordo com esse raciocínio, de que maneira distinguir entre vôos de Nova York a Chicago senão pela qualidade dos vôos, presumindo-se que a disposição e a decoração dos assentos, e a segurança, são mais ou menos indistinguíveis? A interface entre o atendente e o passageiro, para a qual o elemento emocional – como o passageiro é tratado – é crucial, se torna o principal fator em termos de como o serviço é percebido e prestado. Da mesma forma, não é o caso de a qualidade de um hambúrguer numa lanchonete ser irrelevante, mas dado o fato de, em geral, pouco haver que possa distinguir umas das outras as lanchonetes que servem hambúrgueres, a qualidade da transação, evidenciada na maneira como é prestado o serviço, muito provavelmente assume mais importância e significação do que em outras circunstâncias. Nesses casos, se o serviço é

[10] Hochschild (1983: 4, ênfases no original).
[11] Henkoff (1994).

memorável (ou pelo menos nada que seja lembrado como decepcionante), é altamente provável que o cliente retorne.

Nos últimos anos, programas de atenção ao consumidor têm se tornado uma das principais estratégias para a difusão do trabalho emocional na prestação de serviços. O maior destaque do trabalho emocional no desempenho dos papéis profissionais está relacionado ao entendimento, cada vez mais comum, do quanto é importante para o cliente ser bem atendido pela linha de frente de uma organização, a qual causa no público uma impressão marcante sobre o serviço oferecido.[12] Esse aspecto também está profundamente associado com a questão da maneira como a satisfação do consumidor vem sendo cada vez mais descrita pelas prestadoras de serviços como item da maior importância, porque é essencial à fidelização. Por exemplo, há evidências de que até 2/3 dos clientes param de adquirir serviços ou produtos porque ficaram insatisfeitos com o atendimento recebido do funcionário.[13] Essas considerações têm sido fatores importantes para o crescimento dos programas de atendimento ao consumidor.

Hoje, o consumidor é freqüentemente descrito como "rei" (princípio que também costuma ser descrito como "soberania do consumidor"), e satisfazer as necessidades do rei adquiriu uma importância central para muitas empresas do setor de prestação de serviços. Tem sido especialmente significativo o crescente impacto de programas de atendimento ao consumidor, influenciados pela Administração com Qualidade Total, e pela forma particular estabelecida para o programa, quando aplicado ao setor de prestação de serviços, a saber, tornar a satisfação das necessidades do cliente um princípio central das operações.[14] A AQT, aplicada na indústria de serviços, significou que a ênfase no movimento pela qualidade do "perfeito para uso" ou "perfeito para sua finalidade" foi traduzida como o novo foco no "perfeito para o consumidor". Satisfazer as necessidades do consumidor passou a ser a maior de todas as preocupações. O grande impacto dessa diretriz tem sido tornar os funcionários da linha de frente do atendimento, além dos serviços prestados, o ponto nevrálgico da revolução pela qualidade.

Portanto, podemos ver dois processos correlatos por trás da propagação do trabalho emocional. O primeiro é que os programas de atendimento ao consumidor, especialmente os influenciados pela AQT, são fundados no princípio da soberania do consumidor, segundo o qual é da maior importância satisfazer

[12] Bitner et al. (1990).
[13] Solomon (1998).
[14] du Gay e Salaman (1992); Legge (1995); Sturdy (2001).

as necessidades do cliente para que haja mais possibilidade de que ele volte. A qualidade do serviço prestado, portanto, torna-se essencial e é a principal razão para que se elaborem programas de atendimento ao consumidor. O segundo processo é que, num mundo em que há pouco para distinguir entre muitos produtos e serviços, a qualidade do serviço prestado, incluindo o trabalho emocional, pode ser o principal fator de distinção entre as opções disponibilizadas. Nessas circunstâncias, assegurar a satisfação das necessidades do cliente torna-se de especial importância e, novamente, costuma servir de incentivo à introdução de iniciativas de atendimento ao cliente, como a AQT. Essas iniciativas de atendimento ao cliente costumam estar inextricavelmente associadas a programas (brevemente citados acima) destinados a promover o compromisso dos funcionários com a empresa, uma vez que é mais fácil aceitar as exigências do trabalho emocional quando são estreitos os elos de ligação com a organização. Com todos esses desenvolvimentos, a motivação fundamental consiste em gerar um referencial organizacional projetado para satisfazer as necessidades dos consumidores soberanos, e a promoção do trabalho emocional é um componente crucial do referencial destinado a satisfazer tais necessidades.

O trabalho emocional nos parques temáticos Disney

O trabalho emocional é exemplificado de muitas maneiras nos parques temáticos Disney. A atitude amistosa e a solicitude dos funcionários dos parques temáticos Disney são famosas e é uma das coisas que os visitantes comentam como algo de que gostaram.[15] Além disso, qualquer pessoa com um conhecimento mesmo que ligeiro dos parques *espera* essa espécie de atitude. O funcionário do parque temático Disney que está sempre sorridente tornou-se um estereótipo da cultura moderna. Essa atitude, associada com a linguagem Disney distintiva, tem a finalidade de, entre outras metas, transmitir a impressão de que os funcionários estão se divertindo também e, portanto, não estão trabalhando de verdade. A empresa Disney tem plena consciência do significado do toque da Disney. Como observa Michael Eisner: "Nada define tão visivelmente os parques Disney como o calor humano e o compromisso dos integrantes do nosso elenco ao longo dos anos, e o quanto os visitantes se sentem valorizados, pela maneira como são tratados".[16] Um artigo sobre os funcionários dos parques temáticos Disney na *Disney Magazine* apresenta a seguinte situação:

[15] Sorkin (1992: 228).
[16] Eisner (1999: 228).

> Este é um dia típico de verão, no Parque Aquático da Beach Blizzard da Disney. As filas são longas e os visitantes estão com calor, o barulho é ensurdecedor e a movimentação é frenética. No alto do Teamboat Springs Raft Ride, uma moça de maiô vermelho berrante leva famílias para dentro dos botes de borracha redondos, arrasta cada um até o laguinho na área de retenção e depois usa toda a força que tem para empurrar os pesados botes até a beirada da rampa de descida. Aproximadamente a cada 40 segundos, um novo grupo começa a descida, o que significa que ela enche mais ou menos 90 balsas por hora... Mas essa jovem fica sorrindo o tempo todo, cumprimentando cada novo grupo familiar com redobrado entusiasmo. "E como vão vocês? Estão se divertindo? Já passaram bastante protetor solar? Bom, agora se segurem bem porque vai ser uma loucura!".[17]

Para a Disney, inculcar atitudes, gestos e fórmulas verbais como essas, além de uma forma mais geral de trabalho emocional, é parte fundamental do que atualmente a empresa descreve como "tema do serviço": "criar felicidade para pessoas de todas as idades, em todo lugar".[18] Como parte de seu treinamento (ver Quadro 5.1), os integrantes do elenco são "ensinados a assumir ampla responsabilidade pela felicidade dos convidados, sendo amistosos, sabendo responder a perguntas comuns e, quando possível, levando os convidados até onde queiram ir".[19] São dadas instruções práticas de como se comportar, que incluem explorar "os efeitos de posturas, gestos e expressões faciais a fim de intensificar a experiência do visitante".[20] Num momento de implícito reconhecimento da distinção entre a atuação profunda e a atuação superficial, é apontado que: "Costumes como o de sorrir, cumprimentar e agradecer os convidados são todos bons e bem-vindos mas, se essas atitudes se limitarem a condutas mecânicas e sem vida, sua eficácia será gravemente limitada".[21] Não surpreende, portanto, que a primeira instrução do serviço de atendimento aos visitantes seja

> "Olhe nos Olhos e Sorria!
> Inicie e encerre todo contato e toda forma de comunicação
> com o convidado olhando-o diretamente nos olhos
> e oferecendo um sorriso sincero".[22]

---

[17] Wiley (1999-2000: 54).
[18] Instituto Disney (2001: 30).
[19] Instituto Disney (2001: 61).
[20] Instituto Disney (2001: 85).
[21] Instituto Disney (2001: 87).
[22] Instituto Disney (2001: 86).

Quadro 5.1 - Apresentação dos integrantes do elenco do parque temático Disney à cultura corporativa da Disney

É central ao treinamento de novos membros do elenco que sejam apresentados às tradições da Disney, o que inclui contato com a história da empresa, sua filosofia subjacente (especialmente a dos parques temáticos), seus padrões de qualidade e suas conquistas e realizações. Os materiais de treinamento incluem vídeos motivacionais em que o próprio Walt aparece. Os treinandos são instruídos sobre a importância de criarem uma sensação de felicidade para os convidados, e sobre a linguagem Disney típica e as razões de sua existência. São informados sobre seu papel dentro do "show". Depois, os integrantes do elenco são apresentados às políticas e procedimentos da Disney, tais como os regulamentos a respeito da aparência e do vestuário, e também são informados sobre seus benefícios sociais. O objetivo geral do treinamento é garantir que os novos integrantes do elenco se comprometam com a cultura Disney específica.

Fontes: Blocklyn (1988); Taylor e Wheatley-Lovoy (1998); Van Maanen (1991).

Parece que pouco mudou desde o final dos anos 60, quando John Van Maanen, um sociólogo que trabalhou por pouco tempo como operador de brinquedos na Disneylândia, observou que o comportamento dos integrantes do elenco era governado por três regras que haviam sido implantadas durante o treinamento:

1ª: Nós usamos um sorriso amistoso o tempo todo.
2ª: Nós só usamos frases amistosas e cordiais.
3ª: Não posamos de importante. Os únicos "senhores" na Disneylândia são o Sr. Sapo e o Sr. Smee.[23]

Nesse mesmo sentido, Raz traz a seguinte citação, extraída de um manual de treinamento:

> Na Disneylândia nós ficamos cansados, mas nunca entediados, e mesmo que tenha sido um dia difícil nós nos mostramos felizes. Você

[23] Van Maanen (1991: 65).

deve exibir um sorriso honesto. Tem de vir do coração. E, para conseguir isso, você tem de desenvolver o seu bom-humor e um interesse verdadeiro pelas pessoas. Se nada mais ajudar, lembre-se de que você é pago para sorrir.[24]

Os integrantes do elenco devem apresentar um trabalho emocional, mesmo diante de convidados difíceis. Um integrante de elenco, com 8 anos de idade, contou para um repórter: "Nós somos diariamente maltratados por clientes, e mesmo assim precisamos continuar sorridentes. Esperam que a gente olhe os convidados nos olhos, cumprimentando todos um por um, e fique sorrindo oito horas por dia. Caso contrário, vem uma advertência".[25]

Mas no começo não era bem assim. Nos primeiros tempos da Disneylândia, Walt ficou estarrecido com o comportamento de alguns funcionários em relação aos visitantes do parque. Esses integrantes de elenco, muitos dos quais contratados por terceiros, careciam de treinamento, eram mal-humorados e não eram nada prestativos em relação aos visitantes. Essas atitudes eram inaceitáveis para Walt, que queria criar um ambiente em que as pessoas pudessem esquecer o mundo externo e todos os seus problemas, mergulhando numa experiência mágica. Atitudes descorteses e indiferentes são abundantes no mundo externo e, portanto, sabotavam o tipo de impressão que ele pretendia criar. Os únicos funcionários que manifestavam o tipo de comportamento que Walt queria eram os operadores dos brinquedos, que tinham sido treinados pela própria empresa. De acordo com Randy Bright, um criador da Disney: "O que Walt realmente queria era empregados com um sorriso fácil e jeito para lidar de maneira agradável com grandes quantidades de pessoas".[26] Walt dizia para os integrantes do elenco que eles deviam "sorrir sempre", e que deveriam "dar a outra face para todo o mundo, até os muito chatos".[27] A Universidade Disney foi criada justamente para inculcar o tipo de atitude que Walt queria promover em seus atendentes. De acordo com o fundador da Universidade Disneylândia, um dos elementos centrais da abordagem original do treinamento era a introdução do princípio de que "além de um 'sorriso amistoso', nós vendemos a importância de 'frases amistosas'".[28] Desde

[24] Raz (1999: 114-15).
[25] Citado em Ellwood (1998: 17).
[26] Bright (1987: 111).
[27] Citado em Lipsitz (1993: 187).
[28] France (1991: 22).

então, a Disney tem desenvolvido seminários nos quais apresenta a executivos de uma variedade de organizações sua abordagem única à administração de recursos humanos;[29] a empresa também já publicou material sobre essa abordagem, de uma maneira mais geral.[30] Tais seminários podem ter sido fundamentais para difundir ainda mais esse aspecto da Disneyzação. Além disso, vários textos sobre administração têm enfatizado o mesmo ingrediente para explicar o sucesso dos parques temáticos Disney.[31] A própria Disney usa seu programa de treinamento, que emprega vídeos e palestras sobre o passado e as tradições da empresa, para garantir o comprometimento com a organização e seus valores. Esse tipo de comprometimento provavelmente facilita o trabalho emocional. Como assinala o então diretor de seminários de treinamento da Disney para executivos de negócios de outras empresas, uma atividade com três dias de duração: "Você não pode forçar a pessoa a sorrir. Cada convidado do Disney World vê em média 73 empregados por dia, e nós teríamos de supervisioná-los constantemente. Claro que não podemos fazer isso; portanto, em vez disso, tentamos contratar empregados que adotem a cultura da corporação".[32] Abordagens de treinamento similares são comuns em companhias grandes, como a McDonald's e a Nike.[33]

Desnecessário dizer que as manifestações do trabalho emocional são às vezes repudiadas, quando são exibidos comportamentos inconsistentes com os princípios Disney de como os integrantes do elenco devem agir, como já comentaram diversos observadores.[34] Contudo, concentrarmo-nos nessas características é perder o ponto principal: como Van Maanen observa, há uma aceitação significativa das exigências emocionais do trabalho por parte dos funcionários da Disney.[35] Da mesma forma, pode ser descrita como "notável" a adesão ao Modo Disney de prestar os serviços, por parte dos integrantes do elenco na Disneylândia de Tóquio.[36] Mesmo entre antigos integrantes do elenco, que tinham passado por momentos adversos como parte do emprego, parece haver certa ambivalência que combinava uma medida de admiração com o reconhecimento de que aquele trabalho não era para eles.[37]

---

[29] Blocklyn (1988); Eisman (1993).
[30] Por exemplo, ver Johnson (1991).
[31] Por exemplo, Connellan (1996); Peters e Waterman (1982); Zemke (1989).
[32] McGill (1989: 4).
[33] Leidner (1993); Peñaloza (1999).
[34] Koenig (1994, 1999); Van Maanen (1991).
[35] Van Maanen (1991).
[36] Raz (1999: 103).
[37] Zibart (1997).

Precursores do trabalho emocional

Assim como em outras dimensões da Disneyzação, o trabalho emocional não é um fenômeno novo. Enfermeiras, médicos, parteiras e outros profissionais de serviços médicos já sentiram muitas vezes a necessidade de se envolver no trabalho emocional, como demonstrar alegria pelo nascimento de um bebê saudável, ou apresentar uma expressão tristonha diante da necessidade de dar más notícias. Além disso, muitos empregos têm certo grau de trabalho emocional agregado. Todos tentamos não deixar nossos colegas na mão, somos prestativos com quem visita nossa organização, somos solícitos quando precisamos da atenção especial de um fornecedor, e encorajamos os novos elementos recrutados para a nossa organização. Em todos esses casos, poderíamos argumentar de maneira relativamente justificada que está acontecendo algum tipo de trabalho emocional.

O que pode ser descrito como novo em relação aos parques temáticos Disney e a outros exemplos modernos da difusão do trabalho emocional é o destaque dado, em especial, à prestação de serviços comerciais. Portanto, é a natureza formalmente prescritiva da expressão de emoções como parte do papel profissional que é novo, mesmo que o trabalho emocional em si não seja novo. No entanto, seria errado associar o trabalho emocional apenas a uma prescrição formal, pois quem trabalha na prestação de serviços tem em geral uma clara noção do significado de se cultivar bons relacionamentos com os clientes, tendo em vista os interesses das organizações em ter um bom desempenho no mercado, o que termina por assegurar seu emprego. Aliás, em alguns casos, a performance profissional pode terminar sendo sufocada, se for excessiva a pressão exercida pelo mandato da apresentação de uma postura emocional no trabalho. Por exemplo, Rosenthal et al. demonstram que os trabalhadores de uma das maiores cadeias de supermercados da Grã-Bretanha conseguiram, após a introdução de uma iniciativa que enfatizava a qualidade dos serviços para os consumidores e ao mesmo tempo abolia várias restrições até então em vigor, pôr em prática um estilo de trabalho emocional que era agradável para eles.[38] A postura mais formal que eram obrigados a adotar antes não era do seu agrado, porque achavam que podiam realizar um trabalho emocional. O trabalho emocional não é necessariamente realizado como resultado de uma instigação direta, embora sem dúvida aconteça e seja especialmente destacado nos Parques Disney, mas também porque geralmente os empregados reconhecem a necessidade disso. Esse reconhecimento

---

[38] Rosenthal et al. (1997).

pode advir do contato com os programas de atendimento ao consumidor, mas também porque é cada vez mais clara a noção de que o trabalho emocional é um componente de um bom serviço.

É interessante salientar que a ênfase na emotividade na Disney predata a inauguração dos parques temáticos Disney, pelo menos em termos da representação do empregado padrão da Disney. Walt sabia muito bem dar a impressão de que seus animadores eram como crianças brincando, pessoas que adoravam seu trabalho. Freqüentemente, eram descritos em artigos sobre ele ou seu estúdio como funcionários leves, despreocupados e sorridentes. Num artigo de 1933, uma revista popular da época dizia que "todos usam o sorriso, e até mesmo o mais humilde funcionário trata o chefe como 'Walt'".[39] Um artigo escrito em 1940 descreveu o estúdio como "a única fábrica da Terra em que brincadeiras e gozações inocentes fazem parte da linha de produção".[40] Um filme lançado em 1941, intitulado *O Dragão Relutante*, não só foi o primeiro filme com ação ao vivo produzido pela empresa, como servia como roteiro de visitação do estúdio que dava, afinal, a impressão de uma fábrica de diversões e entretenimento. A realidade muitas vezes não era compatível com a imagem que Walt tanto queria transmitir sobre seu estúdio. O próprio Walt era um capataz exigente que não gostava de ser contrariado, e era cruel com qualquer um que deixasse de concordar com ele. Na realidade, à época em que *O Dragão Relutante* foi produzido, o estúdio estava à beira de uma greve para paralisar suas operações, como decorrência de um esforço de sindicalizar a fábrica. Walt foi ficando cada vez mais intransigente e, mesmo após o encerramento da greve, sentia-se muito ofendido pelos que tinham apoiado o movimento.

Apesar disso, não há dúvida de que muitos funcionários dos estúdios Disney achavam que estavam envolvidos num tipo de atividade muito especial e que o local de trabalho em si tinha certa qualidade mágica. O que é significativo para nossos atuais propósitos, entretanto, é o fato de que a empresa tinha muito interesse em criar a impressão de um grupo de funcionários assobiando enquanto trabalhavam em perfeita harmonia. Essa administração da imagem do trabalho por parte do estúdio era realizada de tal modo que trabalhar ali parecesse divertido, em vez de pesado. Nos parques temáticos Disney, em que prestar serviços era o objetivo em vez de um produto, como um longa de animação, incentivar os funcionários para que exibissem

[39] Citado em Watts (1997: 172).
[40] Hollister (1940: 697).

emoções positivas tornou-se um elemento de importância primordial e não só uma questão de criar uma impressão para consumo popular. O trabalho emocional tinha de ser praticado como componente da interface dos operadores da linha de frente da prestação do serviço.

A difusão do trabalho emocional

Nesta seção, será esboçada toda uma variedade de modos e contextos nos quais ocorre o trabalho emocional hoje. Hochschild calculou que, no início dos anos 80, por volta de um terço dos trabalhadores nos Estados Unidos tinha empregos que incluíam um elemento substancial de trabalho emocional, e que, entre as mulheres, metade delas estava envolvida em trabalhos desse gênero.[41] Essas são estimativas que precisam ser tratadas com extrema cautela, não somente porque o nível de exigência para se exibir trabalho emocional tem grande chance de variar muito, conforme as ocupações às quais a pesquisadora se refere. Contudo, é notável que uma fatia tão expressiva da força de trabalho seja afetada pelas exigências do trabalho emocional. Também é notável o fato de que seus cálculos impliquem uma maior probabilidade de mulheres do que os homens ocuparem postos de trabalho que exigem trabalho emocional. A associação de mulheres com atividades que envolvem prestar cuidados também pode ser um fator, mas também o é o fato de que, em muitos casos, o trabalho emocional é sexualizado e as mulheres têm mais chance que os homens de serem colocadas em posições nas quais a atração exercida por sua sexualidade faz parte da interação profissional. Além disso, em certas ocupações, as mulheres têm em geral mais probabilidade que os homens de se ocupar de trabalhos emocionais.[42]

Em um caso, pelo menos, a difusão do trabalho emocional a partir dos parques temáticos Disney foi muito direta: o estádio e o centro cívico de Anaheim, construídos em meados dos anos 60, adotaram deliberadamente uma abordagem Disney de atendimento aos visitantes. Findlay cita um artigo do jornal local que teria dito que, em ambas as organizações, poderiam ser encontrados "funcionários atraentes e sorridentes", instruídos no mesmo "linguajar usado na Disneylândia".[43]

No restante desta seção, apresentaremos vários meios e contextos nos quais o trabalho emocional ocorre hoje.

---

[41] Hochschild (1983).
[42] Bellas (1999).
[43] Findlay (1992: 101).

Comissários de bordo

O conceito de Hochschild de trabalho emocional foi originalmente desenvolvido em relação às equipes de comissários de bordo, principalmente na Delta Airlines, nos Estados Unidos. Outros pesquisadores confirmaram a significação do trabalho emocional nessa esfera de atuação. Taylor e Tyler comprovaram que o trabalho emocional era um componente significativo da atuação dos atendentes de vôo em duas companhias aéreas, uma das quais era a British. Por exemplo, citam um instrutor do treinamento:

> Sempre andem com leveza pelo corredor, sempre olhem nos olhos de cada passageiro, e de todos eles, e sempre sorriam para eles. Isso cria o ambiente de um serviço muito mais personalizado e isso é tudo que a primeira classe e nós, como empresa, somos.[44]

As aeromoças da Cathay Pacific são igualmente incentivadas a sorrir, e temos a citação de uma delas num artigo de jornal, para o qual teria dito:

> Eles estão sempre dizendo para a gente como somos bonitas, inteligentes e uma parte muito importante da empresa, e nos tratam como se limpássemos os banheiros e, seja lá o que aconteça, nós temos a obrigação de sorrir sempre.[45]

Aqui há uma ligação inconfundível entre a sexualidade e a prática do trabalho emocional, à qual nos referimos acima, e essa ligação é um traço muito evidente nos anúncios das companhias aéreas asiáticas, como a Cathay Pacific, que exibe imagens de aeromoças sedutoras.

Algumas empresas sentem a necessidade de incentivar o componente do trabalho emocional de sua prestação de serviço. Anunciaram, em 1998, que as equipes de comissários de bordo da British Airways deviam ser menos reservadas, menos propensas a exibir a expressão arrogante dos ingleses. Deviam tornar-se mais táteis e menos distantes. De acordo com um repórter da *Times*: "As equipes de vôo serão incentivadas a acocorar ao lado dos passageiros, oferecendo um ocasional tapinha no ombro, e olhando bastante nos olhos dos clientes".[46] Esse artigo também indica que a pressão de manifestar tal atitude era em parte motivada pelo fato de os funcionários de seu

---

[44] Citado em Taylor e Tyler (2000: 87).

[45] Citado em Linstead (1995: 197).

[46] Crowley (1998: 17).

principal concorrente em rotas transatlânticas – a Virgin – serem muito mais propensos a se comportarem da maneira que a BA se dedica agora a aplicar.

Atendentes de lojas

Os atendentes de lojas estão cada vez mais sendo encorajados a exibir trabalho emocional. Talvez um dos exemplos mais bem conhecidos seja a Body Shop International. Essa empresa já é conhecida há muito tempo por sua forte cultura corporativa e seu uso de programas de treinamento, como meio de difundir sua cultura e assegurar o comprometimento dos funcionários com a empresa. Os empregados da Body Shop têm sido descritos como pessoas que estão freqüentemente envolvidas com um trabalho emocional em todos os níveis da organização, e não só nas lojas.[47] Uma nova recruta diz que, durante seu treinamento

> nós... assistimos a um vídeo de vendas intitulado *Sorria, Que Droga, Sorria*, no qual uma loira de expressão determinada e objetiva sai de uma sala da diretoria e entra em cena para dizer que devemos tentar dizer para nós mesmos "iúpií", antes de entrar no recinto da loja. "É uma palavra boba, mas colocará um belo e luminoso sorriso no rosto de vocês".[48]

Os funcionários de supermercados também têm de cultivar demonstrações de emoções (de preferência, sentindo o que estão expressando). Os amistosos e sorridentes recepcionistas que dão boas-vindas aos consumidores da Wal-Mart, posicionados na entrada das lojas (idéia adotada pela Disney para suas Lojas), são uma ilustração da penetração do trabalho emocional nessa área do varejo. A ESPN Zone, em Chicago, também usa recepcionistas sorridentes.[49] Os funcionários da Wal-Mart geralmente vestem uniformes com um rosto sorridente nas costas, de modo que o consumidor vê um sorriso, seja qual for o lado para o qual se vire. Tolich estudou o trabalho dos atendentes de um supermercado (chamado "Raley's"), numa área rural da Califórnia. Ele aponta que os funcionários eram instruídos a ser amistosos para com os consumidores, e seu manual de treinamento era explícito:

> São necessárias apenas umas poucas palavras cordiais para que os clientes se lembrem da Raley's. No caixa, é preciso um sorriso, uma

[47] Martin et al. (1998).
[48] Keily (1991: 4.3).
[49] Sherry et al. (2002).

atitude amistosa, cortesia no atendimento, precisão, velocidade e boa aparência para fazer com que o cliente queria voltar ao Raley's. O caixa pode ser nosso último contato com o consumidor, antes que ele saia da loja. Faça com que seja agradável e memorável.[50]

Nesse mesmo sentido, numa cadeia nacional de lojas de conveniência, em vez de uma solicitação geral para que seus atendentes sejam cordiais com os consumidores, eles são treinados a "cumprimentar cada cliente, sorrir para todos eles, um a um, olhar para cada um diretamente e dizer 'obrigado' quando ele sai".[51]

As cadeias inglesas de supermercados também tentaram injetar o trabalho emocional na prestação de seus serviços, como sugere a referência à página 110 da pesquisa de Rosenthal e colaboradores.[52] Um estudo de quatro cadeias de supermercados ingleses, realizado por Ogbonna e Wilkinson, constatou que três de quatro grupos desenvolveram programas de atendimento ao consumidor, nos quais o trabalho emocional era um ingrediente central. A outra cadeia preferia concorrer na base dos preços, em vez de na diferenciação dos serviços. Em uma das três cadeias, um gerente da loja indicou que os operadores de caixa "são instruídos a sorrir o tempo todo" e a entrar em contato com o supervisor ou o gerente se o cliente tiver um problema. Na mesma loja, um operador de caixa informou aos pesquisadores: "Passamos por um treinamento de atendimento ao cliente quando entramos na empresa e continuamos sendo treinados o tempo todo. Dizem-nos para sorrir o tempo todo, e que o cliente sempre tem razão".[53] Além disso, a administração dessa loja era muito atenta para que o sorriso parecesse sincero e não superficial, de modo que, nos termos de Hochschild, eles deveriam demonstrar emoções com atuações profundas e não superficiais.

McDonald's

O trabalho emocional é um aspecto primordial dos restaurantes McDonald's. É um componente da filosofia do Serviço de Qualidade como Valor, que vem desde os dias de Ray Kroc e permanece como um dos mais essenciais preceitos dessa fé. Sua importância é instilada nos donos de novas franquias e nos gerentes das Universidades do Hambúrguer. Os aten-

[50] Citado em Tolich (1993: 365).
[51] Sutton e Rafaeli (1988: 464).
[52] Rosenthal et al. (1997).
[53] Ogbonna e Wilkinson (1990: 10).

dentes de público são fortemente exigidos a interagir com os clientes de maneira amistosa a fim de intensificar a natureza agradável da experiência de se alimentar ali e aumentar a probabilidade de outros itens também serem adquiridos. Baseada em sua pesquisa de um restaurante McDonald's, Leidner comprovou que os atendentes do *drive-in* também deviam sorrir, ser alegres e educados.[54] Além disso, deviam ser espontâneos, significando que não era esperado que apenas repetissem algum roteiro como se fossem robôs programados a ter determinadas atitudes, mas que deviam ir mais além das frases padronizadas e injetar um pouco de sua própria personalidade na interação com o consumidor. Esse procedimento se baseia na crença de que uma repetição monótona de frases padronizadas e formas mecânicas de comportamento geralmente parece um desempenho sem vida que, portanto, não indica uma atuação profunda.

Com base em sua pesquisa européia sobre a McDonald's, Royle sugeriu que os caixas da empresa "devem controlar-se *internamente*, sendo agradáveis, animados, sorridentes e corteses com os clientes, mesmo quando estes forem mal-educados e agressivos".[55] Esta é uma parte muito importante da atmosfera performática do negócio que Ray Kroc, o fundador da cadeia McDonald's que conhecemos atualmente, achava que era um componente de máxima importância para o sucesso dos seus restaurantes. Pode-se ver uma comprovação disso na citação, mencionada antes, de Jim Cantalupo (p. 51), que era seu então presidente de operações internacionais, quando ele se refere à significação "do sorriso no balcão de atendimento". Como Fantasia assinala em relação à recepção da McDonald's na França, o ambiente americano é um aspecto muito importante de seu sucesso entre os jovens franceses, e é a apresentação do trabalho emocional que tem um papel tão importante na criação desse ambiente.[56] É notável que, quando Kincheloe entrevistou uma mulher que vinha originalmente de Hong Kong, ela contou como, quando era menina, era tão apaixonada pela McDonald's que costumava brincar de teatrinho em que desempenhava papéis nos quais "arrumava um enorme sorriso no rosto e dizia 'O que posso fazer por você hoje? Posso anotar seu pedido, por favor?'".[57]

Entretanto, alguns estudiosos têm levantado a hipótese de que a McDonald's tem permitido cada vez mais que menos atenção seja dada à qualidade do aten-

[54] Leidner (1993: 73).
[55] Royle (2000: 63-4).
[56] Fantasia (1995).
[57] Kincheloe (2002: 32).

dimento e que esse tem sido um dos principais fatores para a diminuição de seus lucros e para o declínio da marca, logo após a virada do milênio.[58]

Não só os que trabalham em equipes foram envolvidos no esforço de aprender a exibir um trabalho emocional. Os gerentes também começaram a participar desse processo, no sentido de que são treinados e encorajados a se tornar leais à cultura e à filosofia corporativa da McDonald's. Leidner escreve que a empresa busca produzir gerentes com "ketchup nas veias".[59] A Universidade do Hambúrguer tem um papel significativo no processo de inculcar esse espírito corporativo. Em parte, o treinamento é realizado a fim de instruir os gerentes quanto aos corretos procedimentos operacionais, a fim de maximizar o tipo de uniformidade de processo e produto pelo qual a empresa se tornou famosa. Mas Leidner também observa que o zelo dos gerentes é trabalhado um pouco mais, a fim de garantir que eles entendam tão plenamente quanto possível as razões para aderir a esse protocolo, de modo que tenham mais probabilidade de assegurar que não ocorrerão transgressões entre os integrantes da equipe. Portanto, esse treinamento se refere a "construir compromisso e motivação", além de instruir os gerentes quanto ao modo McDonald's de fazer as coisas. O tipo de lealdade à empresa que é exigido e mobilizado envolve um elemento de trabalho emocional por parte daqueles de quem é cobrada tal adesão. De modo muito parecido com o que acontece na Universidade Disney, os gerentes também são apresentados à história da empresa e às palavras de seu fundador, com o intuito de intensificar o apelo emocional da cultura corporativa.

Outros restaurantes

O McDonald's não é de modo algum a única cadeia de *fast-food* que busca promover o trabalho emocional em seus funcionários. Isto se evidencia na pesquisa de Reiter sobre o Burger King, que "insiste com seus funcionários para que sejam agradáveis, alegres, sorridentes e educados o tempo todo", e "exibam um evidente orgulho por seu trabalho".[60] Um folheto distribuído aos operadores de caixa, como parte de seu treinamento, dava-lhes a seguinte instrução: "Sem a atenção pessoal e um bom serviço, que só vocês podem dar, nossos clientes talvez não retornem... Sejam rápidos e amistosos, com um 'sorriso'. Façam com que a vinda do cliente seja uma experiência feliz".[61] Uma pesquisa com restaurantes de *fast-food* em Nova York (incluindo uma loja

---

[58] Rushe (2003).
[59] Leidner (1993: 54).
[60] Reiter (1996: 136).
[61] Citado em Reiter (1996: 136).

[Fig. 5.1]

McDonald's) confirma a importância do trabalho emocional nas tarefas dos operadores de caixa e outros funcionários de atendimento de balcão. Nas palavras de um destes: "A primeira vez que fiz esse trabalho eles disseram 'sorria, seja educado'. Se algum cliente for grosseiro ou não for cordial, temos de sorrir para todos".[62] Nesse mesmo sentido, Leidner notou uma placa do lado de fora da loja do KFC que dizia: "Estamos contratando gente sorridente".[63]

Restaurantes de *fast-food* como o McDonald's e o Burger King não são de modo algum os únicos tipos de estabelecimento em que o trabalho emocional provavelmente é encontrado. Em Chicago, no restaurante Johnny Rockets (uma cadeia de lanchonetes tematizada nos anos 50), havia uma instrução escrita num quadro branco instalado na área de retirada de pratos pelos atendentes: "Sorria sempre" (ver Fig. 5.1).

[62] Citado em Talwar (2002: 97-8).
[63] Citado em Leidner (1999: 82).

Hall pesquisou cinco restaurantes em Hartford, Connecticut, que eram muitos diferentes uns dos outros em termos de estilo e clientela.[64] Um deles era uma franquia, que servia um cardápio *fast-food* razoavelmente padrão; três eram lojas de nível médio de prestígio (um restaurante italiano, um restaurante da moda e um restaurante formal, cujos garçons usavam smoking); e um dispendioso e famoso restaurante três estrelas. Em todos eles, era incentivado nos funcionários que sempre fossem amistosos ao atender os clientes. Hall explica que, para todos os estabelecimentos, a essência do serviço amistoso tinha a ver com sorrir, independentemente de como o garçom se sente ou é tratado. No restaurante mais sofisticado, o gerente geral incentiva seus garçons a sorrir quando estes param de exibir o correto estado emocional, porque isso ajuda a dar a impressão de que os funcionários estão se sentindo contentes enquanto trabalham.

Naturalmente, conseguir que um funcionário de atendimento de público sorria sempre não é só obra de um bom gerenciamento. Os garçons sabem que têm mais chance de receber gorjetas se forem amistosos e agradáveis com os clientes.[65] No entanto, esse fato não diminui a significação desse aspecto da Disneyzação. É precisamente porque os atendentes sabem que um serviço amistoso e sorridente se tornou uma expectativa dos consumidores em geral que eles reconhecem que devem manifestar essas atitudes, a fim de receberem um reconhecimento financeiro adicional. Além disso, também têm um interesse secundário no retorno de seus clientes ao estabelecimento em que trabalham, porque assim é mais provável que mantenham seus empregos e continuem recebendo um fluxo contínuo de gorjetas.

Hotéis

Os recepcionistas de hotel são especialmente propensos a ser cobrados no sentido de (ou a sentir a necessidade) de demonstrar um trabalho emocional. Evidências disto podem ser obtidas numa pesquisa encomendada por uma companhia multinacional de base norte-americana, dona de uma rede de hotéis e outras atividades relativas a turismo e entretenimento. A empresa introduziu um esforço de AQT que influenciou profundamente a prestação de seus serviços. Essa iniciativa foi projetada para fortalecer os atendentes de balcão, a fim de que tivessem recursos suficientes para fazer o que fosse preciso para atender as necessidades dos consumidores. A missão da empresa é

[64] Hall (1993).
[65] Butler e Snizek (1976).

assegurar "que cada visitante saia satisfeito" e os funcionários são treinados e monitorados para garantir "que consigam demonstrar um interesse genuíno e entusiasmado pela pessoa do hóspede".[66]

Outras evidências de trabalho emocional em recepcionistas de hotel derivam de uma pesquisa sobre assédio a funcionários de hotel. Estes eram obrigados a se portar de maneira amistosa, mesmo quando confrontados por atitudes desrespeitosas. Um dos informantes dos pesquisadores descreveu um caso no qual um hóspede estava fazendo uma proposta sexual para uma recepcionista, no balcão da recepção do hotel, e relatou que a moça "estava meio que sorrindo e meio que levando a coisa na brincadeira", ao mesmo tempo em que se esquivava.[67] Um outro funcionário de hotel descreveu como "você precisa ser amistoso e ficar sorrindo, mesmo quando um hóspede berra com você... é uma coisa boa você conseguir manter a calma... é só tentar se lembrar que eles não estão atrás de você, que estão gritando com você porque estão se comunicando com o hotel... não é um ataque pessoal".[68]

Centrais de atendimento telefônico

As equipes dos centros de atendimento telefônico ao público podem não parecer candidatos óbvios à manifestação de trabalho emocional. Eles não conseguem exibir seus sorrisos, dada a natureza não-visual de seu contato com os clientes. Além disso, é especialmente provável que encontrem consumidores hostis, ou porque estão fazendo ligações cegas, a pessoas que não querem ser incomodadas, ou porque são o primeiro contato de clientes com algum problema que tem de ser resolvido. Apesar de tudo, o trabalho emocional tem sido freqüente também nessa área de interação direta com o público.

Uma ilustração pertinente pode ser extraída de uma pesquisa sobre vendedores por telefones, trabalhando numa central regional de uma grande companhia aérea inglesa, denominada Flightpath.[69] O trabalho desses vendedores foi influenciado por um programa de treinamento para atendimento de consumidores pautado pela AQT. Suas ocupações incluíam entrar em contato com consumidores que queriam comprar ou reservar bilhetes, ou queriam algum outro serviço turístico oferecido pela empresa. Os agentes de viagem eram incentivados a ser autênticos ao telefone, de modo que não soassem mecânicos em seu trato com o público. Como salientamos antes,

[66] Jones et al. (1997: 544).
[67] Guerrier e Adib (2000: 697).
[68] Guerrier e Adib (2000: 701).
[69] Taylor (1998).

há um reconhecimento cada vez maior de que formas prescritas de trabalho emocional parecem muito insinceras e, no mínimo, comprometem a própria impressão que estão tentando criar. Na realidade, isso significa que os agentes são solicitados a recorrer a seus próprios dotes emocionais, a fim de prestar ao consumidor o tipo de atendimento que a empresa espera, facilitando a consecução de seus objetivos financeiros. Cada agente criava sua própria forma de injetar emotividade na interação, embora tivessem sido treinados a lidar com clientes zangados ou difíceis.

À primeira vista, a referência segundo a qual esses agentes trabalham parece que lhes dá uma considerável autonomia no tocante ao trabalho emocional. Entretanto, como Taylor observa, o fato de terem sido obrigados a trabalhar segundo um programa de atendimento a consumidores e a serem autênticos, além do fato de seus telefonemas serem monitorados (uma questão à qual voltaremos no próximo capítulo), significava que, para prestar o trabalho emocional, eles tinham de se envolver num tipo de atuação profunda, segundo Hochschild. Precisamente por causa das instruções da empresa a respeito da necessidade de fidelizar clientes, e diante de sua preferência por não usar um trabalho emocional prescrito a fim de corresponder às expectativas das necessidades dos clientes e atingir as metas comerciais da empresa, era preciso desempenhar seu papel com uma atuação profunda. Nesse mesmo sentido, as habilidades para um trabalho emocional eram consideradas cruciais para as equipes de *call centers* em vários países (entre os quais os Estados Unidos, a Austrália e o Japão), estudados por Frenkel et al. As habilidades incluíam "a capacidade de permanecer calmo diante da pressão de reagir a um fluxo contínuo de telefonemas de clientes, e a capacidade de manter uma atitude amistosa, positiva e diplomática, ao mesmo tempo em que é capaz de se manter psicologicamente à parte da questão, como mecanismo de proteção contra clientes hostis".[70]

Outras evidências vêm de uma pesquisa de uma empresa inglesa que faz parte de uma multinacional baseada nos Estados Unidos, que oferece consultoria para pessoas que trabalham com atendimento telefônico e administram *call centers*. A variável em questão era examinar os níveis de atendimento ao consumidor e o manejo de ligações, usando um "comprador misterioso". Três dos oito critérios de um bom atendimento – atitude prestativa do agente, seu tom de voz, e entusiasmo – são muito semelhantes às características esperadas do trabalho emocional.[71]

[70] Frenkel et al. (1999: 70).
[71] Bain e Taylor (2000: 10-11).

Evidências adicionais da significação do trabalho emocional nas atividades de atendimento telefônico ocorrem numa pesquisa sobre representantes de atendimento ao consumidor, numa central chamada Telebank. A pesquisa mostra que, para os recrutadores, as habilidades técnicas eram muito menos importantes do que as habilidades sociais e de comunicação. Como disse um dos gerentes: "Mas nós recrutamos atitude. Já se pode saber, durante a entrevista, se essa é uma pessoa que sorri, se seus olhos sorriem. Se você sorri durante a entrevista e mostra entusiasmo, vai se dar bem no serviço".[72] Um outro gerente sugeriu que "o único diferencial substancial entre os bancos (é) a personalidade das pessoas ao telefone... O diferencial é como elas se comunicam com o cliente. Essa é a principal habilidade que precisam ter".[73]

Assim, apesar de o serviço num atendimento por telefone não ser um candidato óbvio à promoção do trabalho emocional, dada a natureza não-visual da interação, essa forma de atendimento parece ter-se infiltrado também nesse tipo de serviço, embora cultivar a capacidade de uma atuação profunda possa ser especialmente difícil em tais ambientes.[74]

Zoológicos

Há, nos zoológicos, uma expectativa crescente de que haja uma boa prestação de serviços ao consumidor. Como a interface com o público é um componente desse programa, não seria ilógico predizer o crescimento da tendência para um uso comercial cada vez maior do trabalho emocional nos zoológicos e, na realidade, Dibb reporta que incentivar os funcionários para que demonstrem "uma atitude positiva perante o atendimento ao consumidor" é uma preocupação para os gerentes de zôos e parques de vida selvagem, no Reino Unido.[75]

Quando esse serviço *não* é prestado, os efeitos de sua ausência podem criar uma reação altamente negativa. Um arquiteto paisagista descreveu o entusiasmo de um aluno diante dos recintos de exibição num zoológico, pois ali demonstravam preocupação com a conservação:

> ... até que chegamos à lanchonete. A moça que nos atendeu estava tão desinteressada e a comida... era tão ruim que meus alunos não falaram de outra coisa, o resto da tarde. A oportunidade mágica, criada por

[72] Citado em Callaghan e Thompson (2002: 240).
[73] Citado em Callaghan e Thompson (2002: 241).
[74] Callaghan e Thompson (2002).
[75] Dibb (1995: 270).

um investimento de US$ 15 milhões na área de exposição dos animais, foi liquidada pelo mais básico dos funcionários do parque todo![76]

Certamente, os visitantes vão reparar que o trabalho emocional é sem dúvida um aspecto dos Sea Worlds e do Busch Gardens, assim como o encontrará, tipicamente, no novo Animal Kingdom da Disney.

Na realidade, o estudo de Davis sobre o Sea World de San Diego faz referências explícitas ao trabalho emocional como um aspecto característico do parque. Nas palavras dela, "os empregados do Sea World devem ser amistosos, alegres, prestativos, e sempre sorridentes, perante horas e horas de pedestres, empurrando carrinhos de nenê".[77] De acordo com o diretor de operações do parque, os supervisores observam o comportamento dos funcionários:

> Mas eles também monitoram mais profundamente a atitude dos recepcionistas, para comprovar que não estejam apenas em pé, cumprimentando as pessoas. Até mesmo só sorrir não é o suficiente para o que queremos. Queremos que digam coisas para os visitantes, e que, na saída, digam: "obrigado por vir", "tenha um bom dia", "posso ajudar em alguma coisa?", "posso ajudar a encontrar alguma coisa?".[78]

No ambiente do zoológico, existe a possibilidade de que o trabalho emocional assuma uma forma distinta, especialmente em relação à ética ambientalista e aos apelos dos conservacionistas. De um lado, o trabalho emocional pode ser usado para induzir uma sensação de culpa (em relação à degradação ambiental, à extinção de espécies etc.). De outro, pode ser usado para induzir o fator de uma "sensação boa" nos visitantes, fundamentada na proposta de que ao visitar o zoológico e comprar suas mercadorias licenciadas, os visitantes participam, mesmo que indiretamente, dos elevados ideais de proteção às espécies e seus habitats.

Os zoológicos freqüentemente ampliam o campo do trabalho emocional ao envolver seus animais, principalmente os mamíferos de grande porte, no âmbito performático que esse trabalho ocupa. Na realidade, o trabalho emocional humano pode ser simulado quando os animais são instigados a exibir condutas que possam ser interpretadas pela platéia como indicadores

[76] Coe (1996: 112).
[77] Davis (1997: 90).
[78] Davis (1997: 91).

de uma emoção, como amistosidade, bom-humor ou malícia (como quando Shamu encharca as dez primeiras fileiras de espectadores no show que faz no Sea World). Essas exibições não são apenas espetaculares em si como também servem para aumentar a capacidade de atração dos artigos e lembranças à venda, cujos motivos são esses animais. Desmond afirma também que a ênfase colocada nas performances dos animais, que devem exibir "amor" pelo treinador, serve ainda mais para aumentar para o público a plausibilidade de que tais demonstrações emocionais sejam um ingrediente importante do trabalho emocional.[79] Ele também ressalta o elemento performático que tanto caracteriza a maior parte do trabalho emocional.

Outros domínios do trabalho emocional

A exposição precedente enfatizou algumas das principais esferas nas quais o trabalho emocional vem ocorrendo na sociedade moderna, mas sem dúvida não esgota todas as possibilidades. Segue-se uma relação de outras possíveis esferas de atuação, junto com uma breve descrição de cada uma delas.

– *Justiça criminal americana.* A polícia e outros agentes da justiça criminal americana se envolvem com trabalho emocional há muito tempo, mas Robinson afirmou que o surgimento de um policiamento comunitário é um indicador especialmente notável do crescimento do trabalho emocional.[80] O policiamento comunitário envolve o trabalho com os problemas causadores dos crimes, em vez de com os crimes depois de ocorridos, que é a postura tradicional da observância da lei. Robinson argumenta que a mudança no sentido de um policiamento comunitário implica lidar com serviços sociais e com o público dentro de uma abordagem mais amistosa e conciliadora do que normalmente é o caso. Dessa forma, a imagem da polícia muda em favor de vê-los como um grupo de profissionais mais amistosos e abordáveis.

– *Instrutores de fitness.* As academias de ginástica são famosas por terem um alto "índice de rotatividade", o que quer dizer que é difícil fidelizar seus clientes. Em geral, há poucos elementos que distinguem uma academia da outra, no que se refere a equipamentos e instalações, de modo que o papel do atendimento de balcão se torna primordial para que os clientes permaneçam. Numa pesquisa com instrutores de academia, nos Estados Unidos, Maguire constatou que era reconhecida a necessidade de demonstrar traba-

[79] Desmond (1999).

[80] Robinson (2003).

lho emocional.[81] Este fator era especialmente evidente quando os instrutores tinham de agir como motivadores, no caso daqueles clientes que ficavam geralmente cansados ou não tinham muita vontade de treinar em determinados momentos. Os instrutores precisavam usar trabalho emocional para aumentar a motivação dos clientes para se exercitar, em grande medida porque, se perdessem o encanto por certo programa de exercícios físicos, poderiam ou sair da academia ou parar completamente de se exercitar.

– *Profissionais da beleza.* Numa pesquisa com esteticistas na Inglaterra, Sharma e Black notaram que o trabalho das mulheres que estavam estudando era, em certos sentidos, semelhante ao que Hochschild descreveu no caso dos comissários de bordo.[82] Passageiros de aviões em geral são ansiosos e inseguros a respeito do vôo, por isso um aspecto importante do trabalho emocional dos comissários de bordo é tranqüilizá-los. Nesse mesmo sentido, as clientes de institutos de beleza costumam sentir-se ansiosas e inseguras com seus corpos que, em sua opinião, pouco correspondem aos critérios do ideal de beleza feminina. Uma parte do trabalho desses profissionais consiste em tranqüilizá-las e ajudá-las a aproveitar ao máximo seus dotes. Além disso, os esteticistas reconheciam a necessidade de adotar uma atitude amistosa e sorridente, pois criar o tipo certo de interação era crucial ao sucesso de seu negócio.

– *Vendedores de seguros.* Os vendedores de seguros em domicílio de uma empresa estudada por Leidner – a Combined Insurance – também deveriam demonstrar trabalho emocional, como parte de seu papel emocional, cultivar a amistosidade, o olhar direto para os clientes, além de outros sinais desse tipo de trabalho.[83] É particularmente indicativa desse aspecto de seu trabalho a Atitude Mental Positiva, filosofia desenvolvida pelo fundador da empresa e à qual os estagiários são apresentados. O objetivo do programa é, em parte, motivar futuros vendedores mas também insuflar seu otimismo, entusiasmo e perseverança, que fazem parte da constituição emocional da pessoa. Além disso, os vendedores deveriam exibir atitudes amistosas e bem-humoradas, como foram citadas tantas vezes neste capítulo.

O trabalho emocional faz mal para você?

Um dos aspectos distintivos da explicação de Hochschild para o trabalho emocional é que ela o considera dotado de um impacto negativo sobre os que o colocam em prática. Esse não é um elemento integral da questão da

[81] Maguire (2001).
[82] Sharma e Black (2001).
[83] Leidner (1993).

Disneyzação, mas vale a pena uma breve digressão, em vista de sua importância para as implicações mais amplas da Disneyzação, e porque tem sido um foco de debates entre autores e pesquisadores que lidam com esse tópico.

Hochschild argumenta que o trabalho emocional cria uma disjunção entre como os funcionários agem e como eles se sentem de verdade, e que esse dano tem um teor psicológico explícito.[84] O funcionário deve exibir emoções que não sente realmente *e* tem de suprimir as que de fato sente. A noção de identidade dos funcionários é comprometida, uma vez que as emoções, afinal de contas, pertencem ao foro íntimo de cada qual, estando profundamente relacionadas com a expressão do seu ser e do seu sentir. Com isso, eles terminam alienando-se de sua verdadeira natureza e de seus verdadeiros sentimentos. Mesmo que a exibição emocional possa ser pouco mais do que uma atuação superficial, não obstante é uma forma de trabalho que prejudica a noção de identidade de cada pessoa. Essa visão dá talvez a impressão de que os funcionários empregados em trabalhos emocionais são profundamente perturbados. Sem dúvida, há pesquisas que endossam essa perspectiva negativa do trabalho emocional, mas de modo algum esta é única.

Como Hochschild, Wouters também estudou o trabalho de comissários de bordo,[85] e comprovou que eles geralmente achavam muito gratificante quando usavam suas habilidades para acalmar os temores de passageiros ansiosos, ou quando ajudavam a construir um bom relacionamento com alguns deles. No mesmo sentido, os esteticistas estudados por Sharma e Black ficavam muitas vezes satisfeitos com sua habilidade de ajudar clientes a se sentir melhor a respeito de si mesmas.[86] A pesquisa de Leidner sobre vendedores de seguros da Combined Insurance também identificou que a exigência de demonstrar trabalho emocional não parecia ser interpretada como algo negativo.[87] Há três fatores que parecem evidentes. Primeiro, os vendedores de seguros em domicílio trabalham por comissão, por isso têm mais a ganhar com uma adequada demonstração de emoções. Segundo, têm muito mais autonomia do que os atendentes de balcão do McDonald's, onde Leidner também conduziu uma pesquisa, porque os primeiros trabalhavam mais ou menos por conta própria. Ao se envolver em trabalho emocional, portanto, eles eram capazes de injetar mais elementos de sua personalidade na interação. Terceiro, o possível cliente tem de ser persuadido a se envolver em

---

[84] Hochschild (1983).
[85] Wouters (1989).
[86] Sharma e Black (2001).
[87] Leidner (1993).

alguma interação com o vendedor. Por conta disso, o vendedor geralmente sente-se empolgado com sua capacidade de arrastar um desconhecido para uma interação verbal, quando telefona às cegas para tentar uma conversa, e fica ainda mais entusiasmado quando consegue vender-lhe um produto.

Isso sugere que as supostas conseqüências negativas do trabalho emocional podem ser condicionadas à natureza dos próprios trabalhos envolvidos como, por exemplo, seu teor de autonomia. Tem-se sugerido que, às vezes, atendentes de público proporcionam o que tem sido chamado de "trabalho emocional filantrópico".[88] Isso ocorre quando os prestadores de serviço manifestam essencialmente um trabalho emocional porque querem (por exemplo, por gostarem da pessoa a quem estão atendendo, ou porque é um cliente assíduo), em vez de porque faz parte do perfil do papel profissional, ou porque poderão extrair alguma medida de vantagem financeira, como gorjetas, por fazerem isso. Essa forma de trabalho emocional tem sido identificada em relação a uma pesquisa com comissários de bordo de companhias inglesas de aviação, como quando uma aeromoça foi além do que o serviço lhe exigia, para ajudar um passageiro muito enjoado a recuperar sua dignidade.[89] Essas demonstrações de trabalho emocional não ocasionam geralmente os tipos de conseqüências psicológicas adversas para o empregado que tanto preocupava Hochschild e, na realidade, assinalam uma outra maneira ainda de o trabalho emocional poder ser algo que, às vezes, até se torna gratificante em si.

A pesquisa de Wharton, sobre o trabalho emocional num banco e num grande hospital nos Estados Unidos, confirma que o trabalho emocional não resulta necessariamente em conseqüências psicológicas adversas para a pessoa.[90] Perto de metade dos funcionários nessas organizações tinha serviços que exigiam pelo menos uma parte de trabalho emocional. A pesquisa de Wharton demonstra que o trabalho emocional é problemático para algumas pessoas, dependendo de suas personalidades e do tipo de trabalho em que estão envolvidas. Por exemplo, no que diz respeito ao segundo fator que influi na reação ao trabalho emocional, Wharton confirmou a sugestão de que a autonomia num serviço pode ajudar a proteger os funcionários que realizam trabalho emocional de eventuais efeitos psicológicos negativos, conforme enfatizado por Hochschild. Em si, o trabalho emocional não resulta necessariamente em efeitos negativos, tais como exaustão emocional e insatisfação com o serviço.

---

[88] Bolton (2000).
[89] Bolton e Boyd (2003).
[90] Wharton (1993, 1999).

Uma outra razão pela qual o trabalho emocional não resulta obrigatoriamente em efeitos psicológicos prejudiciais é que muitos funcionários contratados para manifestar um trabalho emocional são capazes de se distanciar dos efeitos de sua atividade e se envolver em outras táticas de resistência perante as exigências de se manifestar por via emocional. Essa questão será mais bem explorada no próximo capítulo.

Trabalho estético nos parques temáticos Disney e além...

Em algumas discussões e pesquisas sobre o trabalho emocional, a aparência dos funcionários faz parte da análise. Por exemplo, na pesquisa com comissários de bordo, é difícil evitar a tendência de empregar mais mulheres – e mais pessoas atraentes – para esse grupo ocupacional (e entender que ele tem, por isso, um perfil com mais habilidades voltadas a proporcionar cuidados). Isso sugere que a aparência é, em geral, um componente importante das concepções administrativas sobre o tipo certo de funcionário para atender diretamente o público, que também deve ter uma capacidade de exibir trabalho emocional, e que a necessidade de contratar pessoas para essas ocupações pode, em tais circunstâncias, levar em conta a noção da apresentação pessoal. Witz et al. buscaram desemaranhar conceitualmente esse aspecto do funcionário de serviços, da demonstração do trabalho emocional. Eles empregam o termo *trabalho estético* para descrever "um sortimento de capacidades e atributos apresentados pelos funcionários no momento de sua admissão" que então são analisados pelos empregadores para configurar o perfil da pessoa que tem o tipo certo de "visual" e de "fala" para representar a imagem da empresa e do serviço que se tenta projetar.[91] Nesse processo, o corpo do funcionário se torna um bem de consumo, no sentido de que encarna a empresa e o que ela representa, recebendo vencimentos em troca. Como o trabalho emocional e, ainda, outros aspectos da Disneyzação descritos neste livro, o trabalho estético é parte integrante de uma estratégia de diferenciação.

Witz et al. demonstram o início do trabalho estético em setores como o varejo, a hospitalidade e o bancário, em que a orientação que privilegia o serviço a ser prestado se tornou a ênfase principal. Eles mostram que, na fase de recrutamento, os candidatos que em geral não conseguem o emprego talvez até tivessem as habilidades ou a experiência necessárias (que, na realidade, eram fatores de baixa importância na lista de prioridades dos recrutadores),

---

[91] Witz et al. (2003: 37). Ver também Nickson et al. (2001).

mas certamente não tinham o "visual" adequado. Ter o visual certo inclui elementos como traje, estrutura corporal e estilo pessoal. Os anúncios para esses empregos freqüentemente faziam referência à aparência como critério de qualificação.

Muitas vezes, parece que as empresas buscam tanto o trabalho estético como o emocional, sugerindo que esses dois fatores geralmente andam juntos. Por exemplo, os pesquisadores foram informados de que em um dos hotéis de sua pesquisa (Hotel Elba), o tipo de pessoa que a empresa queria recrutar "tinha de ser muito atraente... com um belo sorriso, bons dentes, cabelo bonito e corpo decentemente proporcional". Um gerente lhes disse: "Provavelmente existe um 'visual' do Elba, que não é o de uma pessoa excessivamente enfeitada mas bastante normal, só que arrumada e com estilo... jovem, muito amistosa... uma pessoa que se parece com o papel que desempenha... que se encaixa no conceito geral do hotel".[92] A busca por um determinado visual é transparente nesses comentários, mas as referências ao "belo sorriso" e à atitude "muito amistosa" sugerem que o trabalho emocional ou a capacidade para agir assim são interessantes e buscadas, junto com o trabalho estético. Assim como também os traços visuais não são o único foco que os autores comprovaram como aspectos exigidos para operar linhas telefônicas de serviço bancário, pois para essa ocupação era preciso o candidato ter certo tom de voz e sotaque.

À medida que estilo e imagem vão se tornando componentes cada vez mais significativos tanto da vida cotidiana como da atividade comercial, é bastante provável que também aumente a exigência pelo trabalho estético. Isso é uma grande parte do aspecto performático do trabalho, focalizado neste capítulo. Afinal de contas, atuar exige que o ator possua a aparência certa, muitas vezes produto de uma boa maquiagem, do uso de adereços e de determinadas roupas. Na realidade, como um dos informantes dos pesquisadores disse, a respeito de seu trabalho numa empresa de varejo de moda de alto nível: "É um pouco como atuar no palco. Quer dizer, é mais ou menos como estar numa escola de teatro".[93] Além disso, o trabalho estético é um aspecto importante dos parques temáticos Disney, nos quais uma aparência impecável e muito bem arrumada faz parte de uma política em vigor há muito tempo. Os operadores dos brinquedos na Disneylândia têm sido descritos como:

---

[92] Citado em Witz et al. (2003: 48).
[93] Citado em Witz et al. (2003: 39).

> Solteiros, homens e mulheres brancos com 20 e poucos anos, sem defeitos na face, de altura acima da média e peso abaixo da média, com dentes perfeitos, padrões tradicionais de aparência e uma postura autoconfiante, ereta, traduzindo boas condições de saúde, que sugerem um recente envolvimento em atividades esportivas...[94]

Na Disneylândia Paris, pôde ser comprovada a existência de uma política de trabalho estético. O vice-presidente de recursos humanos, que tinha vindo de uma experiência com os funcionários da Disneylândia em Tóquio, especificou numa entrevista os seguintes critérios, que incluem uma rápida alusão ao trabalho emocional:

> Temos padrões de aparência que são pré-condição para a contratação. Para os homens, significa ausência de pêlos faciais, corte de cabelo tradicional, ausência de cabelos sobre as orelhas ou colarinho e de brincos, sem tatuagens visíveis, e sem calças jeans. Para mulheres, excessos de maquiagem ou coloração de cabelos e unhas muito longas não são aceitáveis. Queremos uma aparência profissional e conservadora; queremos que nossos funcionários sejam afetuosos, expansivos e sinceros. Não queremos que os visitantes se distraiam com eventuais esquisitices e maneirismos por parte dos membros de nosso elenco.[95]

Locais como o Sea World, que parecem tanto um parque temático como um zoológico, também especificam a necessidade de um trabalho emocional e de uma determinada aparência. No Sea World de San Diego, na Califórnia, há

> códigos de vestuário e manutenção da aparência. A diretoria pede aos entrevistadores do departamento pessoal que sejam "preconceituosos" a favor de um "visual limpo e tradicional". Na Disneylândia, regulamentos afixados em locais visíveis definem padrões para corte de cabelo, maquiagem, uso de bijuteria e comprimento de unhas; os prestadores de serviços, como todos os demais funcionários, são encorajados a pensar em si mesmos como artistas performáticos.[96]

---

[94] Van Maanen (1991: 59-60).
[95] Citado em Lainsbury (2000: 96).
[96] Davis (1997: 89-90).

Nesse mesmo sentido, os funcionários da Niketown em Chicago foram descritos da seguinte maneira: "Os que vi na área de venda a varejo são quase todos jovens adultos, lindos e de aparência saudável. Suas roupas informais e atitude amistosa deixam os clientes à vontade".[97] Na Smoky Joe's, uma churrascaria tematizada à base da América do Sul, instalada no sul da Inglaterra, os funcionários deviam possuir um mix de qualidades estéticas e habilidades para trabalho emocional. Por isso, o pessoal da cozinha não podia circular pelo salão, porque não possuíam as qualidades visuais adequadas.[98] Na Girl Heaven, uma cadeia de lojas de roupas inglesa para meninas de 13 anos, tematizada a partir do conceito da "menina poderosa", uma vendedora disse para o entrevistador que elas precisavam "ter o visual certo porque estamos ali para que as meninas... nos copiem".[99] Mais uma vez, vemos nesses exemplos um caso de fusão com o trabalho estético, em nome de interesses da atividade comercial.

A difusão da performatividade

Como notamos no primeiro parágrafo deste capítulo, o trabalho emocional tem sido o foco primário desta discussão porque é emblemático do crescimento da atividade performática em muitas interações da prestação de serviços. Basicamente, o mesmo ponto foi ressaltado também em conexão com o trabalho estético. Pine e Gilmore foram citados no início por sua recomendação de que os aspectos performáticos do trabalho deveriam ser incentivados.[100] Da mesma forma, de acordo com Erik Kuhne, um arquiteto norte-americano que trabalha com varejo, "todos estão descobrindo agora, na atividade de varejo contemporânea, que se você não despertar os sentidos, se não criar em parte uma performance teatral, você está perdido".[101]

Além de visões gerais sobre a importância de se transmitir uma noção da prestação de serviços como uma performance teatral, exemplos específicos da circulação da metáfora performática estão aumentando:

— No Sea World da Califórnia, em 1992, grandes pôsteres pendurados nas áreas reservadas aos funcionários eram intitulados "*Showtime!*" e, de acordo com o vice-presidente de alimentação, esses pôsteres tinham por objetivo lembrar os funcionários de que são "atores no palco".[102]

---

[97] Peñaloza (1999: 371).
[98] Crang (1994).
[99] Russel e Tyler (2002: 628).
[100] Pine e Gilmore (1999).
[101] "Shopology". Segundo de dois programas de tv exibidos pela BBC2, em 9 de setembro de 2001.
[102] Davis (1997: 91).

— Na cadeia de *fast-food* dos EUA chamada "Au Bon Pain", os candidatos são solicitados a fazer um teste prático para o papel de seu serviço e são examinados quanto à sua capacidade para representar.[103]

— Após uma visita à Disney, o gerente de pessoal da Harrod's ficou convencido de que "como a Disney, a Harrod's é teatro", e que os funcionários deveriam se dar conta de que fazem parte de um show "sensacional" e "espetacular" para os "visitantes", a fim de insistir no comprometimento da loja com o serviço de atendimento ao consumidor.[104]

— Na Girl Heaven, uma das co-fundadoras informou um entrevistador que "as funcionárias não se vêem como vendedoras, mas como artistas ou como coordenadoras de uma experiência prazerosa".[105]

— Quando Deborah Keily foi contratada para um trabalho temporário de Natal numa loja da cadeia Body Shop, disseram-lhe que o recinto da loja é "show em cena", que a área do caixa era a "bilheteria", e que o estoque era o recinto para "adereços e camarins".[106]

— Nesse mesmo sentido, na empresa de varejo de moda de alto nível que participou da pesquisa sobre trabalho estético realizada por Witz et al., foi traçada uma distinção entre as áreas do palco e dos camarins.[107]

— No restaurante tematizado Smokey Joe's, os novos funcionários recebiam um manual intitulado "Está na hora do show!", que os instruía a entrar em contato com o "diretor do show" se tivessem problemas. Além disso, a lista do rodízio dos turnos era chamada "escalação de elenco". O formulário de preenchimento para candidatos pedia especificamente que detalhassem informações sobre experiência prévia em atuação teatral e, na realidade, diversos funcionários tinham experiência nessa área e usavam essas habilidades no trabalho.[108]

— Em seu levantamento sobre a Niketown de Chicago, Peñaloza descreve o trabalho dos funcionários no sentido de proporcionar performances nas quais existe uma nítida distinção entre "atividades de boca de cena" (cumprimentar os consumidores, responder a suas perguntas etc.), e "atividades de bastidores" (como falar sobre horários e turnos e números de vendas).[109]

---

[103] Pine e Gilmore (1999: 157).
[104] Citado em du Gay (1996: 120).
[105] Russel e Tyler (2002: 627).
[106] Keily (1991: 4.3).
[107] Witz et al. (2003: 39).
[108] Crang (1994).
[109] Peñaloza (1999: 377-8).

— Nos hotéis-cassinos de Las Vegas, alguns funcionários usam uniformes ou fantasias, de acordo com o tema geral do estabelecimento, e são incentivados a interagir com os visitantes como se estivessem desempenhando um papel compatível com seus trajes.[110]

Uma outra forma proeminente de teatralidade na prestação de serviços é a performance turística, na qual o agente de turismo encena e, com isso, encarna algum aspecto do local. Por exemplo, como museus vivos se tornaram mais populares, seus funcionários se tornam atores que vestem roupas de época e demonstram habilidades perdidas há muito tempo, para demonstrar peças da exposição e interagir com os visitantes de uma maneira adequada ao tema. Por exemplo, em seu estudo do Quarry Bank Mill em Styal, no condado de Cheshire, na região noroeste da Inglaterra, Urry descreve o seguinte cenário:

> Demonstradores, alguns vestidos a caráter, mostram aos visitantes como fiar algodão numa roca, como tecer a mão, como operar uma cardadora, como funciona um tear, e as rotinas domésticas envolvidas em cozinhar, limpar e lavar, para as crianças operárias... O moinho fez enérgicos esforços para atrair o "público que não costuma visitar museus", aumentando especificamente os elementos da exibição capazes de melhorar o entretenimento. Em parte isso foi alcançado com o uso de pessoas demonstrando muitos procedimentos e interagindo com os visitantes, no desempenho de papéis verossímeis.[111]

Quando Handler e Gable realizaram seu trabalho de campo na Williamsburg Colonial, na Virgínia, encontraram diversos grupos de funcionários envolvidos nesse trabalho, incluindo "intérpretes de personagens" que eram artistas da "história viva", dirigindo-se ao público "na primeira pessoa", quer dizer, como cidadãos do século XVIII.[112] Além disso, "artesãos" praticavam suas várias artes de época. Assim também, na Fazenda Plimouth, um museu histórico ao vivo composto por edifícios representando a vida dos peregrinos no século XVII, uma brochura incentiva os visitantes a "conversar com eles, perguntar-lhes como é sua vida, e ouvi-los explicar, nos dezessete dialetos locais praticados na Cidade, o que era chegar nesse local estranho e construir ali o seu futuro".[113] Numa

---

[110] Ritzer e Stillman (2001).
[111] Urry (2002: 122).
[112] Handler e Gable (1997: 18).
[113] Kirshenblatt-Gimblett (1998: 192).

reconstrução de uma aldeia viking num parque temático viking, na Noruega, as pessoas vestidas a caráter se comportavam como personagens de uma peça de teatro, enquanto em outra, chamada Fotviken perto de Malmö, na Suécia, atores com trajes de época demonstravam habilidades artesanais.[114] Em todos esses casos, as performances para turistas são destinadas a transmitir a sensação de como era a vida das pessoas durante o período retratado, no local representado, criando assim uma sensação de autenticidade.

Em muitas esferas, então, a noção de trabalho como uma performance não está apenas implícita, como às vezes acontece com o trabalho emocional e o estético, mas explícita. Neste último caso, é cada vez mais perceptível a tendência para que o serviço de atendimento ao consumidor possa ser concebido como uma performance muito parecida com o teatro. Essa noção é especialmente aparente nos parques temáticos Disney, que empregam a metáfora teatral em sua noção de empregar pessoas "como membros do elenco de um show".[115] Em outras palavras, "o serviço é uma performance; os uniformes são o figurino do show".[116]

Na realidade, a Disney em si é uma fonte importante da difusão da metáfora teatral, do condicionamento do trabalho emocional e de muitos outros aspectos da abordagem distintiva da empresa à administração de recursos humanos e ao atendimento ao consumidor. Em certo nível, os numerosos visitantes dos parques temáticos Disney e a freqüente atenção que os parques recebem da mídia contribuem para que todos tenhamos uma consciência básica da abordagem da Disney à administração dos recursos humanos. Além disso, como vimos em relação ao gerente de pessoal da Harrod's, citado à página 183, muitos executivos visitam a empresa e participam de seus cursos de treinamento para executivos de outras empresas. Um livro produzido pelo Instituto Disney está repleto de referências a organizações cujos representantes freqüentam esses cursos e, desde então, vêm introduzindo o método Disney na administração de pessoal.[117] Os exemplos incluem concessionários do Grupo Volkswagen, Start Holding (uma agência de empregos temporários em Gouda, na Holanda), e o Sistema de Saúde e Hospitais da Universidade de Chicago que, em si, é o foco de um estudo de caso da aplicação dos princípios da Disney.[118] Regina Eisman participou de um desses cursos ("A

[114] Halewood e Hannan (2001).
[115] Heise (1994: 18).
[116] Instituto Disney (2001: 62).
[117] Instituto Disney (2001).
[118] Shueller (2000).

abordagem Disney à administração de pessoal"), com três dias de duração, cobrindo tópicos como contratação, treinamento e motivação, habilidades de supervisão, programas destinados a intensificar a satisfação no emprego, e estratégias para ouvir os funcionários e os clientes.[119] Entre os 52 participantes do curso havia um administrador de hospital, um diretor de recursos humanos de uma fábrica de cigarros e um atacadista do setor de confeitos, além de um gerente comercial de uma estação de rádio. No curso de que McGill participou, havia executivos do Flamingo Hilton, em Las Vegas, outro do setor hospitalar, um da área de serviços de utilidade pública, além de pessoas envolvidas em educação, companhias aéreas e bancos.[120] Embora a própria Disney não seja a única fonte do aspecto da Disneyzação que este capítulo discutiu, essa empresa parece ter surtido um impacto importante em tal processo.

Conclusão

A tese principal deste capítulo é que, cada vez mais, os serviços de atendimento ao público estão sendo influenciados pela noção de que trabalhar é atuar. O trabalho emocional e o trabalho estético são as formas primárias nas quais essa noção se manifesta. Da mesma forma que o trabalho nos parques temáticos é compreendido como metáfora de uma representação teatral, em que o ator busca causar uma impressão, pelo menos em parte, a partir da exposição de emoções e da apresentação de um estilo teatral de encarnar certos personagens, também comprovamos que um conjunto semelhante de impressões está sendo criado em muitas outras áreas da prestação de serviços. Uma das principais forças motivadoras por trás da difusão do trabalho performático é o crescente reconhecimento da necessidade de prestar um serviço de qualidade e que a equipe de atendimento ao público constitui o elemento-chave desse requisito. No caso de muitos serviços, esse é o principal ou, pelo menos, um significativo componente do serviço. De acordo com os defensores dos programas de atendimento ao consumidor que adotam o princípio da soberania do cliente, muitos dos quais foram influenciados pela AQT, é crucial deixar nos consumidores um conjunto de impressões memoráveis e positivas, de modo a tornar mais provável que retornem. Nos restaurantes, por exemplo, a qualidade do serviço prestado pode ser quase tão, se não mais, importante que a qualidade do produto em si. Além disso, os princípios associados com o trabalho emocional estão se propagando. Sturdy

---

[119] Eisman (1993).
[120] McGill (1989).

demonstrou que o crescimento do consumismo e a emergência da AQT e de atitudes de administração de recursos humanos na Europa e na região asiática do Pacífico têm sido associados com o uso cada vez mais comum de iniciativas de atendimento ao consumidor, que invariavelmente incentivam o uso do trabalho emocional.[121]

Assim como se dá com outros aspectos da Disneyzação, o trabalho emocional e o trabalho estético compõem um recurso importante na batalha pela diferenciação. Um serviço bom e memorável, então, se torna um meio de distinguir um serviço do outro. Esse aspecto é especialmente importante quando, afora isso, há muito poucos elementos que se possam usar para distinguir os serviços prestados entre si, como nos restaurantes de *fast-food* e nas empresas aéreas. Em certo sentido, o trabalho emocional e o trabalho estético se tornam importantes para as organizações prestadoras de serviços que se tornam McDonaldizadas e, portanto, altamente padronizadas e homogêneas. Os críticos do trabalho emocional têm dito, às vezes, que essa atuação surte um efeito deletério sobre aqueles que são obrigados a ter tais atitudes, ou que se sentem forçados a isso, a fim de corresponder ao perfil de seu papel profissional, porque cria uma sensação de profunda inautenticidade pessoal. Contudo, as evidências que poderiam endossar uma visão dessas não são inteiramente convincentes. Em vez disso, é aparente que muitas pessoas obtêm uma considerável satisfação de ter de desempenhar um papel. Talvez, conforme um número cada vez maior de funcionários seja envolvido por esse tipo de trabalho, mais se acostumem com ele e, portanto, ele se torne menos incomum e, então, menos problemático para quem o desempenha. Entretanto, se fosse esse o caso, isso significaria que uma estratégia de diferenciação baseada no trabalho performático também está se tornando menos excepcional, insinuando que muitas organizações começarão a tentar implantar maneiras mais diferenciadas de prestar seus serviços, recorrendo ao trabalho emocional e ao trabalho estético dentro do referencial do atendimento ao consumidor. Portanto, em última análise, as estratégias de diferenciação, como o trabalho emocional, podem tornar-se eventualmente obstáculos em si mesmos, se a própria estratégia se tornar lugar-comum.

[121] Sturdy (2001).

6
CONTROLE E VIGILÂNCIA

O foco deste capítulo se voltará para as diversas maneiras pelas quais a Disneyzação envolve as questões do controle e, com ele, da vigilância. É tentador entender o controle como uma dimensão da Disneyzação, tanto quanto cada um dos quatro aspectos dos capítulos anteriores. Em certo sentido, é um aspecto da Disneyzação, não tanto *em si*, mas mais como um elemento que *promove* esse processo. O controle e a vigilância permitem a Disneyzação na forma das quatro dimensões citadas, que permitem seu funcionamento no máximo de sua capacidade. Em outras palavras, sem controle, é provável que a tematização, o consumo híbrido, o merchandising e o trabalho performático sejam menos eficientes.

Naturalmente, o controle é uma dimensão da McDonaldização. Ritzer[1] mostra que, no restaurante McDonald's, o funcionário é controlado de diversas maneiras, tais como: a divisão do trabalho; os manuais de regras voltados à produção dos alimentos, e à natureza de sua apresentação; atividades de supervisão; o uso de tecnologia para regular o fluxo do trabalho e a "construção" dos sanduíches. Ele afirma que, junto com os outros três aspectos da McDonaldização, o controle nesses sentidos está se disseminando por toda a malha da sociedade. Uma boa parte do que Ritzer escreve sobre controle, no contexto da McDonaldização, também é relevante para a Disneyzação e, neste capítulo, pretendo esboçar as maneiras pelas quais o controle também é um aspecto que promove a Disneyzação. Esta é, sem dúvida, uma área em que a Disneyzação e a McDonaldização se sobrepõem e, na realidade, os parques temáticos Disney exibem aspectos de controle no mesmo sentido adotado por Ritzer, assim como se pode verificar nos parques temáticos em geral.[2]

---

[1] Ritzer (1993).
[2] Bryman (1995: 123-4, 1999a).

Embora o controle e a vigilância sejam analiticamente indistinguíveis entre si, nos contextos em que ocorrem na Disneyzação um matiza o outro. A vigilância pode ser uma forma de conferir que os procedimentos de controle estão funcionando, além de ser um mecanismo de controle em si. Portanto, a vigilância será discutida junto com a questão do controle.

Contudo, é crucial que no fim não tenhamos construído uma imagem exageradamente pessimista e determinista do controle, dentro da Disneyzação. Na realidade, a resistência ocorre com freqüência e, neste capítulo, tais estratégias de independência serão examinadas, em especial no contexto do mundo do trabalho em que há evidências particularmente notáveis dessa atitude. Com essa discussão introduzimos um importante esclarecimento, pois não é porque há sistemas de controle em funcionamento que eles são necessariamente eficientes e têm um impacto total.

Controle nos parques temáticos Disney

Nesta seção, abordarei de que maneira o controle pode ser visto como um aspecto importante, apesar de subsidiário, nos parques temáticos Disney. Tanto Bryman como Wasko constataram que é útil distinguir entre seis diferentes níveis de controle, e a discussão que vem a seguir está baseada nas distinções empregadas por esses autores.[3] Foi adicionado um sétimo nível de controle – o controle do comportamento do visitante – para se chegar a um levantamento mais abrangente, em particular no contexto de ramificações mais amplas da Disneyzação. Os sete níveis de controle diferem em termos da relevância que têm para os aspectos mais amplos da Disneyzação, e serão examinados mais adiante neste capítulo. Serão, porém, apresentados de maneira a garantir uma análise completa e dar uma idéia do que são os parques temáticos Disney.

Controle do comportamento dos visitantes

Nos parques temáticos Disney, pratica-se um alto grau de controle sobre o movimento e o comportamento dos visitantes. O controle é efetivado antes da entrada no parque, de maneira semelhante ao que ocorre com os funcionários dos parques temáticos Disney, que devem exibir determinadas características antes de serem contratados. Antes de tudo, os visitantes não podem estar descalços, nem em trajes inconvenientes como, por exemplo, sem camisa ou blusa. Quando estão no parque, os visitantes continuam sendo monitorados quanto à observância dessas regras, como fica comprovado com a citação que aparece um pouco mais

[3] Bryman (1995: 99-117); Wasko (2001: 166-70).

adiante. No entanto, a Disney tem ainda um outro método para controlar os visitantes, que consiste no preço relativamente caro do ingresso, o que assegura que podem entrar apenas as pessoas com características apropriadas – as que provavelmente não criarão problemas. Vários autores observaram que famílias brancas de classe média são os visitantes típicos dos parques nos Estados Unidos. Em parte, isso é um reflexo da filosofia Disney básica, de celebrar o progresso tecnológico, o sucesso comercial e a família tradicional: essa é a filosofia que mais tem chances de atrair esse grupo. Também é provável que sejam principalmente as pessoas desse grupo social que têm condições de pagar pelo ingresso mais de uma vez. Como resultado, o custo do ingresso atua como dispositivo que garante que os visitantes serão principalmente oriundos de um grupo que a empresa entende como o que menos tem chance de lhe causar problemas de comportamento.

Desde o momento em que os visitantes entram de carro na propriedade da Disney, estão sendo controlados. Há placas por todo lado, encaminhando os visitantes para lugares por onde devem ir, tanto antes como depois de saírem do carro. Assim que estacionam, são orientados a se encaminhar para um local onde esperar pelo ônibus, e quanto ao que podem e não podem fazer dentro do transporte. Quando chegam ao parque, há instruções quanto às direções, e quanto a quais são os comportamentos aceitáveis e os não-aceitáveis (por exemplo, se filmadoras ou fotos com flash são permitidas). Se tudo der errado, ainda há vigilância, na forma de guardas de segurança que advertem quando ocorre alguma transgressão das normas de decoro Disney. Essas reprimendas podem ser acionadas por transgressões de conduta que vão de comportamento desordeiro, ou comer e beber na fila, até normas de aparência. Um exemplo deste último caso seria a vinheta do criminologista Clifford Shearing, que é muito instrutiva. Durante uma ida de sua família ao Disney World, sua filha ficou com uma bolha no calcanhar e por isso tirou os sapatos para aliviar o desconforto e começou a andar descalça. Ele escreve o seguinte:

> Elas ainda não tinham dado dez passos quando foram abordadas por um guarda de segurança muito personalizado, trajado como um policial das Bahamas, usando um capacete branco oval e luvas brancas que combinavam perfeitamente com o tema daquele setor... (de maneira que, a princípio, ele parecia mais um figurante do que um segurança do local). Ele informou a elas que não era permitido andar descalço, "para a própria segurança dos visitantes".[4]

[4] Shearing e Stenning (1984: 345).

Afora o fato de que possivelmente o próprio "integrante do elenco" cometeu uma transgressão ao se referir aos "visitantes" em vez de aos "convidados", o incidente é interessante pela velocidade com que a advertência foi aplicada, e porque serve como indicador da insistência da Disney no controle. Quando Shearing explicou para o guarda a situação do pé dolorido da filha, foram ameaçados com expulsão. Como um crítico do Disney World – o romancista Carl Hiaasen – disse:

> De vez em quando a realidade se intromete – um gatuno, um batedor de carteira, duas pessoas se agarrando, uma queda acidental, um ataque fatal do coração na montanha-russa Space Mountain. Esses incidentes são enfrentados com uma prontidão e uma discrição espetaculares, e a cena é geralmente resolvida e devolvida ao normal em questão de poucos minutos.[5]

A vigilância em estilo Disney, portanto, pode restaurar com grande velocidade a ordem e a paz sociais.

Na realidade, a maior parte do tempo pouquíssimas coisas impróprias acontecem, porque o alto nível de visitação às atrações significa que eles se tornam acostumados a se submeter aos regulamentos do parque. Nas palavras de um integrante do elenco Disney: "Depois de uns dois brinquedos, os visitantes quase que lembram cabeças de gado sendo empurradas de um lado para outro, ou algo assim".[6] Em outras palavras, o alto nível de controle que a Disney pratica, a partir do momento em que o visitante adentra o recinto do parque, gera uma espécie de passividade ou submissão que o torna ainda mais manejável e menos problemático diante das rotinas da empresa. O fato de a maioria dos visitantes ser composta por grupos familiares ou turistas com um guia ou coordenador provavelmente ajuda a minimizar condutas transgressoras.

Controle da experiência no parque temático

A configuração dos parques temáticos Disney é elaborada para canalizar o movimento dos visitantes em determinadas direções, como demonstrado pela discussão do controle dos comportamentos dos visitantes. O número de rotas que podem ser traçadas é restrito e várias iscas, que Walt chamava de "docinhos", são usadas para instigar o visitante a seguir em determinadas direções.[7] As diferentes terras do Magic Kingdom são desconectadas entre

---

[5] Hiaasen (1998: 35).

[6] Citado em Raz (1999: 188).

[7] Walt usava este termo para se referir aos atrativos visuais que seduziam o visitante para levá-lo a preferir uma determinada direção.

si, tanto visual como vivencialmente, para que a experiência que o visitante tem com cada uma das narrativas não seja empobrecida. Conseqüentemente, os integrantes do elenco em trajes da Frontierland não devem ser vistos andando por Fantasyland, enquanto estiverem uniformizados. Os visitantes são até incentivados a tirar fotos em certos pontos (patrocinados pela Kodak), porque foram planejados para oferecer perspectivas especialmente favoráveis. Além disso, os carrinhos de comidas e bebidas, os restaurantes e as lojas são estrategicamente situados para otimizar as oportunidades de consumo. Até mesmo as filas são controladas rigidamente, no sentido de serem projetadas para dar a impressão de que não são tão longas quanto na realidade. Essa impressão é conseguida fazendo-se com que as filas circulem em ziguezague, ou sejam ocultadas por construções, ou tenham áreas de pré-entretenimento nas quais a possível platéia é entretida durante a espera, geralmente por meio de monitores suspensos, transmitindo imagens da ação das atrações.

Os brinquedos em si também são aspectos altamente controlados, quanto à da experiência do parque temático. Cada pessoa vê o mesmo que todas as demais, de modo que a experiência de muitas atrações nos parques temáticos é controlada e, assim, padronizada. Esse controle e essa padronização são alcançados de numerosas maneiras. Uma é pela tecnologia, de modo que os visitantes são levados em alguma forma de transporte (algum tipo de carrinho) que conduz cada pessoa exatamente diante da mesma vista, durante exatamente o mesmo tempo que qualquer outra. No caso de algumas atrações, os veículos de transporte são programados para girar de certa maneira, a fim de que o olhar do visitante seja direcionado precisamente para o ponto "certo" (por exemplo, na Casa Mal-Assombrada). Uma segunda fonte de controle e padronização vem na forma das interações ensaiadas conforme roteiros fechados, por meio dos quais os integrantes do elenco seguem falas à risca, com pouquíssimas variações de uma vez para outra, nos anúncios de shows, ou durante as instruções de uso de cada brinquedo. Em terceiro lugar, o uso de animais audioanimatrônicos e atores ajuda a controlar a experiência do parque temático. Até mesmo em shows em que a participação da platéia é parte da atração o grau de controle é muito alto. A assim chamada participação da platéia é invariavelmente limitada a um número muito pequeno de pessoas e bastante restrita pelo modelo geral do espetáculo.

Controle da imaginação

No capítulo 1, a crítica que Sayers desfecha contra o tratamento dispensado pela Disney à literatura infantil foi citada por suas acusações de que sobrava muito pouco espaço para a imaginação das crianças.[8] Essa acusação de prover as crianças com versões simplificadas e pré-digeridas da literatura clássica foi repetida muitas vezes, mas a mesma crítica é feita freqüentemente em relação aos parques temáticos da empresa. Costuma-se sugerir que os parques não incentivam os visitantes a usar sua imaginação e, em vez disso, consignam-nos a um estado de passividade, por meio do qual se tornam espectadores passivos – hipnotizados pela imaginação de outros (Walt e seus Imaginadores) – em vez de fazerem um uso ativo de sua imaginação como participantes.

Uma das maneiras pelas quais a imaginação é controlada é mediante a ênfase constante sobre certos temas centrais, e a preferência por eliminar do alcance dos olhos dos visitantes aspectos potencialmente desagradáveis. Alguns exemplos são:

— Os elogios às virtudes e realizações da indústria e da empresa, ao mesmo tempo que passa por cima dos danos causados ao ambiente, ou (quando esse tema é abordado), os termos enfatizam como a indústria já solucionou ou solucionará os problemas.

— A ênfase dada às virtudes da família tradicional, ignorando outras formas não tradicionais de família, como as que só têm um dos genitores, pais divorciados, e outras ainda que estão se tornando cada vez mais comuns.

— A ênfase dada à nostalgia da suposta pureza da pequena cidade do interior, sem qualquer reconhecimento da realidade da vida de quem vivia naqueles locais, quanto às dificuldades cotidianas ou atitudes racistas.

— Um relato muito parcial das discriminações raciais e de gênero, como se fossem coisas do passado e não ocorrências reais da vida contemporânea.

As oportunidades para as crianças usarem sua imaginação são circunscritas embora, inegavelmente, tenham se tornado mais numerosas nos últimos tempos. Essas oportunidades podem se mostrar em pontos como os pavilhões do Future World e do Epcot, que costumam dar-lhes chances de percorrer todo um circuito de máquinas e dispositivos eletrônicos, ou como o fim do tour de animação da Disneylândia Paris, em que as crianças podem experimentar suas habilidades de animação em algumas máquinas. Em geral, contudo, como disseram vários analistas, a imaginação das crianças é sufocada pela rotina das filas, que levam aos carrinhos, que levam a ver certas coisas, que devem ser deixados em certa plataforma, de onde devem ir para a atração seguinte.

---

[8] Sayers (1965).

Controle como motivo

Em algumas atrações, o controle é um tópico em si. Em nenhum outro lugar esse aspecto fica mais claro do que num brinquedo do Epcot chamado Vivendo com a Terra, que é patrocinado pela Nestlé (anteriormente chamado Ouça a Terra, patrocinado pela Kraft Foods). Esse brinquedo é uma viagem de barco na qual os visitantes são transportados através de vários métodos de cultivo da terra, em ambientes inóspitos que são dominados pelos lavradores (embora na realidade os lavradores sejam em geral corporações), formando assim uma bem rasa noção do que será a agricultura do futuro, quando a tecnologia e as corporações salvarão a atividade agrícola dos desvarios da natureza. A natureza é apresentada como aquela "que precisa ser convidada a se comportar do jeito certo".[9] Assim, em vez de ouvir a terra (que era o nome original da atração), ou de viver com a terra (seu nome atual), a terra deve ser controlada por corporações ou, pelo menos, pelas tecnologias que elas elaboram para extrair o máximo potencial da produtividade da terra. O controle é, portanto, um tema predominante no qual a natureza é vista como desgovernada e problemática, sem que haja certa medida de subjugação de suas energias.

Essa atração não é de modo algum a única em que o tema do controle se destaca como parte de uma narrativa de progresso. Esse item também pode ser encontrado na Frontierland do Magic Kingdom, que é essencialmente uma celebração da conquista do Velho Oeste e do índio americano. Do mesmo modo, a Adventureland está imbuída de uma narrativa imperialista e do triunfalismo branco sobre os nativos. No parque temático Animal Kingdom, no Disney World, a empresa se refestela em sua manipulação da terra, criando para os animais ambientes que são réplicas de seus habitats. Árvores, folhagem e outros aspectos do ambiente original tiveram de ser introduzidos a fim de criar para o visitante a impressão de estar num safári, em vez de num zôo.[10] De várias maneiras, então, o controle surge como motivo que celebra uma sensação de conquista da natureza, ou das pessoas.

Controle do comportamento dos funcionários

O comportamento dos funcionários dos parques temáticos Disney é rigidamente controlado e há diversos níveis desse controle.

[9] Bryman (1995: 105).
[10] Beardsworth e Bryman (2001).

1. Recrutamento. O comportamento dos funcionários dos parques temáticos Disney é controlado, em certo sentido, pelo recrutamento (ou "escalação do elenco", como a empresa prefere chamar o processo), no sentido de que somente contratam pessoas com o tipo certo de aparência básica e evidente capacidade de se comportar da maneira Disney. Isso significa que, quanto às questões exploradas no capítulo anterior, eles são contratados em razão de sua possível capacidade de produzir trabalho emocional e estético.

2. Treinamento e socialização. Os recrutados pela Disney são treinados segundo as tradições da empresa e são encorajados a valorizar a cultura singular da empresa e a se comprometer com seus métodos próprios de fazer as coisas (ver Quadro 6.1, p. 199). Esse controle é, no fundo, cultural.[11]

3. Regras e regulamentos. Os empregados da Disney também recebem instruções sobre as regras e os regulamentos da empresa. Há um conjunto substancial de regras e regulamentos controlando o funcionamento dos brinquedos, a distribuição de comida, o relacionamento com os convidados, e assim por diante.

4. Roteiros. Os empregados recebem roteiros de como devem comportar-se em suas interações com os visitantes. Eles podem distanciar-se do roteiro, mas só dentro de determinados limites, de modo que a fala divertida dos guias do Jungle Cruise raramente é um improviso ou uma seqüência espontânea, mas deve invariavelmente ser aprovada antes de poder ser posta em prática. Além disso, os membros do elenco têm de usar o "idioma" Disney ao interagir com os visitantes (ver Quadro 1.2, p. 29).

5. Tecnologia. Os empregados da Disney são freqüentemente controlados pelas tecnologias que a empresa introduziu. Esse aspecto é especialmente transparente nos brinquedos programados para acontecer em horários regulares durante certa parte do tempo. Esse lado McDonaldizado do trabalho do operador do brinquedo significa que, em ampla medida, o trabalho é pré-programado e controlado pelo ritmo e a periodicidade do brinquedo, muito semelhante a uma linha de montagem. Princípios similares estão por trás do trabalho de muitas lanchonetes espalhadas pelos parques.

Além disso, o comportamento dos funcionários dos parques temáticos Disney é controlado pela vigilância, tópico que será mais explorado a seguir. Existe uma variedade evidentemente ampla de tipos de controle que afetam os funcionários do parque temático e os operadores dos brinquedos, em es-

[11] Van Maanen e Kunda (1989).

pecial. Apesar desse leque de mecanismos, o controle não é total nos parques temáticos Disney, da mesma forma como não o é em qualquer outro lugar, como veremos no contexto da discussão sobre a resistência, mais adiante.

Controle do ambiente imediato

Os próprios parques temáticos Disney são tributos à capacidade que a empresa tem de controlar a terra, tendo criado mundos fantásticos onde antes havia laranjais (na Disneylândia) e charcos (no Disney World). Na realidade, a empresa adora a dominação que exerce sobre a ordem natural e celebra coisas tais como importar flora do mundo todo para criar o tipo certo de visual para suas atrações, como na Jungle Cruise da Adventureland do Magic Kingdom, e no Animal Kingdom do Disney World. Há, portanto, uma afinidade entre o tratamento que dispensa ao motivo do controle, em atrações como Vivendo com a Terra, e sua própria abordagem do controle da natureza em seus projetos de construção de grande porte. Um outro aspecto desse controle é a maneira como a empresa usa os serviços de água, eletricidade e encaminhamento do lixo: eles são banidos para o subterrâneo, por onde transitam tubulações gigantescas.

É ainda mais significativo que a Disney busque controlar o ambiente imediato que circunda os parques. Uma das máximas de Walt citadas mais freqüentemente é: "Não quero que o público veja o mundo em que vive, enquanto está por aqui". O mais provável é que ele queria que a Disneylândia fosse um território fantástico, no qual os visitantes não lembrassem do mundo externo e nem de seus muitos aspectos negativos (trabalho, trânsito, edifícios feios, e assim por diante). A Disneylândia foi construída de maneira a minimizar a invasão visual do mundo externo enquanto se está lá dentro. Em 1963, quando o Sheraton tentou construir um hotel com 22 andares, que seria visível de dentro da Disneylândia, a empresa fez um lobby bem-sucedido para conseguir que ele se limitasse a 16 andares, além de assegurar um mandato que interditava a construção de edifícios mais altos que esse nível nas imediações do parque.

Walt também estava profundamente descontente com o fato de a chegada à Disneylândia ter-se tornado uma pista ladeada por uma sucessão de restaurantes e hotéis de baixa classe. Ele achava que esses estabelecimentos empobreciam a espécie de ambiente mágico que ele tanto se empenhara em criar em Anaheim. Além disso, claro, a presença próxima desses estabelecimentos significava que drenavam o comércio que poderia ter sido canalizado para os restaurantes do parque e o Disneyland Hotel. Para comprar a terra da Disneylândia e construir o parque, Walt tinha tido de contrair débitos monumentais e não tinha conseguido comprar terra suficiente para conseguir isolar o parque de seu entorno e, portanto, dos hotéis e restaurantes parasitas que começaram a rodeá-lo. Para o Disney World, ele garantiu que compraria terra bastante para que o mesmo fenômeno não se repetisse. Por conta disso, quando os visitantes entram no Disney World, têm de dirigir por um longo caminho antes de chegar ao seu destino (parque ou hotel), percorrendo estradinhas sinuosas e um pouco desorientadoras. Essa terra permitiu à empresa construir quatro grandes parques temáticos, parques aquáticos, numerosos hotéis, uma área de compras, praça de alimentação e assim por diante. Mas ela também permitiu que a empresa protegesse o Disney World da invasão visual de outros estabelecimentos, e que suas vias de acesso não ficassem tomadas por hotéis e restaurantes de baixa qualificação, embora, naturalmente, haja muitos deles em Orlando, apesar de bem mais distantes dos parques do que na Disneylândia. Ironicamente, não foi senão após 1984, quando Michael Eisner e equipe assumiram a direção da Disney, que o número de hotéis no Disney World começou a crescer substancialmente. Contudo, o ponto básico é que, desse ou de outros modos, os parques temáticos Disney buscam controlar seu ambiente imediato. Uma faceta disso se relaciona intensamente com a seção seguinte, uma vez que o controle do próprio destino dos parques temáticos Disney tem sido crucial para sua capacidade de exercer controle sobre seu ambiente imediato.

Controle do destino

Após algumas dificuldades experimentadas com a Disneylândia, quando Walt e sua empresa começaram as negociações com as autoridades da Flórida a respeito da localização e dos financiamentos para o Disney World, eles tentaram criar uma situação em que tivessem mais ou menos controle total sobre coisas tais como a construção e a oferta de sistemas de segurança em seu Magic Kingdom. Walt detinha uma posição excepcionalmente vantajosa para barganhar com as autoridades e extrair todos os benefícios que lhe interessavam, devido ao grande fluxo de novos negócios, postos de trabalho, turistas e, em última análise, entrada de dinheiro proporcionada pelo Disney World. Em conseqüência, os negociadores da Disney foram capazes de garantir poderosas isenções fiscais e receber suporte financeiro para a construção de estradas que conduzissem até o parque.

Entretanto, os benefícios que Disney conseguiu garantir empalidecem diante do RCID – Reedy Creek Improvement District (Distrito de Melhorias Reedy Creek), uma organização de nome aparentemente inocente e que transformou de fato o Disney World numa espécie de principado autogovernante, dentro do Estado da Flórida (ver Quadro 6.1), o que levou um autor a chamá-lo de "uma espécie de Estado do Vaticano com orelhas de rato".[12] O RCID conferiu ao Disney World controle total sobre seu destino, no sentido de a empresa poder então arrogar-se controle completo sobre seus domínios e, portanto, uma liberdade mais ou menos perene em relação às restrições que outras empresas enfrentam quando tentam construir em suas terras. A Disney usa a legislação em vigor por causa do RCID sempre que precisa justificar seus atos, principalmente com respeito à construção de projetos que, se não fosse assim, poderiam ser proibidos perante outras leis, de âmbito municipal ou estadual.

Quadro 6.1 - O Distrito de Melhorias Reedy Creek

O RCID – Distrito de Melhorias Reedy Creek pode parecer inócuo mas, de fato, é uma faceta fundamental do controle da Disney sobre seu destino, em relação a coisas como regulamentos de edificações e autonomia, perante organismos locais de controle do Disney World. O RCID se baseia em leis aprovadas em maio de 1967, que essencialmente deram à Disney um controle mais ou menos exclusivo sobre o que faz dentro do Distrito, que, em termos espaciais, é mais ou menos uma extensão do Disney World. Pouco tempo antes de sua morte em dezembro de 1966, Walt filmou uma apresentação, em que fazia um apelo à empresa para "que tivesse a flexibilidade no Disney World que lhe permitisse se manter a par do mundo de amanhã. Devemos ter liberdade de trabalhar em regime de cooperação com a indústria americana, tomando decisões baseadas em padrões de desempenho" (citado em Zehnder, 1975: 95). Esse filme foi exibido numa reunião com autoridades locais, em fevereiro de 1967. Uma notícia baseada nessa reunião dizia o seguinte:

> Um dos propósitos principais do Distrito será permitir aos donos da terra controlarem o ambiente, o planejamento e as operações de serviços e construção, essenciais ao desenvolvimento e às melhorias contempladas para a propriedade (citado em Zehnder, 1975: 89).

Uma das principais justificativas para a liberdade que estava sendo buscada era que seria essencial à construção da comunidade que Walt tinha planejado construir no Disney World. Ele a chamou de Protótipo Experimental da Comuni-

[12] Foglesong (2001: 5).

dade do Amanhã que, nos anos que se seguiram à sua morte, terminou se transformando no Epcot. Na realidade, esse era mais um parque temático que uma comunidade em que viviam pessoas. Não foi senão nos anos 90 que sua visão original começou a se concretizar – na cidade de Celebration – mas numa forma muito diferente daquela que ele havia originalmente planejado.

O RCID outorgava soberania à Disney permitindo-lhe construir e desenvolver sua terra de maneira que não sofresse interdições dos regulamentos e restrições que normalmente são impeditivas para quase todos os empreendedores. Como diz Foglesong, a Disney

> foi autorizada... a regulamentar o uso da terra, fornecer serviços policiais e de bombeiros, deter a outorga das licenças para fabrico e venda de bebidas alcoólicas, e até mesmo para construir um aeroporto e uma usina nuclear... Para a grande inveja de outros empreendedores, a Disney também conquistou imunidade perante a legislação que regulamentava a construção, o zoneamento e o uso da terra. As autoridades de Orange County não podem sequer mandar inspetores à propriedade da Disney... (Foglesong, 2001: 5).

Como Foglesong observa, embora a capacidade da Disney de extrair isenções fiscais e ajuda para a construção de estradas, junto às autoridades legais, fosse sem dúvida notável, é sua forma privada de autogoverno que realmente se mostra notável. Além disso, os acordos que formou para fundar sua RCID são de caráter perpétuo, o que conferiu à empresa uma liberdade excepcional para direcionar seu destino na área.

Fontes: Foglesong (2001); Zehnder (1975).

Além disso, o RCID parece ter produzido uma maneira de pensar na Disney que promove a crença em seu direito de ignorar as restrições enfrentadas por outros empreendedores. Uma ilustração deste aspecto se relaciona com Celebration. A fim de criar espaço para uma nova fase de construções, a Disney precisou abater 172 árvores, a maioria das quais anteriores inclusive ao nascimento do Chefe Osceola, em cuja homenagem o município foi chamado, e que estavam plantadas nessa região. As autoridades ambientais objetaram à citação de um interdito, que exigia autorização para uma medida como essa e também que o empreendedor replantasse as árvores desalojadas. As autoridades da Disney alegaram que tinham sido isentadas dessa observância em razão de cláusulas inclusas nos documentos originais do empreendimento e que o município já tinha aprovado antes. De acordo com uma autoridade local do setor de planejamento, o RCID é um fator importante no pensamento da Disney sobre essa espécie de questão, porque como organismo habituou-se a exercer essa forma de controle sobre seus domínios.[13]

A Disney não conseguiu garantir em outros parques o mesmo nível de controle sobre seu destino como obteve com o Disney World. No entanto, mesmo assim pôde assegurar concessões significativas. Na Disneylândia Paris, conseguiu interditar 10.000 acres de área em torno do parque. Essa concessão provê a recusa de instalação a hotéis e outros empreendimentos imobiliários como restaurantes, que não podem se instalar nas imediações do parque, como ocorreu em Anaheim, junto da Disneylândia.[14]

Controle e vigilância além dos parques temáticos Disney

Da mesma maneira como os parques temáticos Disney são baseados em controle e vigilância, a Disneyzação é no geral acompanhada de abordagens semelhantes, embora seja raro que obtenha o mesmo impacto totalizador que a Disney e seus parques são capazes de estabelecer. Seu impacto é raramente tão expressivo porque poucas empresas têm tanto controle sobre todos os aspectos de suas construções e do gerenciamento das instalações de sua propriedade. Nesta seção, examinarei algumas maneiras pelas quais o controle e a vigilância ocorrem nos ambientes Disney.

O controle é um fenômeno generalizado, que ocorre de maneiras que podem não ter nada ou quase nada a ver com a Disneyzação, como deixou implícito o breve comentário sobre a McDonaldização do início deste capítulo. Pretendo ater-me aos aspectos do controle que se relacionam com a Disneyzação e a vigilância, enquanto mecanismo subjacente a tais aspectos. Giddens observou que a vigilância "é fundamental a todos os tipos de organização, associados com o início da modernidade",[15] mas o que marca a discussão da vigilância neste capítulo é sua intensificação conforme aumentam as ocasiões de consumo. O consumo está no cerne mesmo da Disneyzação e das questões do controle e da vigilância que têm uma íntima ligação com a maximização da capacidade e a propensão do visitante/consumidor para consumir bens e serviços. É dentro desse referencial que a discussão seguinte será desenvolvida.

---

[13] Frantz e Collins (1999: 230).
[14] Lainsbury (2000: 31).
[15] Giddens (1990: 59).

Controle do consumidor

A Disneyzação envolve controlar nossos movimentos, no sentido de que temos de ser colocados nos contextos corretos para usufruir de nosso destino: consumir. Uma grande dose de planejamento faz parte das configurações mistas que marcam locais de consumo híbrido tais como shopping centers, para providenciar a dose certa da mistura de elementos que, por isso, se tornam destinos em si mesmos e, assim, destinos que valem a pena ser visitados, e também para maximizar nossa propensão a consumir, assim que nos encontramos nesses locais. Os melhores elementos recebem uma grande dose de consideração a fim de ampliar o mais possível as formas de consumo que virão a ser escolhidas. Como dizia o Serviço de Informações do Trafford Centre, disponível na internet na época da inauguração desse shopping, "ao longo de todo o desenvolvimento do empreendimento, será dada ênfase à equalização dos caminhos, com grande consideração ao layout, à geometria e arquitetura e à mescla comercial do local".[16] Os ambientes de consumo híbrido são projetados para capitalizar o fato de os consumidores se servirem de oportunidades de consumo de que não tinham consciência, até chegarem ao local, como a discussão do Capítulo 3 tentou mostrar. Além de controlar o deslocamento dos visitantes, projetando caminhos que sempre oportunizem o consumo, como foi citado a respeito do Trafford Centre, a música é freqüentemente usada para afetar a movimentação. Por exemplo, a música de fundo nos corredores do Mall of America é elaborada para transmitir uma sensação de movimento que desestimule as pessoas que pensam em parar ou ficar ociosas, incentivando-as a se encaminhar para áreas do Mall em que as oportunidades de consumo são geradas.[17]

A tematização adiciona mais um nível de controle ao manipular o nosso olhar. Ela obtém esse efeito por meio do mecanismo das atrações adjacentes, delineado no Capítulo 2, e também por meio de mudanças na maneira como percebemos os ambientes tematizados. Esses ambientes são destinados a criar uma forma de ludicidade. Numa pesquisa com os visitantes dos parques temáticos Disney, destacou-se o fato de a maioria dos entrevistados ter adotado uma resposta predominantemente lúdica para sua experiência dos parques.[18] Raramente se mostraram críticos, mesmo diante das tentativas ostensivas de forçá-los a adquirir mercadorias licenciadas e outros itens de consumo. Era

[16] Trafford Centre Information Pack, p. 6.
[17] Sterne (1997).
[18] Bryman (1999b).

quase como se as pessoas tivessem anulado suas habilidades críticas e seus padrões de tomada de decisão assim que eram absorvidas pelos ambientes tematizados da Disney. As pessoas se sentiam levadas e envolvidas pela diversão do lugar e pareciam surpresas, quando não perplexas, quando alguém lhes perguntava sobre possíveis reações negativas à natureza parcial das mensagens de muitas atrações, ou do comercialismo dos parques. Até mesmo entre os visitantes céticos dos parques temáticos Disney uma reação igualmente acrítica não é incomum. Buckingham cita um visitante da Inglaterra:

> Me diverti na Disneylândia Paris. Contrariando meu melhor julgamento, eu realmente me diverti. Fui com um grupo de crianças – dez ao todo – e realmente esperava detestar a coisa toda... Fui, imbuído de todos aqueles preconceitos contra a "maldita Disney" e sua americanização da cultura, sua modulação da cultura, e coisas assim. Mas foi realmente divertido. Passei ótimos momentos. Foi muito, muito bom mesmo.[19]

Respostas predominantemente lúdicas entre visitantes dos parques temáticos Disney, como as que enfatizam a diversão, foram descritas como desinteressantes[20] mas, de fato, indicam a espécie de recepção acrítica que os ambientes tematizados são capazes de criar. Esses dados são consistentes com os que se relacionam com a recepção dos produtos Disney de maneira mais geral. Wasko resume os dados extraídos do Projeto Global de Audiências Disney (ver Quadro 3.1, p. 108) da seguinte maneira: "O entendimento semelhante que muitas pessoas têm a respeito da Disney sugere que há um espaço relativamente pequeno para uma leitura ativa ou alternativa dos textos, como os da Disney, que são cuidadosamente montados e controlados, e não polissêmicos ou abertos".[21]

Conseqüentemente, é muito provável que a tematização dos shoppings, restaurantes, lojas e outros ambientes seja introduzida a fim de criar uma reação mais lúdica no consumidor e, de quebra, intensificar sua propensão para gastar mais do que seria originalmente o caso. Shields, por exemplo, defendeu que shopping centers como o West Edmonton no Canadá diferem do que ele chama de "shoppings convencionais focados na conveniência", porque a ênfase na tematização e no entretenimento "coloca-o fora do âmbito do mun-

[19] Citado em Buckingham (2001: 289).
[20] Willis (1995a: 1).
[21] Wasko (2001: 218).

dano e do cotidiano. Promete a realização de fantasias e de uma experiência de consumo que rompem com a monotonia da vida diária".[22] Essa sensação de um tipo diferente de ambiente, que mescla consumo e entretenimento, é o tipo de contexto em que a reação lúdica identificada pela pesquisa nos visitantes dos parques temáticos Disney é provavelmente encontrada. Locais de consumo híbrido, como o West Edmonton Mall, acentuam o processo ao fundir o shopping com atividades que são mais ou menos exclusivamente associadas com lazer (cinema, pistas de boliche, atrações de parques temáticos, rinques de patinação etc.). Até mesmo os jornalistas normalmente mais cínicos podem adotar essa visão, como demonstra o seguinte comentário, relativo ao MetroCentre em Gateshead, e seu parque de diversões Metroland:

> Os ativistas lamentam o desaparecimento das lojas de rua... Os shoppings são mais divertidos. Eles me lembram do antigo Fun Palace na praia de Balckpool. Descendo do ônibus na estação do MetroCentre, você chega à Metroland. Um dragão amistoso flutua no ar sobre a entrada. Você pode comprar um ingresso para o dia todo para as crianças. Um carrinho da montanha-russa passa voando por cima da sua cabeça. A roda-gigante gira. O trenzinho passa com o sino tocando e avisando de sua passagem. Aquele ruído incessante é muito gostoso.[23]

Na cadeia de lojas de roupas para meninas chamada Girl Heaven, a equipe observa como máxima organizacional explícita "se divertir", princípio que todos devem personificar.[24] O designer do conceito da Girl Heaven escreveu o seguinte:

> Os consumidores não estão mais dispostos a aceitar que as lojas aonde vão sejam apenas locais para comprar coisas. Eles querem uma encenação e merecem ser entretidos por essa experiência. As lojas se tornaram destinos em si, e não são mais somente lugares para se fazer compras; tornaram-se locais aonde vamos para nos entreter, nos sentir inspirados e, no caso da Girl Heaven, nos divertir muito.[25]

Claro que os consumidores não são necessariamente (e, na verdade, é improvável que sejam) ludibriados pelas maquinações da tematização e, fre-

---

[22] Shields (1989: 158).
[23] Barker (1996: 3).
[24] Russel e Tyler (2002: 627).
[25] Citado em Russell e Tyler (2002: 628).

qüentemente, estão de posse de um amplo estoque de capital virtual, quer dizer, um estoque de conhecimentos e imagens reunidos pela pessoa a partir de fontes como televisão, filmes e publicidade, além de sua capacidade de ter reações lúdicas diante de imagens mediadas e simuladas.[26] Por outro lado, as reações lúdicas que os ambientes tematizados evocam podem, às vezes, levar os consumidores a abandonar suas defesas críticas.

Há outras formas comuns de se exercer controle na e com a Disneyzação. O crescimento do merchandising resultou numa tendência progressivamente mais acentuada para pensar que lembrancinhas podem ser objetos com logo, ao passo que em ambientes não-Disneyzados, do passado e atuais, isso era algo que servia de suvenir da visita. Todos os suvenires, especialmente os que são produzidos em massa, comodificam a memória, mas a mercadoria licenciada leva o processo um passo adiante, ao associar o que constitui uma lembrança a corporações e seus logos. A Disneyzação também controla nossas percepções de lugares, ao tomar a cultura popular de assalto e se apossar de imagens de lugares. Por exemplo, quando o Serviço de Informações do Trafford Centre acima citado se refere ao "exclusivo ambiente gastronômico e de lazer, com áreas tematizadas de todas as partes do mundo, incluindo a China, Nova Orleans, o Egito, Veneza, Nova York e Marrocos",[27] o que isso quer efetivamente dizer é que o espaço se serve de representações icônicas desses locais, que fazem parte da cultura popular, e as recicla de volta para nós.

No mesmo sentido, como notamos na discussão do Capítulo 2 sobre a tematização de lugares, a publicidade que circunda os destinos turísticos tematiza cada vez mais os lugares de forma que sejam reconhecíveis e atraentes a possíveis visitantes e, por causa disso, controla nossa percepção desses locais. Muitas vezes, devido à impossibilidade de o turista penetrar nos bastidores desses destinos,[28] a percepção do local quanto aos aspectos tematizados não é afetada pelo contato com ele. Por conseguinte, numa variedade de modos, a Disneyzação controla (ou, pelo menos, tem o potencial de controlar) nossas percepções dos lugares e suvenires. Além disso, é claro, o controle se relaciona com o merchandising, no sentido de que os consumidores devem ser colocados no contexto certo para adquirir esses produtos, de modo que seu deslocamento é controlado nos parques temáticos, museus, galerias de arte, restaurantes tematizados e assim por diante, para maximizar sua propensão a comprar tais itens.

---

[26] Beardsworth e Bryman (2001).
[27] Trafford Centre Information Pack, p. 6.
[28] MacCannell (1976).

As cidades do Novo Urbanismo enfatizam o controle em pelo menos dois sentidos. Um é que elas são decorrências de um plano-mestre de engenharia social, baseado em princípios ligados à recuperação do senso de comunidade e em separar os americanos de seus automóveis. O outro é que, para garantir que a cidade tenha um estilo distintivo, em geral há códigos estritos de construção que restringem o leque de opções dentro das quais os projetos arquitetônicos das casas podem variar. Essa característica é levada ao extremo em Celebration, cidade em que os estilos das residências, suas cores, tipos de cortinas, altura das cercas na frente das casas e grades, além das espécies de arbustos que podem ser plantados, são todos itens regidos por regulamentos.[29]

O controle é, no mesmo sentido, um requisito de nichos turísticos do tipo discutido nos Capítulos 2 e 3, tais como centros comunitários para celebrações. Na Times Square, em Nova York, vemos o controle na forma de uma gradual limpeza da área que os traficantes de drogas e casas de prostituição tornavam insegura (ou pelo menos lhe davam essa aparência), e na criação de um ambiente mais seguro com uma variedade de estabelecimentos comerciais e de shows que não comprometessem o consumo. Nem todos os nova-iorquinos consideram essa mudança algo positivo e muitos se manifestam contra essa higienização, mas os elos de ligação entre controle, segurança e consumo são inconfundíveis.

O caso de Celebration evoca uma consideração importante relacionada com as questões do controle, a saber, que as pessoas submetidas a ele não o consideram necessariamente uma coisa ruim. Na realidade, elas podem até se sentir tranqüilizadas por serem controladas. Frantz e Collins mostram que muitos residentes de Celebration aderiram aos ideais que a cidade oferece e afirmavam que se aquele tipo de sentimento era possível ser criado e posto em prática por alguém, esse alguém seria Disney.[30] Precisamente por causa da legendária preocupação de Disney com o controle, os possíveis habitantes sabem em que tipo de regime viveriam, para que fossem implementados os valores do Novo Urbanismo, e viam-no como um custo aceitável (quando de fato era visto como custo), para a efetiva implantação desses valores. Um ponto similar às vezes é levantado a respeito dos visitantes dos parques temáticos Disney, que costumam adorar o controle exercido pela Disney porque promove a previsibilidade

[29] Frantz e Collins (1999); Ross (1999).
[30] Frantz e Collins (1999).

de sua experiência no parque temático, e porque abole a necessidade de os pais se preocuparem com as questões que os confrontam no mundo externo, como por exemplo se os filhos vão se divertir nas férias, e se ficarão ou não em perigo por causa de veículos ou outros fatores. Embora os perigos sejam expostos aos visitantes como atrativos (perigos simulados nos brinquedos e nas atrações), são "riscos seguros",[31] ou "riscos sem risco".[32] É a própria aura de controle e segurança que torna os parques temáticos Disney tão atraentes para pais.

Vigilância do consumidor

A vigilância destinada a facilitar o consumo e garantir que nada o atrapalhe é muito comum. Esta é uma forma especialmente enfatizada nos shopping centers, onde ocorre tanto como vigilância dos consumidores como para os consumidores, embora na prática as duas não sejam fáceis de se distinguir. Como disse certo autor:

> Fora do Disney World, não há melhor exemplo que os shoppings para ilustrar o uso maciço da arquitetura e da decoração como meio de promover o consumo – num ambiente em que provavelmente há mais vigilância por centímetro quadrado (humana e tecnológica) do que nas atuais prisões públicas, carentes de verbas como são.[33]

A vigilância dos consumidores ocorre obviamente para identificar crimes como furtos nas lojas, mas também é praticada para assegurar que elementos indesejáveis sejam mantidos de fora ou, se conseguem entrar, não tenham condições de seguir adiante. Os sem-teto e outros indivíduos que podem causar incômodo aos clientes, como adolescentes desordeiros, por exemplo, provavelmente serão expulsos se é que conseguirão entrar. Ao mesmo tempo, a vigilância também é geralmente considerada um processo para os consumidores, uma vez que sua predominância na forma ostensiva de guardas e câmeras de circuito fechado de tv é largamente considerada uma fonte de segurança. Criar essa sensação de segurança é tipicamente visto como desejável, pois ameniza as ansiedades dos consumidores e, assim, elas podem seguir adiante com seus projetos de consumo, sem sofrer contratempos. O sistema de circuito fechado de tv

---

31 Gephart (2001).
32 Hubbard (2002).
33 Willis (1995b: 181).

do MetroCentre, por exemplo, foi projetado para "proteger o investimento dos proprietários".[34]

Certos indivíduos são especialmente propensos a ser vigiados pelos guardas de segurança nos shopping centers. Os seguranças costumam ser vistos como perseguidores de adolescentes.[35] Adolescentes de minorias étnicas são tidos como os mais provavelmente vigiados por guardas.[36] Essa tendência foi constatada num estudo de dois shopping centers em Londres, embora um deles (Wood Green) tenha uma alta concentração de consumidores negros e da classe operária.[37] Sítios de consumo híbrido como shoppings, áreas de jogos eletrônicos, e outros comércios de entretenimento para adolescentes tendem a ser colocados na periferia para poderem minimizar o potencial de contaminarem as áreas comerciais nobres da cidade, o que aponta para ainda outra maneira de o controle predominar nesses ambientes.[38] Alguns gerentes de shoppings têm tentado controlar as horas nas quais os adolescentes podem perambular pelos shoppings sem supervisão de responsáveis.

Um jornalista do Times descreveu Canary Wharf – local de consumo híbrido em Londres, com escritórios, apartamentos residenciais, academias, restaurantes e lojas – como um condomínio fechado em que os guardas de segurança particulares checam todos os veículos que entram. Ele prossegue dizendo: "Naturalmente, a área é coberta por uma enorme rede de câmeras de circuito fechado de tv, para garantir que as pessoas estejam fazendo o que deveriam mesmo fazer, indo ou voltando do trabalho, ou gastando dinheiro".[39] As várias medidas de segurança preventiva introduzidas pelos shoppings são destinadas a criar uma sensação de segurança pessoal, de maneira que as pessoas possam visitar e consumir num local isento de preocupações, tal como geralmente se entende que sejam as áreas comerciais do centro da cidade. No 10° aniversário de inauguração do MetroCentre, em Gateshead, um jornalista que refletia sobre esse e outros shoppings ingleses dessa época (como, por exemplo, Meadowhall perto de Sheffield, Merry Hill perto de Dudley, e Lakeside, em Essex) disse:

[34] Graham (1998: 97).
[35] Goss (1993); Shields (1997).
[36] Goss (1993); Sterne (1998).
[37] Miller et al. (1998).
[38] Goss (1993).
[39] Dyckhoff (2003: 17).

> Fechados e vigiados por um circuito de tv, os novos centros permitem que as pessoas, especialmente as mulheres, se sintam seguras. Os consumidores e quem só foi para passear pelas alamedas do MetroCentre ou do Lakeside ostentam sorrisos no rosto. Vestiram-se com cuidado para ir a esses lugares. Não são mendigos, pedintes, gente triste urinando nas ruas. As mulheres não precisam andar com a bolsa atravessada no peito. Os shoppings dos EUA começaram com a moda dos elevadores de vidro, deslizando por paredes e visíveis de fora, não tanto para proporcionar uma vista para os consumidores, mas para permitir que sejam vistos por dentro. É inviável um estupro num elevador de vidro como esses.[40]

As rotinas de vigilância do shopping, portanto, são entendidas como garantias de segurança para o consumidor, contrastando com a percepção da cidade como um local arriscado para compras. É irrelevante se é ou não justificada essa percepção, que os shoppings estão em grande medida convalidando na prática. Por exemplo, apesar de sua política de exclusão e de seus sistemas de vigilância, o West Edmonton Mall é o local de toda uma surpreendente e abundante variedade de atividades criminosas, além de vários outros distúrbios.[41] Wooden demonstrou que vários tipos de crimes são muito corriqueiros nos shoppings da América do Norte: um shopping de luxo na Flórida relatou, num período de dois anos, no final dos anos 80, dez ataques sexuais, 176 assaltos, 64 situações com reféns, 597 roubos, 445 carros roubados e perto de 2.000 furtos, inclusive em lojas.[42] Contudo, é a percepção de que os shoppings são locais seguros que levou a uma diminuição no amparo a muitos centros de cidades para suas atividades comerciais e de lazer. Além disso, pode ser que quanto mais Disneyzado for um shopping ou outro complexo de lazer em termos de contar com tematização, consumo híbrido e outras dimensões similares da Disneyzação, mais seguro o consumidor se sente por causa do ambiente mais lúdico que é criado, especialmente quando os sistemas de vigilância estão tão claramente evidentes.

Fazer compras em grandes shoppings Disneyzados não é de modo algum o único meio pelo qual a Disneyzação é sublinhada pela vigilância. Locais preferenciais para turistas são freqüentemente o foco desses sistemas, que contam com a tendência concomitante de os indesejáveis serem expulsos. Por

[40] Barker (1996: 3).
[41] Hopkins (1990: 14).
[42] Wooden (1995).

exemplo, jovens sem-teto são seguidos e expulsos das calçadas de Victoria, na Colúmbia Britânica. A justificativa para essa atitude é que essa cidade é "um local turístico com seu charme da 'Velha Inglaterra', um castelo escocês e uma réplica do chalé de Anne Hathaway".[43] Não só esses indesejáveis comprometem esse cenário encantador como também impedem que os turistas fiquem perambulando pelo local e, portanto, gastando dinheiro. Pontos turísticos dessa natureza tendem a ser vigiados por esses motivos. Na realidade, uma das principais maneiras pelas quais as cidades grandes têm sido capazes de atrair turistas e, muitas vezes, locais específicos também, é justamente porque criam esses nichos recorrendo ao redesenvolvimento do local, como ocorreu na Times Square em Nova York, ou reformando e restaurando áreas cívicas para comemorações (ver Capítulo 3), como o Faneuil Hall Marketplace, em Boston,[44] ou o Harborplace[45] de Baltimore. A vigilância é um aspecto marcante desses pontos turísticos, de modo que as ameaças percebidas da cidade maior podem ser mantidas sob controle e assim os habitantes e os turistas de poder aquisitivo elevado podem ser instigados a voltar a visitar o centro das cidades, e usufruir de suas lojas, restaurantes e outras atividades de lazer.

Vigilância do funcionário

No Capítulo 5, um elemento marcante da narrativa era a importância do funcionário do balcão de atendimento ao público nas empresas prestadoras de serviço e, em particular, a importância de esse funcionário se pautar conforme as regras de comportamento do trabalho emocional e as normas de aparência e estilo do trabalho estético. Embora as empresas sejam descritas como grandemente dedicadas a controlar seus funcionários, mais notadamente por meio de treinamentos e de regras e regulamentos que buscam inculcar o compromisso com a organização, a vigilância constitui ainda um outro elemento em seu arsenal de métodos dedicados a assegurar a conformidade aos modos prescritos de comportamento e estilo.

Vigilância dos funcionários dos parques temáticos Disney

Tal como os guardas de segurança que lidaram com a transgressão de Clifford Shearing e sua filha (ver antes), os seguranças também vigiam os parques para acompanhar as atitudes dos integrantes do elenco. Isso significa

[43] Lyon (2001: 59).
[44] Fainstein e Judd (1999).
[45] Judd (1999).

que os funcionários do parque temático estão sendo vigiados para assegurar que obedeçam adequadamente às regras e procedimentos, e que exibam o trabalho emocional do modo esperado e no grau apropriado. Quaisquer desvios das normas de aparência são também impedidos. Os supervisores podem estar de uniforme ou vestidos como turistas.[46] Além disso, a Disney usa "fregueses", quer dizer, empregados vestidos como turistas que interagem com os integrantes do elenco a fim de provocar neles uma atitude anti-Disney e depois relatar o acontecido (ou seja, "dedurar"). Uma pessoa do elenco da Disney disse o seguinte:

> Um dia me "deduraram". Mas recebi um relatório bom porque sempre sou amistosa com todo mundo. Não tinha idéia de quem ele era e ainda não sei. Eles aparecem. Compram duas ou três coisas e depois a Disney devolve o dinheiro deles.[47]

O efeito dessa forma de vigilância, claramente conhecida por todos os funcionários da Disney, é que todos os visitantes podem ser "fregueses" em potencial. O pessoal do elenco deve pisar em ovos o tempo todo, pois irritar um convidado que está sendo difícil, num restaurante por exemplo, na hora em que está mais cheio, pode ser uma manobra destinada a provocar no funcionário uma atitude inadequada. As implicações de não conseguir corresponder aos padrões Disney de prestação de serviços são claras. De acordo com o Instituto Disney: "Preencher as diretrizes de atuação é um pré-requisito para ser empregado pelo Walt Disney World. Os integrantes do elenco que não se pautarem por elas estão sujeitos a atos disciplinares de rigor progressivo".[48]

Vigilância dos funcionários de atendimento ao público

Funcionários da linha da frente são freqüentemente submetidos a vigilância para garantir que as normas do serviço sejam seguidas. Há quatro principais formas de vigilância. A primeira, e mais óbvia, é que os gerentes e supervisores avaliam e acompanham o comportamento dos funcionários que prestam serviços. Por exemplo, a conduta da equipe dos caixas de um supermercado é monitorada o tempo todo. Ogbonna e Wilkinson comprovaram que a atitude dos caixas era regularmente avaliada pelos supervisores. Um supervisor, que

[46] Van Maanen (1991).
[47] Citado em Kuenz (1995a: 124).
[48] Instituto Disney (2001: 87).

trabalha numa empresa de supermercados da Inglaterra, disse para os pesquisadores: "Somos capazes de detectar quando um operador de caixa não está sorrindo, ou quando está com um sorriso falso plantado na cara... e então chamamos a pessoa para uma conversa, numa sala reservada".[49]

Uma segunda forma de vigilância é montada com uma turma de fregueses secretos, quer dizer, "clientes" que são contratados pela empresa para relatar a atitude dos funcionários. São como os "fregueses" da Disney, citados na seção anterior. Na cadeia de supermercados da Califórnia estudada por Tolich, "vigias da empresa" eram empregados para verificar em que medida a equipe dos caixas seguia uma lista de aspectos exigidos a cada transação, incluindo a aparência e uma "saudação cordial" e um "sincero e agradável 'obrigado'".[50] Nesse mesmo sentido, no contexto britânico, de acordo com Ogbonna e Wilkinson, "visitas não programadas, por compradores fantasmas e gerentes disfarçados, reforçam a ameaça de sanções por comportamentos indesejáveis ou por uma atitude descortês com algum cliente mais difícil".[51] Em abril e maio de 2003, a cadeia britânica de supermercados Sainsbury's imprimiu a seguinte mensagem em uma das faces de suas sacolas plásticas: "Nossos compradores secretos checam regularmente a qualidade de nossos produtos e serviços e a atitude de nossos funcionários" e, na outra face, "você estaria ao lado de um deles? Nossos compradores secretos asseguram que você esteja recebendo o melhor... (reticências no original). O uso de compradores fantasma pode parecer uma prática comum. Quando Fuller e Smith realizaram sua pesquisa com 15 organizações em três áreas metropolitanas nos EUA, somente duas delas não usavam essa estratégia de vigilância, e ambas eram hospitais.[52] Duas empresas realmente chegaram a grampear os compradores secretos, para que as transações com eles pudessem ser ouvidas via microfones.

Uma terceira abordagem consiste em contratar consumidores para a vigilância dos funcionários de atendimento ao público. Embora esta abordagem tenha o objetivo explícito de dar feedback sobre os clientes, ela transforma todos eles em supervisores. Na pesquisa de Fuller e Smith, esse feedback era freqüentemente relativo a identificar quão bem a pessoa que tinha atendido o cliente se saíra em suas atribuições, mas em algumas firmas essa informação era dada de maneira mais geral.[53] Algumas perguntas do questionário de

[49] Citado em Ogbonna e Wilkinson (1990: 11). Observe aqui a suposição de que quem opera o caixa, sorridente, é sempre uma mulher.
[50] Tolich (1993: 367).
[51] Ogbonna e Wilkinson (1991).
[52] Fuller e Smith (1991).
[53] Fuller e Smith (1991).

feedback que os pesquisadores apresentaram como exemplos das perguntas que eram feitas tinham grande relação com as questões que foram focalizadas no capítulo anterior, como por exemplo, se o funcionário tinha cumprimentado o cliente com boa educação, qual a aparência do funcionário, e se ele estava de bom humor. Feedbacks sobre determinados funcionários eram costumeiramente anotados em seus prontuários, para servir de base a futuras avaliações de desempenho. Os comentários negativos também costumavam resultar em pauta de reuniões da administração, formando os alicerces para a aplicação de um dos cinco estágios sucessivos das ações disciplinares. O uso de clientes dessa forma é consistente com a filosofia de que o cliente tem sempre razão, que é justamente a razão de ser de muitas firmas prestadoras de serviços, mas estende a abordagem do comprador secreto nas táticas de vigilância a um contexto em que os funcionários de atendimento ao público são cada vez mais governados pelos clientes, tanto quanto por seus gerentes e supervisores.

A quarta abordagem é usar hardware no monitoramento dos funcionários do setor de serviços. Os funcionários do call-center foram identificados como os mais especialmente afetados por essa forma de vigilância. Precisamente porque seu trabalho é realizado por telefone e, portanto, pode ser facilmente monitorado, é especialmente fácil para os administradores implantarem tecnologias que sirvam como meios de vigilância. Até mesmo dois pesquisadores que afirmaram que não se deveriam superestimar as formas de resistência ao controle em call-centers acabaram concordando que

> a produção e o desempenho dos funcionários podem ser potencialmente medidos e monitorados num grau até aqui sem precedentes. Além disso, os funcionários podem ter sua forma de falar e sua entonação avaliadas de acordo com um leque de critérios subjetivos. Esse desempenho do trabalho emocional contribui ainda mais para o desgaste do trabalho.[54]

Na realidade, os clientes que ligam para call-centers são muitas vezes advertidos que a ligação pode ser monitorada para fins de "treinamento". Uma empresa estudada por Bain e Taylor, que foi brevemente descrita no capítulo anterior, também usava a vigilância com compradores secretos.[55] Na firma estudada por Callaghan e Thompson (2002), o monitoramento dos

---

[54] Bain e Taylor (2000: 17).
[55] Bain e Taylor (2000).

telefonemas era feito por um "Departamento de Pesquisa" que realizava verificações aleatórias e também atendia reclamações dos consumidores.[56] Além disso, os líderes das equipes ouviam os telefonemas. O foco principal do monitoramento incidia sobre a redução da quantidade de tempo que um funcionário gastava nos telefonemas, se seu tempo médio ficava acima do prescrito. Isso sugere que muitos empregados do call-center se vêem entre a cruz e a espada, no sentido de precisarem colocar em prática a abordagem certa em termos de trabalho emocional, ao mesmo tempo não levando tempo demais nisso. O fato de serem cada vez mais exigidos a não serem escravos de roteiros pré-programados e, sim, a serem autênticos, variando sua abordagem no trato com os clientes significa mais um dilema embutido em seu trabalho, no que diz respeito ao problema da vigilância.[57]

Uma outra maneira de se usar hardware no monitoramento dos atendentes de público é com uma rede de câmeras de circuito fechado de tv. Esse sistema geralmente é instalado a fim de detectar furtos em lojas e identificar outros meliantes, mas também é muitas vezes introduzido para vigiar os próprios funcionários. Furtos que precisam ser detectados é uma razão para se vigiar os funcionários, mas algumas firmas estendem essa vigilância e incluem o monitoramento do serviço ao consumidor. Esse é um exemplo do fenômeno "recipiente com vazamento", por meio do qual a vigilância com uma finalidade se amplia gradualmente para incluir outros objetivos e alvos.[58] Um estudo do uso das câmeras internas de vigilância por empresas numa cidade ao norte da Inglaterra comprovou que, nas lojas de venda a varejo da amostra, esse hardware era freqüentemente usado para averiguar em que medida a equipe aplicava os padrões de atendimento ao consumidor, que eram exigidos. Um gerente de segurança de uma loja afirmou que tinha percebido a utilidade das câmeras internas de tv para assegurar "que a equipe estava sendo educada, amistosa e sorridente".[59] Em outro varejista, os pesquisadores foram informados de que era habitual checar o "atendimento ao consumidor": "É como você está com o cliente. Sabe, olhar nos olhos e coisas assim".[60]

As quatro diferentes formas de vigilância às vezes se sobrepõem, por exemplo, quando compradores secretos são capturados por uma câmera interna de tv, interagindo com um funcionário do serviço de atendimento

[56] Callaghan e Thompson (2002).
[57] Frenkel et al. (1999).
[58] Lyon (2001).
[59] Citado em McCahill e Norris (1999: 220-1).
[60] Citado em McCahill e Norris (1999: 221).

pré-escolhido para a ação. Contudo, elas são distintas, de um ponto de vista analítico, e apontam para um poderoso arsenal de métodos à disposição das empresas prestadoras de serviço.

Resistência

Conforme assinalei no início deste capítulo, é importante não gerar uma perspectiva indevidamente determinista da significação do controle e da vigilância dentro da Disneyzação. Tanto os clientes como os funcionários podem revidar, se assim o quiserem, talvez inconscientemente às vezes. Os exemplos que ofereço são os que ocorrem durante o que pode ser considerado como a micropolítica da interação, mas a resistência também é possível em nível macropolítico. O caso do fracasso do parque temático América da Disney, que não conseguiu decolar apesar dos contínuos protestos da empresa de que não recuaria (ver Capítulo 1), é uma ilustração da maneira como a Disneyzação – na forma de sua tendência tanto para domar a natureza como para oferecer uma versão pasteurizada da história – pode ser objeto de resistência.

Um exemplo macropolítico semelhante relaciona-se com o McDonald's que, sendo uma organização Disneyzada – como tentei demonstrar em seções pertinentes dos capítulos 2 a 5 –, serve como mais um caso de resistência à Disneyzação. Esse exemplo diz respeito à construção, em 1994, de um McDonald's num local conhecido como "Golani Junction", em Israel. Como aconteceu com o América da Disney, essa construção ficaria próxima de um sítio historicamente sagrado, a saber, o local de uma feroz batalha travada em 1948, e que também atraía cerca de 60.000 visitantes por ano. Diferentemente do caso do América da Disney, a loja McDonald's foi erguida e gerou uma acalorada controvérsia (enquanto que o América da Disney não foi construído), de modo que os representantes dos enlutados estavam lidando com um fato consumado.[61] Os construtores do restaurante McDonald's foram persuadidos a implementar algumas mudanças, como instalar placas menos visualmente invasivas, filtros para depuração de odores, não funcionamento em dias comemorativos no local em homenagem aos mortos, e a colocação de árvores para que os visitantes não tivessem contato visual direto com o restaurante. Um outro exemplo de resistência à Disneyzação em nível macropolítico pode ser visto no caso da tentativa de "Disneyficar o centro cívico de Seattle", a que nos referimos no Capítulo 1. Nesse caso, "os habitantes de Seattle foram capazes, enfim, de se apropriar do que gostavam

[61] Azaryahu (1999).

da cidade Disney e descartar o que não apreciavam, por meio de contatos políticos".[62]

Resistência nos parques temáticos Disney

Resistência do visitante

A resistência não é uma coisa fácil para os visitantes dos parques temáticos Disney. Para início de conversa, uma resistência explícita geralmente redundará em alguma forma de censura, não só por parte dos guardas de segurança, mas também de outros visitantes que vieram para o lugar mais feliz da Terra, para se divertir no melhor estilo Disney. Kuenz escreveu: "É fácil identificar os que vieram ao Disney World só para deixar claro o quanto se distanciam de tudo aquilo. Não são muitos, mas eles existem".[63] O fato de que não existem "muitos" sugere que a Disney conseguiu persuadir com êxito a maioria das pessoas de que, se você vai a um parque temático Disney, você vai para se divertir. Os que realmente são distantes daquilo tudo simplesmente não vão, ou não voltam. Uma maneira de expressar desdém pela Disney, segundo Willis, é usar mercadorias licenciadas que sejam associadas com os vilões da Disney,[64] embora isso envolva justamente a aquisição do que é tanto desprezado, para manifestar uma resistência que, então, se torna mais simbólica do que concreta. Além disso, os visitantes que resistem às instruções da Disney, por exemplo, quando são levados nos transportes para as atrações, correm o risco de ser recebidos pelos operadores dos brinquedos com atitudes pouco profissionais; teremos mais a dizer sobre isso a seguir. Uma forma de resistência à avalanche de meios para obrigar os visitantes a se conformarem com as regras de uso das atrações nos teatros é um filme em 3D chamado *Querida, encolhi a audiência*, uma produção com efeitos especiais. Os visitantes são sempre instruídos a darem "maaaaaaaais um passinho à frente". Claro que alguns ignoram esse pedido e se sentam onde bem entendem. Até mesmo aí há uma resposta à Disney para lidar com a resistência – uma pessoa do elenco dará permissão aos convidados para que passem por cima deles do jeito que for possível.[65] É muito interessante que, na Disneylândia Paris, em que as atrações são mais caóticas que nos Estados Unidos, essas instruções nunca sejam dadas.

---

[62] Warren (1994: 105).
[63] Kuenz (1995b: 57).
[64] Willis (1995b: 191).
[65] Bryman (1999a).

Uma forma de resistência ao controle da movimentação dos visitantes consiste no uso de um dos guias não-oficiais dos parques temáticos Disney como meio de se esquivar às instruções implícitas pela Disney na urbanização, a fim de evitar longas filas. Entretanto, essa é uma estratégia fadada ao fracasso, porque esses avisos estão largamente disponíveis e são em geral facilmente acessíveis pela internet, o que resulta em grandes números de visitantes empregando exatamente as mesmas táticas e, portanto, formando as mesmas longas filas.

Também existem formas mais desagradáveis de resistência. Personagens fantasiados são muitas vezes atacados. Por exemplo:

> O lobo do *Pinóquio* estava passeando pelo parque quando um grupo de meninas adolescentes pediu-lhe que posasse para uma foto. Elas o posicionaram cuidadosamente, perto de uma parede que ficaria atrás do grupo. Uma menina estava debaixo de cada braço do personagem, enquanto duas se ajoelharam na frente dele. A que tiraria a foto anunciou: "prontas... sorriam...", mas, no exato instante em que ia bater a foto, as meninas que estavam debaixo dos braços do lobo giraram e o seguraram pelos braços com força contra a parede, enquanto as outras duas estenderam os braços e tocaram-no nos genitais. Então a foto foi rapidamente tirada.[66]

Será que as meninas tinham certeza do sexo do ocupante do traje? Além disso, os seios da Branca de Neve são acariciados às vezes,[67] como os da Minnie, enquanto que duas Brancas de Neve denunciaram ter sido estupradas.[68] Na Disneylândia Paris, têm havido relatos de ataques de crianças aos personagens fantasiados.[69] Na Disneylândia, os Plutos são alvos freqüentes de sangramentos nasais decorrentes dos beliscões que levam das crianças,[70] e um Urso Puff chegou a ser esfaqueado.[71]

Além disso, o consumo de drogas e álcool pelos adolescentes e adultos jovens é identificado, de vez em quando,[72] assim como pessoas furando as filas. Quer essas infrações das regras Disney e da lei geral representem ou não resistência à Disney como empresa é uma questão aberta a debates mas, em seu conjunto, elas assinalam que a resistência dos visitantes pode não só

[66] Koenig (1994: 102).
[67] Letts (1996).
[68] Warren (1996).
[69] Burchill (1998).
[70] Koenig (1994: 103).
[71] Koenig (1999: 141).
[72] Koenig (1999: 109, 135).

ocorrer de uma variedade de maneiras, como também ser praticada com certa freqüência. O controle que a Disney exerce não é completo.

Resistência do funcionário

Resistir ao funcionário nos parques temáticos Disney pode assumir diversas formas que, até certo ponto, podem ser afetadas pelo tipo de serviço que está sendo considerado. Uma resposta é "desligar". De acordo com Van Maannen, quando estão cansados demais para sorrir, mas ainda têm de operar os brinquedos, os operadores simplesmente "desligam".[73] Há vários nomes para essa sensação: ligar o piloto automático; virar robô; não sentir mais nada; devanear; entrar em transe; cair fora. Essas formas de resistência são descritas como passivas; são maneiras de preservar um elemento de individualidade e de resgatar o auto-respeito. No entanto, formas mais ativas de resistência também se evidenciam. Uma delas consiste em se tornar difícil ou exageradamente educado. Essa última atitude implica, essencialmente, exceder-se no trabalho emocional com a evidente implicação de que o funcionário não está de fato significando aquilo. Como exemplo desse último caso, uma pessoa do elenco pode responder a um visitante difícil, usando uma voz exageradamente Disney, algo como "Foi um grande prazer servi-lo".[74] Um bom exemplo de ser difícil e, ao mesmo tempo, não transgredir as regras Disney de fazer as coisas é o seguinte comentário de um integrante do elenco:

> Temos de sorrir para o convidado, não importa o que ele faça. É realmente uma maneira de controlar o que você está sentindo no fundo. Por exemplo, se alguém realmente se mostra arrogante com o cartão de crédito, você pode levar todo o tempo do mundo dizendo que a assinatura não confere, dizendo "puxa vida, vou precisar de um outro documento com foto e assinatura". Algo do gênero, entende.[75]

Formas mais ostensivas de resistência podem ocorrer quando o pessoal do elenco toma atitudes diretas contra os visitantes por causa de suas condutas inadequadas. Van Maanen relaciona diversas formas de retaliação postas em prática pelos operadores dos brinquedos:

---

[73] Van Maanen (1991).
[74] Kuenz (1995a: 153).
[75] Kuenz (1995a: 152-3).

— apertar o cinto de segurança com força excessiva;

— usar o cinto de segurança para dar uma "chicotada" no visitante;

— dar um jeito de separar pessoas de um mesmo grupo, no último momento, obrigando-os a ir em carrinhos diferentes;

— o truque usado por pilotos de aparelhos submarinos, que dão um banho nos visitantes quando eles passam debaixo de uma cascata (esta atração encontra-se desativada atualmente);

— a desculpa de não ter visto a mão, o pé, o braço etc., e prender ou beliscar o corpo do visitante.[76]

Na Disneylândia Paris, a resistência do funcionário parece, em grande medida, uma resistência a se conformar aos ideais da Disney:

> Alguns funcionários adoravam se recusar de maneiras geralmente sutis – às vezes nem tanto – a se tornar "Disneyficados". Um integrante do elenco na França se orgulhava de se vingar de visitantes "exigentes", cortando a cabeça deles nas fotografias em grupo que pediam para ele tirar. Outros, posicionados do lado de fora das atrações como "cumprimentadores", capitalizavam em cima das expectativas confusas dos visitantes, cobrando um ingresso de 20 francos... antes de deixarem-nos entrar.[77]

Na realidade, um outro aspecto da resistência dos trabalhadores na Disneylândia Paris aparece nas freqüentes observações de que muitos integrantes desse elenco se distanciam pessoalmente do estilo Disney de prestar serviços. Lainsbury cita um jornalista americano, presente na semana de abertura do parque: "Eles agem como pessoas de verdade, não como pessoas 'Disney'".[78] Nesse mesmo sentido, um jornalista americano comentou positivamente sua visita ao parque, em 2001, dizendo que os funcionários no hotel eram "animados" em vez de "nauseantes".[79] Fica muito claro, portanto, que a resistência ao controle nos parques temáticos Disney é possível, embora sua predominância e significação sejam difíceis de avaliar a partir dos casos citados pelas diversas fontes. O ponto central, no entanto, parece ser que, tal como no caso da resistência por parte dos visitantes, o controle nos parques temáticos Disney não é total.

---

[76] Van Maanen (1991: 72).

[77] Lainsbury (2000: 106-7).

[78] Citado em Lainsbury (2000: 106).

[79] Margolis (2001).

Resistência à Disneyzação

Assim como no caso da resistência aos parques temáticos Disney, é útil distinguir entre a resistência do visitante (ou, neste caso, do consumidor) e a do funcionário.

Resistência do consumidor

Em certo sentido, a resistência do consumidor é uma noção estranha neste contexto porque, em grande medida, a Disneyzação é sublinhada pela filosofia do consumidor como rei, de modo que os consumidores têm muito a ganhar com vários aspectos da Disneyzação. Portanto, não é óbvio que sua resistência possa ser contra, embora possa acontecer eventualmente de o público ser manipulado por shopping centers e outras formas Disneyzadas de gastar mais tempo e dinheiro do que pretendiam originalmente. Apesar disso, vê-se de vez em quando que isso ocorre e que o shopping center novamente serve de exemplo fácil de sua ocorrência.

Como os funcionários da segurança freqüentemente destacam alguns grupos de adolescentes para vigiar, os jovens que visitam os shoppings têm reagido usando táticas que lhes dão a aparência de legítimos. No West Edmonton Mall, na década de 1980, os jovens tinham de evitar roupas que atraíssem o interesse indesejável dos guardas de segurança que eram um ingrediente da estratégia desse shopping para garantir que somente os que fossem participar plenamente do consumo – basicamente os integrantes da classe média e da classe trabalhadora mais bem remunerada – estivessem no recinto, para que não se distraíssem com a preocupação por sua segurança pessoal ou por outros fatores que os deixassem incomodados. [80] Nesse sentido, as roupas que poderiam levá-los a ser expulsos do local tinham de ser trocadas por outras, mais conservadoras. No Mall of America, Goss escreve que, apesar da operação transparente de vigilância, ele mesmo presenciou "problemas de adolescentes desacompanhados por responsáveis, que perturbavam os lojistas e consumidores e se mostravam desrespeitosos para com os seguranças".[81]

Além disso, Shields observa que os furtos são desencorajados no West Edmonton Mall de modo que os jovens, assim com outras pessoas que poderiam ser foco de intranqüilidade para os consumidores, devem sempre parecer como se estivessem prestes a comprar alguma coisa e, por isso, precisam sem-

[80] Shields (1989).
[81] Goss (1999: 67).

pre estar em movimento.[82] Aquela espécie típica de movimento em câmera lenta, para matar tempo, não se restringe a adolescentes em busca de escapar ao olho dos vigilantes. Visitar o shopping para ocupar o tempo de alguma forma, em geral com basicamente pouca intenção de comprar alguma coisa, não é uma atividade incomum, e o fato de diversos estudiosos de shoppings terem chamado atenção para isso[83] é, em si, um indicador das resistências às aspirações dos shoppings e seus projetistas. Além disso, o fato de ser possível distinguir diversas categorias de compradores entre os consumidores implica fortemente que eles são capazes de usar os shoppings de diversas maneiras e, portanto, resistir, pelo menos em certa medida, aos desígnios dos projetistas. Um estudo dos visitantes de shoppings distinguiu quatro tipos de compradores: os entusiastas de shopping, os tradicionalistas, os lambiscadores e os minimalistas; essas são quatro espécies decrescentes de envolvimento com a razão básica de existência do shopping.[84] Os lambiscadores, por exemplo, tendem a percorrer as lojas mas são suscetíveis a comprar por impulso. Essa classificação dos tipos de visitantes de shopping implica que alguns grupos conseguiram resistir à tentativa dos shoppings de seduzi-los a comprar. Essas várias indicações da resistência implicam que o controle e a vigilância em locais de consumo como shoppings raramente surtem efeitos totais.

Resistência do trabalhador

Assim como com os funcionários dos parques temáticos Disney, a resistência por parte dos funcionários de atendimento ao público pode assumir uma forma relativamente passiva, ao tentarem se distanciar da tarefa ou da pessoa que realiza um trabalho emocional. Isso freqüentemente envolve uma atuação superficial quando a atuação em profundidade é mais incentivada, quando não exigida. Esse processo de distanciamento pode ser comprovado nas palavras de um dos representantes do atendimento ao consumidor, num *call center:*

> Minha forma de lidar com a situação é chegar e dizer para mim mesmo "eu faço esta merda das 2 às 10h, não é uma carreira, é um emprego. Eu atendo o telefone, e pronto". Não esperar mais que isso é a minha forma de lidar com a questão. Logo que eu vim para cá, achei que era só comigo que isso acontecia, mas falando com outras pessoas, é a mesma coisa.[85]

---

[82] Shields (1989).
[83] Por exemplo, Goss (1993); Langman (1992).
[84] Bloch et al. (1994).
[85] Citado em Callaghan e Thompson (2002: 249).

Essa espécie de estratégia permite que os trabalhadores interponham certa distância protetora entre os papéis que têm de desempenhar e suas verdadeiras naturezas.

Formas mais ativas de resistência também existem. Leidner nota que, no restaurante McDonald's em que realizou sua pesquisa, ela comprovou que alguns funcionários não sorriam e que outros não incluíam em suas interações programadas aquelas atitudes que lhes pareciam freqüentemente capazes de importunar os clientes.[86] Entre os agentes de seguro que ela estudou, havia os que também omitiam partes dos roteiros de que não gostavam. Num grande hotel nos Estados Unidos, a introdução de um consumidor misterioso resultou numa "greve de sorrisos".[87] Uma forma praticamente oposta de resistência é descrita por uma garçonete de um café em Harford, Connecticut, que dizia adotar a tática de lidar com clientes que se mostravam arrogantes ou superiores por meio de uma exageradíssima educação: "É só tratá-los com modos excessivamente polidos, mas sem se tornar detestável... sorrindo escancaradamente para eles... para que saibam que você está interpretando um papel e fingindo mas, na realidade, não podem dizer nada porque você está sendo agradável".[88] Uma garçonete de um restaurante de luxo na mesma região reclamou que reagia aos clientes que a tratavam mal exibindo atitudes exageradamente respeitosas.

Uma forma menos óbvia de resistência, relacionada com o trabalho emocional, é a atitude do trabalho emocional filantrópico, à qual nos referimos no capítulo anterior.[89] Às vezes, esse trabalho emocional não é uma forma de resistência porque é consistente com os imperativos da administração, mesmo que às vezes vá um pouco além disso. Em alguns contextos, contudo, pode ser descrito como uma forma de resistência. No call-center estudado por Callaghan e Thompson, em que a administração se preocupava com a duração média do telefonema, os representantes do serviço de atendimento ao público às vezes iam além das exigências prescritas pela empresa para a realização de um trabalho emocional. Essa tendência se mostrava especialmente aparente na interação com outras pessoas e com clientes habituais, que freqüentemente telefonavam para um bate-papo amigável.[90]

[86] Leidner (1999: 91).
[87] Fuller e Smith (1991: 12).
[88] Citado em Hall (1993: 463).
[89] Bolton (2000).
[90] Callaghan e Thompson (2002: 249-50).

Conclusão

Neste capítulo, demonstrei que o controle e a vigilância são centrais à Disneyzação e não só à McDonaldização. O controle é um aspecto central dos parques temáticos Disney em vários sentidos, a saber, no modo como o comportamento, a imaginação e a experiência dos visitantes são controlados; e em seu controle sobre o próprio destino. Essas facetas do controle não são encontradas em outras instituições Disneyzadas no mesmo grau, mas isso não quer dizer que o controle não seja importante para elas. O controle é crucial ao consumo porque os possíveis consumidores têm de ser colocados em posições que têm mais chance de maximizar sua propensão a consumir, de modo que não é surpreendente que um dos contextos principais dentro do qual a Disneyzação foi discutida neste capítulo tenha sido o shopping center. Esse também é um sítio nobre para a prática da vigilância, destinada a garantir que os consumidores sintam-se seguros e que os elementos indesejáveis sejam mantidos de fora tanto quanto possível. Dentro da Disneyzação, os prestadores de serviços também controlam seus funcionários de maneiras comuns a todos os empregos – quer dizer, o controle envolve uma mistura de abordagens técnicas, de supervisão, burocráticas e culturais –, mas, além disso, eles são freqüentemente submetidos a uma vigilância que assegura que se submetam às normas do atendimento ao público que são importantes para as empresas do setor de serviços.

No entanto, a resistência também é possível e as formas de resistência que são respostas específicas às demandas do trabalho Disneyzado também têm sido comumente discutidas, ou seja, em relação àquele trabalho que exige que o prestador de serviço se envolva com os clientes de maneira cordial e atenciosa. Além disso, os consumidores às vezes resistem às exigências implícitas de quem está num shopping. A existência dessas formas de resistência serve como um importante corretivo para qualquer implicação de que há um determinismo excessivo que se possa inferir de uma ênfase sobre o controle, mas também representa uma perspectiva menos pessimista.

O controle e a vigilância foram apresentados como fatores oportunizadores. Ajudam a Disneyzação a se realizar, em vez de só serem uma dimensão desse processo. Esses dois recursos são destinados a facilitar o progresso das quatro dimensões esboçadas nos quatro capítulos anteriores. Além disso, quando abordei o controle dos funcionários prestadores de serviços, demonstrei menos interesse por uma cobertura completa de toda a possível gama de abordagens, a maioria das quais abordada no conceito da McDonaldização.[91] Em vez disso, voltei-me para os aspectos do controle dos funcionários que são diretamente relevantes para a Disneyzação, a saber, a exigência de demonstração de um trabalho emocional, e o uso progressivo de procedimentos para comprovar se os funcionários do setor de serviços estão mesmo se pautando por essa exigência. A Disneyzação necessita de controle e vigilância para funcionar adequadamente, o que quer dizer que são exigidos para promover a capacidade e a propensão de consumo por parte do público consumidor.

[91] Ritzer (1993).

7
IMPLICAÇÕES DA DISNEYZAÇÃO

Neste capítulo, reflito sobre algumas ramificações mais amplas da Disneyzação. Essa discussão implica a elucidação de alguns tópicos e temas que, até aqui, ficaram implícitos no livro. Duas áreas especiais de interesse, neste capítulo, são as interligações envolvendo a Disneyzação e tanto o consumo como a globalização. Estes dois últimos conceitos são eles mesmos interligados, naturalmente, uma vez que a globalização é freqüentemente motivada por pressões para difundir os cânones do consumismo, e para proporcionar uma infra-estrutura para isso, além dos próprios bens e serviços. Como foi mencionado em capítulos anteriores, o consumo constitui o cerne mesmo da Disneyzação e, portanto, será um motivo recorrente nestas ponderações finais. O consumo oferece explicações e contexto para os mecanismos da Disneyzação que foram examinados neste livro.

A afinidade com o consumo é um aspecto que a Disneyzação tem em comum com a McDonaldização.[1] Como esta, a Disneyzação é um processo social de larga escala, composto por um número razoável de componentes analiticamente distintos. Algumas instituições podem ser descritas tanto como Disneyzadas quanto como McDonaldizadas. Shopping centers, as próprias lojas do McDonald's e os parques temáticos são exemplos que se destacam, no sentido de revelarem elementos de ambos os processos. No entanto, embora a Disneyzação e a McDonaldização possam às vezes se sobrepor no que diz respeito a algumas instituições, são processos muito diferentes. A Disneyzação não deveria ser vista como uma crítica velada ao conceito da McDonaldização. Se existe algum elemento criticável no conceito de Disneyzação quando justaposto ao de McDonaldização, é a medida em que sugere que este não captura plenamente algumas mudanças que estão ocorren-

[1] Ritzer (1993).

do nas esferas do consumo e da prestação de serviços na sociedade moderna, mudanças que foram o tema dos capítulos precedentes – e que o conceito da Disneyzação aborda de modo explícito essas transformações. Igualmente, a Disneyzação deixa aberta a porta para outras narrativas de mudança em larga escala que, com a McDonaldização, oferecem relatos proveitosos sobre o que está se passando na economia moderna e na sua cultura.

O consumo também se liga a outro tema principal deste capítulo, a saber, a globalização. A Disneyzação é descrita como uma força globalizadora, no sentido de que se espalha em vários graus e de variadas maneiras, por diferentes partes do globo. A ligação entre consumo e globalização não é, então, mera coincidência. O que Sklair chama de "a cultura-ideologia do consumismo" é um dos principais fatores na disseminação do capitalismo global contemporâneo.[2] O consumo serve tanto como explicação quanto como motor para uma grande parte do que hoje vemos como denotativo da globalização. Ao tratar a Disneyzação como um processo ligado tanto ao consumo como à globalização neste capítulo, ela é apresentada como um meio poderoso de aumentar o consumo de serviços e bens que estão se espalhando pelo planeta.

A Disneyzação como um panorama sistêmico de serviços

Uma forma de a Disneyzação e a McDonaldização poderem ser vistas como processos paralelos é ambas serem entendidas como sinais da globalização, no sentido de o mundo estar se tornando um só lugar, em que os limites nacionais se tornam menos significativos do que eram antigamente. Ritzer argumenta esse ponto em relação à McDonaldização em seu trabalho mais recente,[3] e é aparente que as dimensões da Disneyzação, anteriormente esboçadas, também estão se espalhando pelo globo inteiro, num processo cujas implicações serão mais detidamente estudadas a seguir. Mas o que chama atenção sobre a Disneyzação e a McDonaldização é que os dois processos não têm ligação com a difusão global de *produtos*. Uma grande parte do que se escreve sobre globalização é repleto de hipérboles sobre a difusão global e o poder de reconhecimento de marcas de destaque como: Nike, Coca-Cola, Pepsi, Pizza Hut, Starbucks, KFC, Benetton, Body Shop, e assim por diante. E, naturalmente, não se podem descartar as orelhas do Mickey e a assinatura de Walt, assim como os arcos dourados da rede McDonald's, como símbolos envolvidos nos trajetos globais percorridos pelos nomes das marcas.

---

[2] Sklair (2002).
[3] Por exemplo, Ritzer (1998).

Mas a difusão de nomes de marcas famosas *não* é o que constitui a Disneyzação (nem a McDonaldização): estes processos se referem essencialmente à difusão de *modos de fornecimento* dos bens e serviços. A McDonaldização se refere basicamente a um modo de fornecimento, no sentido da *produção* de bens e serviços. É um meio de proporcionar um produto ou um serviço eficiente e altamente previsível, de uma maneira que seria aprovada por Henry Ford e Frederick Winslow Taylor, como os respectivos fundadores da linha de montagem e da administração científica. Esse processo pertence a uma era de consumo de massa que, de maneira alguma, está desaparecendo, mas cujas ênfases estão se tornando menos cruciais, conforme o tempo passa, para o que hoje consideramos como a sociedade moderna.

A Disneyzação é um modo de fornecer serviços e produtos no sentido de *apresentá-los* para o consumo segundo determinadas regras cênicas. A Disneyzação busca aumentar o apelo de bens e serviços que, de outro modo, pareceriam triviais e desinteressantes. Por exemplo, a tematização nos restaurantes aumenta a atratividade dos pratos que, em geral, não têm nada de excepcional; ou, instalar restaurantes em locais onde sejam oferecidas outras oportunidades de consumo (como ir ao cinema) aumenta a probabilidade de que os consumidores irão até lá; ou, situar os restaurantes em relação a outros locais de consumo significa que eles formam parte de um destino que tem mais chances de ser visitado; ou, colocar o logo desses restaurantes em camisetas e outros artigos torna interessantes bens que, se não fosse assim, seriam somente comuns; e incentivar a demonstração de emoções por parte das equipes de atendimento ao público ajuda a diferenciar os restaurantes, a aumentar a chance de os clientes voltarem, além de melhorar a chance de que eles adquiram mercadorias licenciadas.

De fato, pode ser que um dos motivos para o uso crescente da tematização na forma de narrativas externa em alguns restaurantes McDonald's sejam as limitações da própria McDonaldização. A ênfase desse processo na padronização não se ajusta facilmente à era atual, pós-fordista, e cada vez mais adepta da variedade de escolhas. A tematização se torna um meio de reduzir a sensação de mesmice e, dessa forma, incrementa a atratividade de seus produtos.

A Disneyzação, portanto, está integralmente associada com o consumo e, em especial, com o que poderia ser concebido como consumismo e como cultura de consumo: a pressão para que, no geral, os consumidores comprem mais do que precisam e querem, aliada à freqüentemente consciente anuência dos próprios a serem seduzidos – anuência esta associada à convicção defendida por muitos consumidores de que certos bens conferem significado e são uma fonte de identidade para eles. O consumismo e a cultura de consumo já estão entre nós há muito tempo, mas existe um evidente sentimento da parte de vários estudiosos de que, nos últimos tempos, a maré mudou. Com essa transformação, atingiram novos níveis tanto a ênfase na indução dos consumidores a adquirir muito além de suas necessidades, como sua participação razoavelmente proposital nessa nova ordem. A Disneyzação é um conjunto de mecanismos para encorajar consumidores a gastar mais do que gastariam, sem esse estímulo. Isso não quer dizer que os artifícios que compõem a Disneyzação sejam sempre bem-sucedidos, uma vez que os consumidores estão perfeitamente cientes de estarem sob fogo cruzado para se desfazer de seu dinheiro, além de bastante familiarizados com os sinais para tanto. Autores como Twitchell argumentam que os consumidores sabem muito bem o que está acontecendo nas lojas, shoppings, restaurantes e assim por diante, para induzi-los a consumir, e que eles são buscadores ativos de significados, e não tolos passivos e manipuláveis.[4] Por exemplo, ele sugere que os consumidores "não são logrados pela publicidade, pelas embalagens, pela promoção das marcas, a moda ou o merchandising. Os consumidores buscam ativamente usufruir o que rodeia os objetos, especialmente quando são jovens".[5] Entretanto, ele também reconhece que a manipulação é algo eventualmente bem-sucedido quando escreve: "É a platéia que manipula as coisas para criar significado, ou as outras pessoas usam as coisas para manipulá-los?... os dois pontos de vista são defensáveis. Vamos dividir a diferença e dar a questão por encerrada".[6] Em outras palavras, não faz sentido debater se os consumidores são ludibriados e, portanto, exitosamente manipulados pelas corporações, ou se são adeptos ativos da resistência a suas maquinações, geralmente fazendo um uso próprio e sua própria interpretação desses planos das corporações; ambos os processos ocorrem em relação à maioria das pessoas, uma parte do tempo. O que a Disneyzação descreve é um conjunto de estratégias para "manipular" os consumidores a se desfazer de seu dinheiro. Uma parte do tempo isso tem êxito, mas os consumidores costumam estar cientes do que está acontecendo e de por quê as organizações tanto buscam criar um ambiente lúdico com o qual revestir o consumo e mascarar o comercialismo. Estimular uma atmosfera lúdica pode persuadir os consumidores a baixar sua guarda, embora eles também estejam em geral perfeitamente cientes disso.

[4] Twitchell (1999).
[5] Twitchell (1999: 22).
[6] Twitchell (1999: 272).

Não vem ao caso debater se o consumismo é um desdobramento negativo ou positivo. O consumismo, como um processo de ir além das meras necessidades, tem muitas conseqüências negativas para as pessoas. Para muitas delas, incentiva a geração de débitos, por exemplo. Por outro lado, há poucas dúvidas de que o consumo se tornou um foco principal para muitas pessoas e famílias que, evidentemente, foram encorajadas pelos agentes do capitalismo. Um problema da associação do consumismo com a atitude de ir além do estritamente necessário é que isso adquire um status de posição moral em vez de servir de plataforma para a pesquisa de seus efeitos adversos. Aqui, eu prefiro tratar esse termo e seu significado de uma maneira mais neutra, para poder entender como funciona, enquanto ao mesmo tempo reconheço suas conseqüências adversas para as pessoas e o meio ambiente. O ponto crucial, então, se torna buscar identificar de que maneiras a Disneyzação, como processo, reforça o consumismo – a principal ênfase do resto desta seção –, ao passo que a discussão da "anti-Disneyzação", a seguir, lida com alguns de seus efeitos adversos.

Uma implicação de se sugerir que a Disneyzação e a McDonaldização sejam modos de prestar serviços e oferecer bens é que se torna essencial aceitar o fato de uma e outra serem ambas *sistemas*, ou seja, maneiras de apresentar ou produzir bens e serviços. Um dos problemas de se vincular os nomes desses sistemas a ícones muito conhecidos da cultura popular – Disney e McDonald's – é que fica fácil cometer o erro de se entrar por uma discussão apenas dos parques temáticos Disney e das lojas da McDonald's. Isso é um erro porque as duas empresas são apenas *emblemas* dos processos subjacentes associados com seus respectivos sistemas.

Ao enfatizar os processos associados com a Disneyzação e a McDonaldização, como sistemas, é possível nos afastar dos relatos estridentes, mas nem sempre reveladores, do alcance global das marcas de maior destaque. Dificilmente se pode duvidar que há um grupo de marcas de alta lucratividade que se espalhou por boa parte do globo, mas sistemas como a Disneyzação e a McDonaldização são, em certo sentido, mais significativos que isso. Antes de mais nada, não estão vinculados a determinadas empresas em particular, de modo que sua influência e difusão são menos imediatamente óbvias e menos sofisticadas do que a chegada de nomes de marcas proeminentes e dos bens e serviços que oferecem. Embora a chegada a outros países de um novo parque temático como a Disneylândia Paris, ou de restaurantes como o McDonald's, ou as lanchonetes Starbucks seja saudada como grande alarde, é difícil imaginar um coro semelhante de desaprovações saudando a chegada de princípios como a Disneyzação. O foco nos produtos obscurece a questão mais fundamental da difusão dos princípios básicos que alicerçam a produção dos bens e serviços, para então levá-los até a boca das pessoas, seus corpos e lares. Os restaurantes McDonald's se tornaram o foco de atividades contrárias à globalização, e a Disney foi deliberadamente hostilizada pela inteligência francesa, quando a Disneylândia Paris estava em sua fase de planejamento, ocasionando o famoso comentário "Chernobyl cultural". Entretanto, a disseminação dos princípios fundamentais que podem ser deduzidos de um exame do que é exemplificado pelos parques temáticos Disney e pelo McDonald's é comentada muito menos freqüentemente e, talvez, menos provável de vir a ser comentada.

Vistas por esse prisma, é notável como é difícil coadunar a Disneyzação e a McDonaldização com a significativa descrição de Appadurai para as diferentes formas de panoramas ou contextos para o fluxo de bens, pessoas, recursos financeiros, e outros itens, em torno do globo. Appadurai delineou cinco panoramas: panorama étnico (movimento de povos); panorama tecnológico (movimento da tecnologia sob a forma de *hardwares* e *softwares*); panorama financeiro (movimento de capitais); panorama da mídia (movimento da informação); e panorama de idéias (movimento de idéias e ideais).[7] Waters aludiu ao fato de a "McDonaldização se infiltrar em vários desses fluxos".[8] Entretanto, essa visão não faz justiça à significação da McDonaldização e, por implicação, à da Disneyzação. Em certo sentido, precisamos de um novo termo conceitual para eles, que poderíamos cunhar como *panorama sistêmico*, para fazer referência ao movimento de contextos para a produção e a apresentação de bens e serviços. Embora incorpore elementos dos cinco tipos de panorama, como Waters sugere, a Disneyzação e a McDonaldização são mais que isso, visto que representam modelos importantes para a produção de bens e serviços e sua exposição para venda. No caso da Disneyzação, trata-se de uma tecnologia não-mecânica para a prestação de serviços e oferta de bens, tecnologia que pode ser transferida para todas as partes do globo.

A Disneyzação e a Globalização

Ao descrever a Disneyzação como uma força globalizadora, existe o risco de uma globalização simplista, ou da tese de uma americanização que descreve os símbolos da cultura americana em difusão programada por todo o globo, praticando o mais acintoso desrespeito pelas condições e regras locais de vida, o que cria um mundo homogeneizado em seu rastro. Como observam

[7] Appadurai (1990).
[8] Waters (2002: 216).

aqueles autores que preferem enfatizar as acomodações que as tendências globais têm de fazer aos contextos e condições locais, os princípios que estão por trás de forças aparentemente globais não se difundem necessariamente sem adaptação. Noções como as de "glocalização",[9] "criolização",[10] e "hibridização",[11] embora distintas entre si a certos respeitos, e embora também servindo a funções ligeiramente diferentes conforme os autores envolvidos, foram criadas como tentativas de se chegar a um entendimento das diversas maneiras pelas quais as forças globais têm de contemplar toda a diversidade de preferências e condições culturais locais. A globalização é uma estranha mistura de forças aparentemente contraditórias: a similaridade e a homogeneização por um lado e, por outro, a afirmação e a imposição das diferenças, a singularidade,[12] ou o que se poderia chamar de "heterogeneização". Visto desse modo, um conceito como o de glocalização, a adaptação de Robertson para as discussões sobre negócios que usam os termos "global" e "local" é, em certo sentido, o que constitui o cerne mesmo da globalização. Nas palavras de Robertson: "A insistência na heterogeneidade e na variedade, num mundo cada vez mais globalizado, é um item integral à teoria da globalização".[13] Sendo assim, a "glocalização" não é um processo separado da globalização porque toda globalização é, em última instância, um processo de "glocalização", uma vez que as forças da globalização praticamente sempre terão de ser moldadas pelo fator local. Os padrões dessa "globalização" provavelmente diferem em relação à relativa significação das forças de homogeneização e heterogeneização. Alguns impulsos globais podem ser mais fortes que outros, ou mais encobertos, ou permitir um número menor de alternativas de interpretação ou usos. Da mesma forma, alguns contextos locais podem oferecer mais resistência ou ser mais maleáveis que outros. Sendo assim, as formas que a "glocalização" ou hibridização assumem podem não variar muito apenas na superfície, mas também em termos da relativa significação do que é global e do que é local, ou do vigor da pressão para homogeneização contra a da que cultiva a heterogeneidade. Uma visão dessas significa que é necessário ver com cautela não só opiniões ingênuas sobre a globalização como criadora de uma homogeneidade cultural, mas também os argumentos que sugerem que tudo que é global é suscetível a interferên-

---

[9] Robertson (1992).
[10] Hannerz (1987).
[11] Pieterse (1994).
[12] Kellner (2002).
[13] Robertson (1992: 131).

cias e é infinitamente alterável ou passível de resistência, quando atinge locais no exterior. Entre parênteses, antes de mais nada, as nações também se mostram provavelmente influenciáveis pelo que acaba chegando a seu território, uma vez que "sociedades de referência" provavelmente variam muito, ao longo do tempo, e de um país para outro.[14] A noção de que a globalização ou a "glocalização" estão associadas com o Ocidente e os Estados Unidos é hoje como uma conceituação distorcida.

Embora a distinção a seguir seja grosseira, pode-se dizer que a globalização depara com as forças locais em vários níveis, mas há duas formas básicas que parecem se salientar. A primeira é que há a *localização antecipatória*, por meio da qual as empresas adaptam os princípios da Disneyzação (aliás, de qualquer força globalizadora) às condições locais, numa antecipação de como é provável que venham a ser recebidas. Assim, ao entrar num mercado novo, baseando-se em seu conhecimento das condições e dos costumes locais, uma empresa prestadora de serviços antecipa a provável receptividade aos seus serviços e como deverão ser fornecidos, buscando sintonizar finamente com os ingredientes da cultura anfitriã. A segunda é que há a *localização reativa*, por meio da qual, em decorrência de seu contato com as condições e a cultura locais, a empresa se sente obrigada ou propensa a adaptar seus serviços e a maneira como são realizados. A empresa pode ter-se dedicado a uma localização antecipatória, mas talvez ache que não foi longe o bastante, ou que tenha se equivocado em sua leitura da cultura local.

Os parques temáticos Disney encontram o local

Podemos ver a ação desses dois níveis de afirmação do local em conexão com os parques temáticos Disney, embora isso não queira dizer que se trata do mesmo que a Disneyzação, uma vez que o primeiro só serve como afirmação do segundo. Esta breve discussão também evidencia o difícil equilíbrio que as empresas globais devem se esforçar para atingir quando levam seus produtos e serviços para o cenário internacional.

Os parques temáticos Disney foram forçados a se adaptar às suscetibilidades estrangeiras quando foram transportados até Tóquio e Paris (quando for inaugurado, o parque em Hong Kong será interessante de se examinar). De muitas maneiras, os *designers* dos dois parques temáticos Disney no exterior ficaram presos num movimento de gangorra entre, de um lado, reconhecer que provavelmente os visitantes serão atraídos a um pedaço de Americana em

[14] Robertson (2001).

seus próprios países e, portanto, não estarão muito dispostos a uma extensa adaptação, e de outro identificar que os parques dos Estados Unidos não podem ser transportados na íntegra e sem consideração pelos costumes e sentimentos do país anfitrião.

No caso da Disneylândia em Tóquio, Eisner afirma que a Disney foi pressionada a não niponizar o parque,[15] para que fosse preservada a possibilidade de dar aos visitantes a impressão de estarem num parque evidentemente americano. Nesse mesmo sentido, um porta-voz disse a um autor, sobre o parque: "Nós realmente tentamos evitar a criação de uma versão japonesa da Disneylândia. Queríamos que os visitantes japoneses sentissem que estavam passando férias num outro país, quando viessem aqui".[16] Muitas outras terras "estrangeiras" dentro do Japão foram construídas na esteira da Disneylândia.[17] Entretanto, embora essa noção de passar férias nos Estados Unidos sem sair do Japão seja geralmente transmitida pela publicidade e por declarações públicas sobre os parques (como no comentário de Eisner e no do porta-voz, citados acima), há motivos para se pensar que ocorreu uma adaptação mais extensa do que essas declarações admitem.

Algumas atrações foram alteradas, em razão de uma antecipação das necessidades e preocupações dos japoneses. Por exemplo, o Hall dos Presidentes foi abandonado em virtude de sua extrema estranheza, mas no caso de outras atrações que também foram abandonadas os motivos são menos óbvios. Por exemplo, Main Street USA foi substituída por um World Bazaar. Raz observa que, embora a Tókio Disneylândia seja invariavelmente aclamada como uma cópia do original americano, o parque no Japão foi de fato niponizado. Assim, o Mystery Tour pelo castelo na Tókio Disneylândia é uma versão Disneyzada de uma casa mal-assombrada japonesa. O show Meet the World é descrito por Raz como "um show sobre os japoneses e para eles".[18] Mudanças desse teor podem parecer uma forma vicária de localização antecipatória mas, além disso, houve uma localização reativa. Isso é particularmente aparente em relação à comida, com a abertura de um restaurante japonês para atender as preferências dos gostos locais e permitir que os visitantes façam piqueniques no parque, algo que tem uma grande tradição entre os japoneses, mas que é inimaginável nos parques dos Estados Unidos, onde é desencorajada a importação de comida local. Além disso, Brannen observa que os operadores de brinquedos são

[15] Eisner (1998: 270).
[16] Citado em Brannen (1992: 216).
[17] Hendry (2000).
[18] Raz (1999: 52).

traduções dos originais nos Estados Unidos, mas invariavelmente transformados para incorporar "brincadeirinhas japonesas clássicas, piadas e explicações criativas, ao gosto local".[19] Além disso, Raz afirma que contratar, orientar e treinar funcionários regulares é muito diferente do que acontece nos Estados Unidos (mas não em relação aos temporários, para quem as três fases de se tornar um integrante do elenco são as mesmas que nos Estados Unidos).[20] Por exemplo, há uma ênfase menor no treinamento segundo as tradições Disney e na aprendizagem e personificação dos valores corporativos da Disney. Em vez disso, na Tókio Disneylândia, tende a haver uma ênfase maior para que o estagiário se acostume com sua área de trabalho.

Na Disneylândia Paris, a empresa Disney estava muito interessada em manter um formato e um ambiente essencialmente americanos. Michael Eisner escreveu: "Em ampla medida, estávamos decididos a tornar a Disneylândia de Paris tão americana quanto a de Tóquio e os nossos parques nacionais".[21] Esse comentário é interessante, em parte, devido à convicção de que era importante não se render ao senso americano dos parques, mas também porque apresenta o parque japonês como americano. Eisner observa que as características americanas são especialmente aparentes nos hotéis do parque parisiense, pois são todos tematizados segundo locais e símbolos da cultura americana.

Entretanto, adaptações locais podem ser constatadas na Disneylândia Paris onde, após um início decepcionante, a empresa se viu forçada a adaptar o parque às preferências européias.[22] A localização antecipatória não era um traço saliente do parque. A Trilha na Floresta foi abandonada, em parte devido à possibilidade de ser ofensiva em nossa era pós-colonial, e atrações mais tipicamente americanas como o Hall dos Presidentes também não foram incluídas. A localização reativa foi mais evidenciada embora isso também demonstre o difícil equilíbrio que empresas como a Disney têm de alcançar. A proibição ao consumo de álcool, por exemplo, foi rapidamente abandonada. Há algumas evidências de que a empresa também não busca insistir no trabalho emocional por parte dos integrantes do elenco, com o mesmo rigor que ocorre nos Estados Unidos.[23] Mas, na realidade, tem sido difícil achar um ponto de equilíbrio entre o que é americano e o que é europeu. Um ano após a sua inauguração, o então novo presidente do Parque disse:

---

[19] Brannen (1992: 226).
[20] Raz (1999).
[21] Eisner (1998: 270).
[22] Lainsbury (2000: 133).
[23] Warren (1999: 119-20).

> A cada vez que tentamos europeizar o produto descobrimos que isso não iria funcionar. Os europeus querem os Estados Unidos e querem a Disney, quer os intelectuais franceses gostem disso quer não.[24]

Essa citação expõe os dilemas que empresas globalizadas enfrentam quando buscam se empenhar nas formas antecipatória e reativa de localização.

A Disneyzação e as condições locais

Contudo, embora tranqüilizadores, esses indícios da contínua relevância do local para os parques temáticos Disney não devem turvar a nossa visão do fato de que, embora a Disneylândia em Tóquio e em Paris tenha adaptado muitas atrações e outros aspectos do parque para agradar sensibilidades locais, isso não representa a essência da Disneyzação. Como foi dito anteriormente, esse processo se refere a *princípios* relacionados com a produção de bens e a prestação de serviços. Em certo sentido, a Disneyzação poderia ser encarada como mais preocupante para os críticos da noção da globalização, como força homogeneizadora, do que o mero transplante dos parques temáticos Disney para o exterior. Isso é potencialmente mais preocupante porque a Disneyzação, como a McDonaldização, é um processo mais insidioso: é menos óbvio em seu aparecimento do que o surgimento de reinos mágicos (e de diversos outros símbolos de globalização como as lojas McDonald's, Starbucks e bebidas como a Coca-Cola, por exemplo) bem na porta de entrada de outras nações. Em outras palavras, encontrar adaptações e usos locais para parques temáticos Disney não deveria nos fazer pensar que eles denotam ou implicam necessariamente adaptações e usos locais da Disneyzação.

Nada do que foi dito anteriormente deveria ser entendido como implicando que provavelmente não há processos de adaptação ou resistência locais ou de usos locais culturalmente específicos em relação à Disneyzação. O trabalho emocional tem sido um foco especialmente proeminente de resistência, como demonstram estudos sobre a recepção local aos restaurantes McDonald. No período inicial da chegada do restaurante McDonald a Moscou, as pessoas que faziam fila precisavam ser informadas de coisas como o modo de fazer um pedido.[25] Além disso, tinham de dizer a elas que, “lá dentro, os atendentes irão sorrir para vocês, mas isso não quer dizer que estão caçoando de vocês. Nós sorrimos porque nos sentimos felizes em servi-los”.

---

[24] Citado em Skapinker e Rawsthorn (1993: 18).
[25] Watson (1997a: 27-8).

Baseando-se em seu trabalho de campo em Hong Kong, Watson comenta que as pessoas que se mostram abertamente simpáticas são encaradas com desconfiança, de modo que um sorriso não é – pelo menos lá –, necessariamente considerado uma coisa positiva.[26] Além disso, os consumidores não manifestavam interesse especial algum pelas demonstrações de amistosidade por parte dos funcionários. Não é de surpreender, portanto, que a exibição de trabalho emocional não seja um traço significativo do comportamento e da atitude dos funcionários do balcão de atendimento na Mcdonald's em Hong Kong. Watson diz: "Em vez disso, eles projetam qualidades que são admiradas pela cultura local: competência, objetividade, estabilidade de atitude... Os trabalhadores que sorriem durante o serviço são entendidos como pessoas se divertindo à custa do cliente e da empresa".[27]

Nesse mesmo sentido, em sua pesquisa sobre restaurantes de *fast-food* em Nova York, Talwar constatou que a exigência de expressar emoções era geralmente um problema para os gerentes de lojas em áreas de imigrantes. Por exemplo, ela ouviu de uma gerente de origem malaia, de uma loja em Chinatown, em Nova York:

> Se você sorri para eles (clientes chineses), antes de tudo eles pensam: "O que você pode estar querendo, com todos esses sorrisos?" Todo dia, você sorri para eles (clientes) e ele (cliente) está tentando sorrir com você, mas a primeira vez que você sorri para eles, eles ficam chocados e pensam, "por que essa senhora está sorrindo?" Recebo muitas cartas. Uma delas perguntava por que eles (funcionários) sorriem tanto aqui.[28]

Entre os Inuit da Groenlândia, parece que não há tradição de sorrir, de modo que os serviços são geralmente oferecidos com cara fechada, não com um sorriso. De acordo com uma jornalista, funcionários de uma cadeia de cooperativas estão sendo enviados para treinamento na área de vendas, nos Estados Unidos, e nesses programas aprendem como iniciar e manter conversas agradáveis e sorrir, considerados componentes essenciais.[29] A qualidade do serviço começou a melhorar bem rapidamente, embora alguns vendedores tivessem sentido dificuldade em se adaptar. Foi muito interessante constatar que o principal competidor da rede também tenha começado a

[26] Watson (1997b).
[27] Watson (1997b: 91).
[28] Citado em Talwar (2002: 103).
[29] Jones (1999).

sorrir e a ter aulas de prestação de serviços ao consumidor. Além disso, a sugestão de que a insistência no trabalho emocional na Disneylândia Paris não tem sido tão acentuada quanto nos parques americanos (ver acima) é relevante para a Disneyzação e as adaptações locais a ela e indica que esse aspecto da Disneyzação não pôde ser facilmente introduzido no parque. Esses vários fragmentos sugerem que o trabalho emocional tem chance de deparar com obstáculos, e até mesmo resistência, por parte dos clientes e funcionários, quando transplantado para outros contextos nacionais.

Um ângulo ligeiramente diverso é apresentado pelo relato de Fantasia para a recepção do McDonald's na França.[30] Ali, a atração da loja McDonald's para os jovens foi o que ele chama de "ambiente americano". Considerando que a introdução do trabalho emocional é um ingrediente desse ambiente, talvez não tenha sido que os entusiastas franceses reagiram positivamente ao trabalho emocional *em si*, mas que no contexto do McDonald's eles reagiram positivamente ao pacote completo, do qual funcionários sorridentes fazem parte. Em outras palavras, como assinalam os autores que enfatizam as adaptações locais aos processos globais, os consumidores locais freqüentemente fazem sua própria interpretação local de forças globalizadoras como a Disneyzação.

Obviamente, embora esteja sendo sugerido que a Disneyzação é um conjunto de princípios que está se difundindo pelo globo todo, também é evidente que, como fica provado pelo caso do trabalho emocional, os princípios não conseguem viajar sem contratempos. Por outro lado, há evidências sugerindo que as formas locais das outras três dimensões da Disneyzação, ou as respostas a elas, são esparsas. As evidências relativas ao trabalho emocional sugerem que elas podem ser adaptadas, mas como esta é só uma das quatro dimensões da Disneyzação, são necessárias outras evidências para que se estabeleça uma tendência para a globalização ou hibridização. Na realidade, como fica implícito pelas outras evidências de trabalho emocional citadas anteriormente, precisamos levar em consideração as maneiras pelas quais as influências globais estão abrindo seu caminho pelas culturas locais e sendo incorporadas por elas. Ao mesmo tempo, o processo da adaptação local ajuda a salientar com mais nitidez a significação das culturas. Exatamente ao mesmo tempo em que tantas vezes se considera que o mundo está se tornando mais homogêneo, nossa consciência da natureza e significação das culturas locais parece se tornar mais bem definida.

---

[30] Fantasia (1995).

A Disneyzação é um processo menos visível do que a chegada de nomes de marcas em mercados estrangeiros. É um conjunto de processos destinados a maximizar a disponibilidade dos consumidores para adquirir bens e serviços que, em muitos casos, eles talvez não estivessem propensos a comprar, ou que talvez fossem comprar de um competidor. A tematização proporciona ao consumidor uma narrativa que atua como ímã, ao proporcionar experiências que diminuem a sensação de uma transação econômica e aumentam a probabilidade de aquisição de artigos licenciados. O consumo híbrido destina-se a dar ao consumidor tantas oportunidades quantas possível de fazer compras e, portanto, de mantê-lo pelo maior tempo possível no parque temático, no shopping, ou em lugares do gênero. O trabalho emocional é o lubrificante de todo esse processo, em muitos sentidos: diferenciando bens e serviços, afora isso idênticos; agindo como contraparte concreta da tematização, e servindo como meio de aumentar a propensão à aquisição de mercadorias.

Estruturas de similaridade

A direção para a qual estas reflexões estão apontando é que panoramas sistêmicos como a Disneyzação e a McDonaldização constituem moldes para a maneira como os bens e serviços são apresentados e prestados na sociedade moderna. Quando exportados, são capazes de ser adaptados às condições, circunstâncias e cultura locais, de numerosas maneiras, tanto pelas corporações como pelos consumidores. Eles não determinam as formas que essas instituições assumirão. Em vez disso, apresentam modelos básicos que permitirão variações nas formas concretas, assumidas pelas instituições. Entretanto, existe uma diferença crucial entre a Disneyzação e a McDonaldização. Embora haja evidências de pesquisas sobre a exportação da McDonald's e sua recepção por consumidores internacionais, sugerindo que a McDonaldização não deveria ser automaticamente associada com homogeneidade de aparência e reações,[31] também precisa ser reconhecido que a McDonaldização é consideravelmente mais propensa a criar um senso de homogeneização do que a Disneyzação. Na realidade, uma das dimensões da McDonaldização – a previsibilidade – está em grande medida associada com a tendência à padronização. Nas palavras de Ritzer:

> A racionalização envolve o esforço progressivo para garantir a previsibilidade, de um tempo ou lugar, para outro. Numa sociedade racional, as pessoas preferem saber o que esperar em todos os ambientes, e a todo

[31] Fantasia (1995); Watson (1997a).

> momento. Elas não querem nem esperam surpresas... Para assegurar essa previsibilidade de lugar e tempo, a sociedade racional enfatiza coisas tais como disciplina, ordem, sistematização, formalização, rotina, consistência e operações metódicas.[32]

Em outras palavras, a homogeneidade e a padronização encontram-se no cerne mesmo da McDonaldização. Embora os restaurantes McDonald's freqüentemente adaptem seus cardápios em outros países para se ajustar aos usos locais dos restaurantes nativos, como a atitude de tratá-los como centros de lazer em determinados setores do leste asiático,[33] os traços básicos de um restaurante McDonald's continuam geralmente intactos e altamente previsíveis, quanto à comida e sua apresentação. Assim, como panorama sistêmico de um serviço, a McDonaldização é capaz de certa adaptação às condições locais, mas a ênfase na previsibilidade tende a impulsioná-la rumo à homogeneidade e à padronização.

Beck, por exemplo, vinculou a McDonaldização e a homogeneização. Ele escreve:

> A palavra-chave se tornou *McDonaldização*. De acordo com essa visão, há uma uniformidade ainda maior de estilos de vida, símbolos culturais e modos transnacionais de comportamento. Nas pequenas comunidades da Baixa Bavária, assim como em Calcutá, Cingapura, ou nas favelas do Rio de Janeiro, as pessoas assistem *Dallas* na tv, usam calças *jeans* e fumam Marlboro como sinal de uma "natureza livre e intacta". Em suma, uma indústria cultural global significa cada vez mais a *convergência* de símbolos culturais e modos de vida.[34]

Já a Disneyzação funciona de outro modo. É um panorama sistêmico de serviços para estimular a variedade e a diferenciação. É um mecanismo de oferta de bens e serviços que enfatiza a distinção da oferta desses serviços e bens por outros fornecedores. O modelo essencial da oferta de bens e serviços associados com um panorama sistêmico como a Disneyzação cria *estruturas de similaridade*, dentro das quais instituições e organizações comerciais e de outra natureza podem assumir uma ampla variedade de formas. Por exemplo, a tematização permite diversos estilos e intensidades na

---

32 Ritzer (1993: 83).
33 Watson (1997a).
34 Beck (2000: 42; ênfase como o original).

aplicação das narrativas. Portanto, isso pode assumir uma larga variedade de tipos ou padrões, que tanto podem variar extensamente dentro de cada nação como entre todas elas. Por conseguinte, embora se possa entender que a Disneyzação implica uma lógica da homogeneidade em nossa cultura e suas instituições, não é provável que surja essa dimensão comum. Dentro das estruturas de similaridade que a Disneyzação cria, são possíveis e prováveis de se esperar amplas variações práticas, conforme a Disneyzação atravessa toda a gama de nuances das condições locais. A Disneyzação cria estruturas de similaridade que permitem uma considerável variação no sentido da aparência externa, em lugar de formas homogêneas.

Naturalmente, poder-se-ia argumentar que muitos portadores da Disneyzação são, na realidade, marcas e cadeias globais que arrastam a Disneyzação em sua esteira. Uma operação totalmente Disneyzada como o Hard Rock Cafe, por exemplo, é tanto um prestador de bens e serviços globalmente reconhecidos como um transmissor da Disneyzação. Nessa medida, seria possível afirmar que a Disneyzação está associada com a homogeneização cultural. No entanto, o ponto sobre a Disneyzação e a sugestão de que cria estruturas de similaridade é que ela não está sendo simplesmente exportada por marcas e organizações proeminentes e globalmente reconhecidas. Dois pontos se destacam aqui. Primeiro, quando alguma coisa tal como um restaurante tematizado alcança o mercado externo é muito provável que passe por um processo de localização do tipo esboçado anteriormente. Segundo, e mais importante, a Disneyzação também é importada pelos negócios e empresários locais, que a modelam em formas culturalmente modificadas. Por conseguinte, não devemos pensar que os princípios subjacentes da Disneyzação criam uniformidade, no sentido de poderem tanto ser *exportados* por empresas transnacionais como *importados* pelos negócios locais, como parte de um processo de imitação e assimilação. Quando ocorre esse processo de imitação e assimilação, a natureza do negócio em pauta será provavelmente moldada pelas preferências locais, ao mesmo tempo que se mantêm geralmente intactos os princípios básicos da Disneyzação. Por exemplo, Ritzer se refere ao caso interessante do Rock in Rio Café, na América Latina, que foi claramente influenciado pelos restaurantes tematizados nos Estados Unidos, mas que colocou seu próprio selo no formato. Os clientes entram por um monotrilho, são projetadas imagens nas paredes de modo que a decoração muda constantemente, e há um show pirotécnico dentro do salão, todas as noites. O dono da cadeia pergunta: "Por que importar algo dos Estados Unidos quando podemos fazer nós mesmos uma coisa melhor?".[35] Em casos assim, o princípio da tematização foi importado, mas submetido em seguida a uma repaginação exclusiva, de modo que a sensação de *dejà vu* associada à padronização é muito menor.

Anti-Disneyzação

Poder-se-ia imaginar que a Disneyzação tem menos chances que outras tendências globalizadoras de dar margem ao desprazer de autores contrários à globalização. Antes de mais nada, esse processo não é uma força homogeneizadora e, como tal, é menos vulnerável à acusação de criar um mundo vazio, só com mesmices. Além disso, a Disneyzação está muito menos diretamente associada com companhias específicas do que o fluxo de instituições e nomes de marcas proeminentes. São justamente as empresas que estão profundamente associadas com essas marcas (como McDonald's, Starbucks, Nike, Burger King, Coca-Cola) que são os alvos típicos da ira desses estudiosos.[36] A Disneyzação pode estar diretamente associada com empresas que exportam seus princípios, por mais que os formatos sejam localizados, mas também é adotada no exterior por empresas locais, como fica sugerido pela discussão do final da seção precedente. Assim, a falta de ligação direta da Disneyzação com empresas específicas torna-a menos visível e, pelo menos em alguma medida, talvez, menos sujeita a objeções.

Que a Disneyzação tem menos probabilidade de dar origem a essas críticas que as empresas transnacionais e suas marcas não é suficiente para torná-la imune a críticas ideológicas. A Disneyzação é vulnerável em várias frentes. As listadas a seguir foram abordadas nos capítulos anteriores:

— *Distorção da história e do local.* O amplo uso, via tematização, de períodos e eventos históricos como alicerce da atividade comercial tem sido criticado pelas imagens freqüentemente sanitizadas e pasteurizadas, que são servidas como relatos em miniatura do que aconteceu no passado. As distorções que se acumulam em locais como South Street Seaport em Nova York, e The Rocks em Sidney, são exemplos de maneiras pelas quais o passado é customizado e também expurgado da realidade bruta do trabalho cotidiano pesado, da exploração e da pobreza. Essas representações têm sido alvo de fortes debates por parte de muitos autores, alguns dos quais foram mencionados no Capítulo 2. Nesse mesmo sentido, imagens de lugares são propen-

[35] Ritzer (1999: 49).
[36] Por exemplo, Klein (2000).

sas a sofrer distorções e freqüentemente produzem representações condescendentes, imbuídas de tons coloniais sub-reptícios. Ainda a esse respeito, vale a pena observar que grandes somas poderiam ser investidas para criar formas de representação atraentes para fins educacionais poderiam dificultar em muito que organizações pedagógicas públicas pudessem competir em termos tanto dos mecanismos para transmitir suas mensagens educacionais como para subverter aquelas versões simplistas de tempo e espaço.

– *Manipulação de crianças.* A Disneyzação está fortemente associada com a manipulação de crianças. Como vimos nos capítulos 3 e 4, o uso de técnicas como distribuir brinquedos em refeições e o merchandising generalizado direcionado a crianças são apelos ostensivos de marketing para fazer as crianças gastarem mais o dinheiro de seus pais. Como as crianças são vistas como alvos mais vulneráveis a tais apelos, alguns formadores de opinião, como o Arcebispo de Canterbury, consideram essas técnicas repreensíveis por sua insistência em impingir o consumismo entre jovens.[37]

– *Manipulação dos consumidores.* O uso de várias táticas para levar os consumidores a ficar mais tempo em locais de consumo e adquirir artigos que não tinham pretensão de comprar, mediante o posicionamento estratégico das lojas; o uso da tematização para criar uma atmosfera lúdica e induzir o público a gastar mais; e dirigir seus movimentos para que comprem, são todos aspectos da Disneyzação passíveis de serem criticados. Claro que, como notamos no capítulo anterior, não deveríamos presumir que os consumidores são marionetes acéfalas, capazes de sucumbir cegamente a todas as estratégias, mas a freqüência com que essas táticas são empregadas nos dias de hoje sugere que, pelo menos parte do tempo, elas são bem-sucedidas.

– *Manipulação das emoções dos funcionários.* O uso extenso do trabalho emocional como meio de diferenciar serviços significa que os funcionários estão sendo cada vez mais alvo da expectativa de que demonstrem certas emoções e que suprimam outras. Essa manipulação dos sentimentos dos funcionários a seu próprio respeito e sua situação profissional pode, para alguns, ser profundamente alienante e, para alguns deles, há evidências de que os efeitos de tal processo sobre seu bem-estar às vezes são negativos. Por outro lado, embora essa seja uma possível fonte de críticas, como o ponto anterior, não se deveria supor que as pessoas são passivas diante das insistências de uma organização. Muitas vezes elas são capazes de reagir às exortações descabidas e revidar de maneiras bem pessoais.

---

[37] Ver Helgadottir (2003) para outra explosão contra o uso de merchandising dirigido a crianças.

Essas e outras fontes similares de críticas da Disneyzação ficaram implícitas nos capítulos anteriores. No entanto, as possíveis bases para uma crítica ideológica da Disneyzação não terminam aqui e os pontos seguintes podem valer a pena ser salientados.

Trabalho suado

Uma boa parte das mercadorias licenciadas, aparentemente benignas, à venda em parques temáticos, restaurantes tematizados e outros pontos-de-venda similares costuma ser produzida dentro de um processo de trabalho suado. Em agosto de 1996, Tracy participou de uma pesquisa de mercado com mercadorias licenciadas pela Disney para *O Corcunda de Notre-Dame*, à venda em diversas lojas de Tucson, no Arizona.[38] Essa pesquisa abrangia dados sobre o local da produção industrial e o preço e o tipo do artigo. Foi constatado que 47% dos produtos eram provenientes do que ele chama de "países dependentes". Desses produtos, 16% eram produzidos em países em que a remuneração média anual do trabalhador ficava abaixo dos US$ 4,000. Esses artigos são geralmente produzidos em condições de trabalho extremamente penosas, a salários aviltantes. Até mesmo na China, que é um dos países dependentes (embora não pertencendo aos 16% citados antes), ele cita uma pesquisa de 1999 que relatava condições de trabalho extremamente pobres nas fábricas chinesas produtoras de mercadorias licenciadas pela Disney. Aparentemente, jornadas de trabalho de 16 horas não eram incomuns nas fases de pico de produção.

Além disso, até mesmo os itens produzidos nos Estados Unidos, compondo 48% do total de mercadorias do *Corcunda*, são freqüentemente manufaturados segundo condições fabris de péssima qualidade. Esse é especialmente o caso dos itens de vestuário que, conforme Tracy sugere, são muitas vezes fabricados em verdadeiras saunas, independentemente de seu país de origem. Essas fábricas não pagam o salário mínimo, nem hora extra, nos Estados Unidos. Os donos dessas fábricas freqüentemente se aproveitam do fato de os operários não terem status legal de imigrantes e, portanto, não terem condições de reclamar. Tracy afirma que, como a Disney cobra muito pelos acordos de licenciamento, os licenciados são obrigados a encontrar os meios menos dispendiosos possíveis, e é essa pressão que resulta no uso disseminado do trabalho explorado. O ataque de Klein ao uso da exploração

[38] Tracy (1999). Ver também a discussão no Capítulo 4 da mesma pesquisa, em relação a Pecora e Meehan (2001).

no trabalho para a produção de itens licenciados também levava em conta artigos para a Disney[39] em sua pesquisa. Embora seja difícil estabelecer a predominância de locais de exploração do trabalho de produção de artigos licenciados, do tipo discutido no Capítulo 4, o caso dos artigos relacionados aos filmes da Disney sugere que eles também podem estar envolvidos na fabricação desses outros tipos de mercadoria.

Destruição da Terra e dos habitats

A Disneyzação requer, muitas vezes, projetos de construção em larga escala, marcados por alto teor de destrutividade de terras e habitats naturais de animais, que são pulverizados por tratores. Isso é especialmente provável ocorrer com os parques temáticos e com os grandes shoppings tematizados. Certamente, os próprios parques temáticos Disney servem, em si mesmos, como lembretes desse aspecto indesejável da Disneyzação que, pelo menos em parte, pode ser generalizado para outros projetos de grande escala, caracterizados pelos mesmos princípios. O Disney World serve como lembrança dos danos ambientais coligados à Disneyzação. Quando o editor-assistente da *National Geographic* visitou a região, foi informado por um ambientalista de que o desenvolvimento de Orlando provavelmente resultaria "na morte do sul da Flórida, causada pela sede".[40] Embora esse ponto de vista seja injustificadamente pessimista, na opinião de outros estudiosos citados no artigo de Judge, é importante ter em mente que foi externado cerca de apenas um ano após a inauguração do Magic Kingdom de Orlando e, portanto, muito antes da inauguração de outros parques temáticos da Disney, de outras empresas, e de várias outras atrações Disneyzadas na região. Em outras palavras, desde que essas palavras foram divulgadas, mais 30 anos de desenvolvimentos ocorreram nessa região e, portanto, exerceram seus próprios impactos sobre esse ecossistema. Um tom de culpa pelo impacto da Disneylândia no ambiente local é palpável na seguinte passagem, escrita pelo fundador da Universidade da Disneylândia:

> Aqueles de nós que trabalham no projeto da Disneylândia sentimos que estamos levando "progresso" a uma comunidade agrícola. Em nome do progresso estamos substituindo a fragrância de laranjais por cheiro de poluição, e estradas vicinais por auto-estradas de pistas duplas, e casas amplas e confortáveis por motéis, shopping centers e restaurantes de fast-food.[41]

[39] Klein (2000: 328; 353).
[40] Citado em Judge (1973: 596).
[41] France (1991: 19).

Nesse mesmo sentido, a expansão de desenvolvimentos maciços do tipo que a Disneyzação freqüentemente acarreta cria uma situação em que o Estado se torna preocupado em dar apoio aos parques temáticos e outros projetos, envolvendo o comércio varejista de larga escala, em detrimento de atrações nativas ou naturais que, em última análise, acabam sendo negligenciadas. Cartier demonstrou como, no pequeno Estado malaio de Melaka, a tendência a encorajar a implantação de locais de lazer artificial levou ao abandono de atrações autênticas de interesse tanto histórico como natural, em favor de projetos de perfil mais tecnológico.[42] Não só isso resultou numa distorção da natureza do turismo na região, como também criou diversos problemas para os ecossistemas nativos.

Dilapidação de cidades

O surgimento de mais e mais destinos para compras e lazer nos arredores de grandes metrópoles tem levado à deterioração da malha urbana de muitas cidades. Como já apontado em capítulos anteriores, as cidades passaram a ser vistas como áreas perigosas, e desenvolvimentos Disneyzados como esses têm capitalizado tais receios para criar uma impressão de segurança. Como resultado disso, muitos centros de cidade têm sofrido por se tornarem perigosos e locais onde "não ir".[43] Novamente, Orlando funciona como uma advertência. Quando um jornalista inglês visitou o centro da cidade em Orlando disse: "O centro da cidade... hoje é um local caído. Lojas ilegais, mendigos sem-teto dormindo em bancos, avisos da polícia dizendo que a área é monitorada por circuitos de tv, muito lixo".[44]

Algumas cidades reagiram ao medo aquartelado no centro de sua área urbana, criando outras áreas de comércio com lojas sofisticadas e restaurantes elegantes para turistas e cidadãos locais abastados, protegidos por uma ostensiva força de segurança.[45] Nas palavras de Zukin, esses desenvolvimentos "tornam a zona da orla, das cidades mais antigas, um grande local de diversões muito mais seguros para turistas e consumidores culturais do que os antigos ambientes fechados da pesca por atacado, dos grandes negociantes de frutas e verduras e dos pescadores profissionais".[46] Essa estratégia, no entanto, só muda o endereço do problema, uma vez que deixa as áreas da

[42] Cartier (1998).
[43] Hubbard (2002, 2003).
[44] Chesshyre (2002b: 2).
[45] Coleman e Sim (1998); Fainstein e Judd (1999).
[46] Zukin (1995: 19).

cidade excluídas dessa bolha turística às voltas com dificuldades para manter os seus negócios em funcionamento e manter a segurança nessas regiões. Embora haja diversos fatores contribuindo para o declínio de áreas centrais nas cidades, dentre os quais a Disneyzação é apenas um, ele não obstante constitui um ingrediente importante, especialmente em termos de sua contribuição para a percepção de que centros de cidade são locais perigosos, e que devem ser evitados.

Criação de cidadãos parciais

Foi dito, na abertura deste capítulo, que a Disneyzação é movida pelo consumo e pelo consumismo, em especial. Essa é a razão de ser da Disneyzação. A cidadania, dentro da Disneyzação, praticamente chega a ser definida em função da capacidade que cada pessoa tem para consumir. Conseqüentemente, como vimos no último capítulo, os que não têm capacidade para consumir, ou que só a têm em condição limitada, ou que eventualmente podem até atrapalhar esse consumo em outros clientes, são excluídos ou acompanhados pelo olhar vigilante de câmeras e guardas de segurança.

Um dos problemas da ênfase no consumismo é que é fácil ser levado pela visão de que o mundo por aí está repleto de consumidores dotados de discernimento, cuidadosos com o uso de seus cartões de crédito, e que não poupam esforços para realizar seus projetos de vida desenvolvendo estilos de vida singulares, nos quais almejam se envolver cada vez mais. Esse comportamento até pode ocorrer, mas devemos ter em mente que muitas pessoas de baixa renda, ou portadores de incapacidades que interferem com sua busca de consumo, estão em sentido totalmente real alijados de uma participação significativa na cultura de consumo, ou pelo menos não têm condições de participar dela. Como suas vidas devem parecer vazias, monótonas, tediosas e cansativas, do ponto de vista dos textos sobre consumo. Da mesma maneira como – segundo já notaram há muito tempo os pesquisadores dos parques temáticos Disney – são geralmente famílias da classe média e dos estratos mais afluentes da classe trabalhadora que atravessam esses portões, também com o consumo em geral se verifica a mesma tendência.

Bauman é um dos autores sobre consumismo e sociedade de consumo que leva a pobreza a sério.[47] Ele afirma que, essencialmente, o pobre na sociedade de consumo não é normal. Ele não pode participar, da mesma maneira que membros mais afortunados, porque não tem os meios necessários

[47] Bauman (1998).

para sucumbir às investidas dos fornecedores de bens e serviços. Portanto, o pobre, como ele diz, é "um consumidor que veio com defeito".[48] Numa sociedade de consumo, o ponto crucial não é que o pobre não trabalha, ou que só trabalha irregularmente, ou que é pessimamente pago; o problema é que ele não consome, ou mais precisamente que ele não consome da maneira como é esperado numa sociedade de consumo, em que a Disneyzação age como incentivadora desse processo.

A discussão de Bauman nos lembra que, em nosso fascínio pela descoberta do consumismo, não devemos ignorar o pobre simplesmente porque ele não cabe no quadro geral. Esse autor nos lembra que um número significativo de pessoas é desautorizado de participar do consumismo e, por implicação, do que a Disneyzação tem a oferecer. Em certo sentido, os pobres só são capazes do que chamo de consumo limitado, quer dizer, um consumo limitado em relação aos supostos critérios de uma sociedade de consumo. Mas, da perspectiva da Disneyzação, o notável não é só que o pobre seja um consumidor com defeito, mas que também seja um cidadão limitado. Sua capacidade de entrar nos templos da Disneyzação é limitada não só por sua capacidade de adquirir as ofertas, mas também porque esses templos são fortemente guardados e vigiados. Essa questão, como as outras que sugeri nesta seção sobre "anti-Disneyzação", é um problema inquietante que torna a Disneyzação um processo vulnerável a críticas ideológicas, mesmo que possivelmente seja menos provável atrair a atenção dos ativistas e autores contrários à globalização.

A economia encontra a cultura

A Disneyzação oferece uma ilustração notável de um processo para o qual muitos autores chamaram a atenção, a saber, a crescente interpenetração entre o econômico e o cultural. Embora as duas esferas tenham sempre sido interligadas, como Lash e Urry argumentaram, "a economia está cada vez mais infectada pela cultura e... a cultura está cada vez mais infectada pela economia. Assim, os limites entre as duas se tornam mais e mais indistintos...".[49] O primeiro processo fica evidente na maneira como as organizações comerciais se serviram de noções culturais consagradas quanto a tempo, lugar e etnicidade, para tematizar ambientes comerciais. O ponto central nessa ligação não é, porém, que esses idiomas culturais sejam representações que em

---

[48] Bauman (1998: 38, 90).
[49] Lash e Urry (1994: 64).

geral contêm distorções construídas ao longo de várias décadas. Elas servem como emblemas amplamente reconhecidos em nossa cultura, e apropriados pela esfera comercial em seguida. Narrativas temáticas que foram apropriadas comercialmente retornam como informações à cultura e são reforçadas pelas empresas.

No mesmo sentido, a cultura se torna cada vez mais marcada pela economia, quando as organizações comerciais criam idiomas que encontram uma maneira de alcançar o cultural. Esses elementos culturais são representações que muitas vezes higienizam e distorcem. Não há lugar mais evidente para essa distorção do que nos freqüentes apelos a sentimentos nostálgicos, referentes a um tempo perdido mas reverenciado, quando supostamente a vida era mais exótica, mais simples ou mais variada. Como foi salientado no Capítulo 2, um exemplo dessa tendência são desenvolvimentos tais como o uso muito difundido de urbanização da orla marítima, com imagens de uma reconstrução parcial de tempos passados das aventuras mercantis e marítimas. A nostalgia fabricada, da qual a atividade comercial se apropria, é aquela que mascara as partes desagradáveis e, nesse sentido, é justificadamente citada como "lembrança da qual a dor foi removida".[50] No entanto, o fato de que esses idiomas culturais são distorções não é o ponto principal da presente discussão; o ponto principal é que eles são fabricações com forma definida injetados em nossa cultura, como se fossem representações de tempos e lugares do passado. Por conseguinte, aumentam nosso acervo cultural de equívocos.

Um outro aspecto do modo como a cultura se torna cada vez mais atingida pela economia ocorre em relação com o merchandising, em que os itens que ostentam o logo comercial vêm para introduzir na cultura uma noção do que é uma lembrancinha. Além disso, sites de consumo híbrido propõem-se a influenciar nosso critério do que constitui um destino, de modo que os destinos estão sendo, cada vez mais, vistos em conexão com compras e alimentação.

Além disso, achamos que a própria noção de cultura terminou por adquirir um notório componente econômico. No Capítulo 5, notamos que uma maneira que muitos consultores de administração e organizações tentaram implantar para estimular em seus funcionários o compromisso com a organização foi "administrar" a cultura de suas organizações. Na realidade, esse foi apenas um dos motivos para o soar das trombetas conclamando uma

---

[50] Lowenthal (1985: 8).

mudança na cultura corporativa, nos anos 80 e 90, mas teve um merecido destaque. A noção de que "as empresas com relatório de desempenho financeiro notável geralmente têm culturas corporativas fortes"[51] instalou a moda de administrar culturas para torná-las mais distintivas, o que recebeu mais incentivos pelo uso cada vez mais popular de iniciativas de AQT, nas quais a mudança cultural é um ingrediente chave.[52] Alguns autores expressaram suas dúvidas a respeito de até que ponto a mudança cultural administrada realmente causa impacto nos valores e crenças dos funcionários, por oposição ao seu comportamento.[53] Contudo, um ponto mais crucial é que o movimento cultural dos anos 80 que, por causa de suas afinidades com a AQT, não desapareceu de maneira alguma, transmitia uma imagem da "cultura" como algo com implicações econômicas, passível de ser administrada. Nesse sentido, a cultura se tornou um item central à esfera comercial, como algo que pode ser convocado para fins comerciais e, de fato, é inseparável destes. Essa visão altera radicalmente a nossa percepção do que são as culturas, de onde vêm, e como surgem, mas o mais importante é que passa em revisão o nosso entendimento do que elas são, ao revesti-las de um aspecto econômico.

Conclusão

Neste capítulo final, tentei esboçar algumas das ramificações mais amplas da Disneyzação e algumas das questões teóricas mais extensas com que, a meu ver, esse processo está envolvido. Em certo sentido, torna-se uma lente útil por meio da qual considerar vários pontos relevantes para as ciências sociais contemporâneas, tais como a globalização e a fusão entre o econômico e o cultural. Ainda mais fundamentalmente, tentei delinear como percebo a Disneyzação, quer dizer, como um conjunto de processos envolvendo o globo e que têm ligação com a construção de uma referência para a produção de bens e serviços, em particular, que são desejáveis e, portanto, mais possíveis de serem adquiridos. A Disneyzação não é, de maneira alguma, uma alternativa ao conceito da McDonaldização e em muitos sentidos tem a ver com aumentar a sedução dos bens e serviços, diante da crescente padronização associada com o processo de McDonaldização.

Quase certamente a Disneyzação não infiltrou as economias e culturas modernas no mesmo grau que a McDonaldização. Em especial, relativamen-

---

[51] Uttal (1983: 66).
[52] Powell (1995).
[53] Por exemplo, Thompson e Findlay (1999).

te poucas instituições são plenamente Disneyzadas quanto a todas as quatro dimensões. Nesse sentido, vale a pena recordar a distinção introduzida no Capítulo 1, entre a Disneyzação estrutural e a transferida. O sucesso dos parques temáticos Disney e o contato cada vez maior que as pessoas de várias partes do globo têm com eles (visitando-os na categoria de turistas internacionais, ou locais, quando de sua exportação para outros países) intensificam a consciência que elas têm das vantagens comerciais da Disneyzação, entre outras vantagens. Em outras palavras, a conscientização progressiva dos parques provavelmente resultará em mais casos de transferência da Disneyzação, embora sua vertente estrutural também deva continuar crescendo em ritmo veloz. Nos capítulos anteriores, especialmente no 5, demonstrei que esse processo de transferência da Disneyzação já quase que certamente está em andamento.

É cada vez maior o reconhecimento de que os parques temáticos Disney são largamente vistos como modelos a ser diretamente copiados, e as dimensões da Disneyzação expostas neste livro provavelmente têm implicações profundas nesse processo de cópia. Como disse determinado autor:

> A Disney foi tão bem-sucedida na promoção de um novo tipo de espaço reservado de lazer que a Disneylândia e, em particular, o Disney World se tornaram não só líderes como produtos, mas também verdadeiras referências em relação às quais um leque cada vez mais largo de instalações lidando com o público em geral é medido, quer pelos empreendedores, quer pelo público. Estas variam de shopping centers a toda uma nova geração de feiras e convenções mundiais, através de galerias e museus... Cada shopping, e não só cada empresário de parques de diversão, tem de reconhecer que a Disney estabeleceu o padrão para empreendimentos integrados de grande porte, da mesma forma como um dia Henry Ford estabeleceu o critério para a produção dentro de fábricas.[54]

A referência de Mills a feiras mundiais é notável, à luz da influência cada vez maior dos parques temáticos Disney sobre essas instituições. Roche cita o diretor da Expo '86, que teria dito, em resposta a uma pergunta sobre a Disneylândia relativa a seus planos para a feira: "Quando você me pergunta sobre a Disneylândia tenho de dizer que é uma das experiências de maior qualidade que existe em termos de parques temáticos, e que o que gostarí-

[54] Mills (1998: 5).

amos de ver é esse tipo de qualidade operacional aplicada ao produto feira mundial... Nosso compromisso é atingir uma alta qualidade em educação e entretenimento".[55] No mesmo sentido de Mills, Zikin escreve:

> O Disney World não é importante só porque confirma e consolida a significação do poder cultural – o poder de impor uma visão – para o controle social. É importante porque oferece um modelo de privatização e globalização; lida com a diversidade social; impõe uma estrutura de significado à cidade, estrutura que, numa fase anterior da história, decorreu de outras formas de cultura pública.[56]

E um outro autor observa:

> Quer consideremos a Disneylândia como um grande berçário do f ungo da falta de bom gosto e do controle corporativo, ou como uma sementeira para a exuberância e a criatividade folclóricas, ela remodelou as paisagens global e americana na forma de parques temáticos, shopping centers, locais de fast-food, centros esportivos, museus, locais reservados a lazer e comunidades planejadas.[57]

Davis sugere que "os planejadores urbanos e os projetistas de shopping centers recorrem fortemente às técnicas dos parques temáticos".[58] Em outras palavras, para diversos estudiosos, os parques temáticos Disney servem de modelos para cidades, shoppings, museus e uma variedade de outras instituições e formas de organização. Levando esse ponto um pouco mais adiante, Zukin descreve "o regime de consumo Disney" como um sistema que "cria um espaço público seguro e limpo em que pessoas desconhecidas aparentemente confiam umas nas outras e só 'se divertem'. A sedução desse feito é universal".[59] Esse regime é descrito como uma grande influência sobre as cidades modernas e seus ambientes de consumo. Às vezes, o processo de imitação é relativamente direto. Judd salientou que foi James Rouse, o arquiteto por trás do tão copiado Faneuil Hall em Boston, que elogiou amplamente as virtudes do impacto da Disney sobre o planejamento urbano, treze anos an-

[55] Citado em Roche (2000: 127).
[56] Zukin (1995: 77).
[57] Steiner (1998: 8).
[58] Davis (1997: 23).
[59] Zukin (1998: 832).

tes que esse local fosse inaugurado.[60] Além disso, é possível que os criadores e executivos que se associaram com a Disney e seus parques temáticos e que seguiram em frente tenham proporcionado um banco de talentos que outras companhias nas indústrias do entretenimento e outras mais foram capazes de acionar para seus próprios projetos. E, naturalmente, os programas de treinamento administrativo da Disney em si mesmos têm alta probabilidade de influenciar o trabalho e as rotinas dos recursos humanos nos setores administrativos de diversas empresas (ver Capítulo 5). Isso é reconhecido por Zuki, quando escreve que "o controle do Disney World sobre sua força de trabalho e a interação destes funcionários com os consumidores têm sido usados como modelos para outras empresas prestadoras de serviços".[61]

O que comprovamos nessas várias perspectivas é a sugestão de que os parques temáticos Disney servem de modelo para toda uma variedade de instituições sociais. Elas implicam que um processo de transferência da Disneyzação está em andamento, mas em termos gerais há referências indicando que os parques temáticos Disney estão servindo de modelo, sem delinear mais precisamente qual é a natureza desse impacto. Foi justamente essa questão que tentei tratar com este livro. Embora todos esses diversos estudiosos sugiram que há uma tendência de crescimento para a transferência da Disneyzação, a Disneyzação estrutural também continua ocorrendo e é provável que se mantenha assim. Juntos, esses dois processos contribuirão para a crescente Disneyzação da sociedade.

[60] Judd (1999).
[61] Zukin (1995: 55).

Bibliografia

Adams, J.A. (1991) *The American Amusement Park Industry: A History of Technology and Thrills*, Boston: Twayne Publishers.

Akwagyiram, A. (2001) "Potter-mania boost for sock business", *Nottingham Evening Post*, 23 de novembro: 3.

Alexander, G. (1993) "Takeover titans fight to control marvel", *Sunday Times* (caderno de Negócios), 25 de março: 3.7.

Anderson, K. (1995) "Culture and nature at the Adelaide Zoo: at the frontiers of 'human' geography", *Transactions of the Institute of British Geographers*, 20: 275-94.

Anôn. (1932) "Mickey Mouse's fourth birthday", *Motion Picture Herald*, 1° de outubro: 42-3, 5I.

Anôn. (1948) "The mighty mouse", *Time*, 25 de outubro: 33.

Anôn. (2001) "'McAtlas shrugged", *Foreign Policy*, maio/junho: 26-37.

Appadurai, A. (1990) "Disjuncture and difference in the global political economy'" in M. Featherstone (org.), *Global Culture: Nationalism, Globalization and Modernity*, Londres: Sage.

Armstrong, P. (2000) "Phantom takes it out of character", *The Times*, 31 de maio: 32.

Armstrong, S. (1999) "How to make a killing", *Sunday Times* (caderno de Cultura), 24 de janeiro: 10.

Ashworth, J. (2000) "Diana fund seeks to build new brand", *The Times*, 21 de junho: 31.

Ashworth, J. (2002) "New chapter after Star Wars fiasco", *The Times*, 5 de março: 30.

Augé, M. (1995) *Non-places: Introduction to an Anthropology of Supermodernity*, Londres: Verso.

Azaryahu, M. (1999) "McDonald's or Golani junction? A case of a contested place in Israel", *Professional Geographer*, 51: 481-92.

Bagli, C.V. (1998) "Novelty gone, themed restaurants are tumbling", *New York Times*, 27 de dezembro (consulta *online*).

Bagli, C.V. (2001) "Toy store is leading retail shuffle in Times Sq", *New York Times*, 15 de dezembro (consulta *online*).

Bailey, A. (1982) *Walt Disney's World of Fantasy*, Nova York: Everest House.

Bain, P. e Taylor, P. (2000) "Entrapped by the 'electronic panopticon'? Worker resistance in a call centre", *New Technology, Work and Employment*, 15: 2-18.

Baldwin, D. (2002) "Main Street as memory lane", *New York Times*, 10 de janeiro (consulta *online*).

Bale, J. (1998) "Princess fund sues over US 'Diana doll'", *The Times*, 19 de maio: 11.

Ball, E. (1991) "Theme player: Disneyland is our land', *Village Voice*, 6 de agosto: 81.

Barber, B.R. (1995) *Jihad vs. McWorld: How Globalism and Tribalism are Shaping the World*, Nova York: Times Books.

Barboza, D. (1999) "The Markets: Market place-pluralism under golden arches; from abroad, McDonald's finds value in local control", *New York Times*, 12 de fevereiro.

Barker, P. (1996) "Living on the edge", *Guardian*, 8 de outubro: 2-3.

Bates, W. (1997) "Distributors of adult materials sue over handbill ban", *Las Vegas Review-Journal*, 4 de fevereiro. www.reviewjournal.com/lvrj_home/1997/feb-04-tue-1997/news/4798395.html

Bauman, Z. (1998) *Work, Consumerism and the New Poor*, Buckingham: Open University Press.

Beardsworth, A. e Bryman, A. (1999) "Late modernity and the dynamics of quasification: the case of the themed restaurant", *Sociological Review*, 47: 228-57.

Beardsworth, A. e Bryman, A. (2001) "The wild animal in late modernity: the case of the Disneyization of zoos", *Tourist Studies*, 1: 83-104.

Beck, U. (2000) *What* is *Globalization?* Cambridge: Polity Press.

Bellas, M.L. (1999) "Emotional labor in academia: the case of professors", *The Annals of the American Academy of Political and Social Science*, 561: 96-110.

Bitner, M.J. (1992) "Servicescapes: the impact of physical surroundings on customers and employees", *Journal of Marketing*, 56: 57-71.

Bitner, M.J., Booms, B.H. e Tetreault, M.S. (1990) "The service encounter: diagnosing favorable and unfavorable incidents", *Journal of Marketing*, 54: 71-84.

Bloch, P.H., Ridgway, N.M. e Dawson, S.A. (1994) "The shopping mall as consumer habitat", *Journal of Retailing*, 70: 23-42.

Blocklyn, P.L. (1988) "Making magic: the Disney approach to people management", *Personnel*, 65 (dezembro): 28-35.

Bolton, S.C. (2000) "Emotion here, emotion there, emotional organisations everywhere", *Critical Perspectives on Accounting*, 11: 155-71.

Bolton, S.C. e Boyd, E. (2003) "Trolley dolly or skilled emotion manager? Moving on from Hochschild's Managed Heart", *Work, Employment and Society*, 17: 289-308.

Bone, J. (2001) "Diners are back on the US menu", *The Times*, 25 de junho: 9.

Boyer, M.E. (1992) "Cities for sale: merchandising history at South Street Seaport", in M. Sorkin (org.), *Variations on a Theme Park: The New American City and the End of Public Space*, Nova York: Noonday.

Boztas, S. (2003) "Rowling could win L10m at quidditch", *Sunday Times,* 4 de maio: 1.13.

Brannen, M.Y. (1992) " 'Bwana Mickey': constructing cultural consumption at Tokyo Disneyland", in J.J. Tobin (org.), *Re-Made in Japan: Everyday Life and Consumer Taste in a Changing Society,* New Haven, CT: Vale University Press.

Bright, R. (1987) *Disneyland: Inside Story,* Nova York: Harry N. Abrams.

Brodie, I. (1996) "Gambling on a modern Marvel", *The Times,* 18 de novembro: 46.

Bryman, A. (1995) *Disney and his Worlds,* Londres: Routledge.

Bryman, A. (1997) "Animating the pioneer versus late entrant debate: an historical case study", *Journal of Management Studies,* 34: 415-38.

Bryman, A. (1999a) "Theme parks and McDonaldization", in B. Smart (org.), *Resisting McDonaldization,* Londres: Sage.

Bryman, A. (1999b) "Global Disney", in D. Slater e P.J. Taylor (eds), *The American Century,* Oxford, Blackwell.

Buckingham, D. (2001) "United Kingdom: Disney dialectics: debating the politics of children's media culture", in J. Wasko, M. Phillips, e E.R. Meehan (eds), *Dazzled by Disney: The Global Disney Audiences Project,* Londres: Leicester University Press.

Buescher, D.T. e Ono, K.A. (1996) "Civilized colonialism: *Pocahontas* as neo-colonial rhetoric", *Women's Studies in Communication,* 19: 127-53.

Burchill, J. (1998) "Taking the Mickey", *The Guardian* (caderno de Turismo), 10 de outubro.

Butler, S.R. e Snizek, W.E. (1976) "The waitress-diner relationship', *Sociology of Work and Occupations,* 3: 209-22.

Byrne, E. (1997) "Terror tourists queue for trips to war zones", *Sunday Times,* 16 de março.

Cain, L.P. e Merritt, D.A. (1998) "The growing commercialism of zoos and aquariums", *Journal of Policy Analysis and Management,* 17: 298-312.

Callaghan, G. e Thompson, P. (2002) " 'We recruit attitude': the selection and shaping of routine call centre labour",*Journal of Management Studies,* 39: 233-54.

Canemaker, J. (1991) *Felix: the Twisted Tale of the World's Most Famous Cat,* Nova York: Pantheon.

Cartier, E. (1998) "Megadevelopment in Malaysia: from heritage landscapes to 'leisurescapes' in Melaka's tourism sector', *Singapore Journal of Tropical Geography,* 19: 151-76.

Chaney, D. (1983) "The department store as a cultural form", in *Theory, Culture and Society,* 1: 22-31.

Chaney, D. (1990) "Subtopia in Gateshead: the MetroCentre as a cultural form", *Theory, Culture and Society,* 7: 49-68.

Chesshyre, T. (2002a) "Viva the sleazy side of Vegas", *The Times* (caderno de Turismo), 30 de março: 4.

Chesshyre, T. (2002b) "Under threat: the real face of Florida", *The Times* (caderno de Turismo), 25 de maio: 1-2.

Chittenden, M. e Winnett, R. (2001) "Rowling could be first billionaire writer", *Sunday Times,* 25 de novembro: 24.
Chua, B-H. (1998) "World cities, globalisation and the spread of consumerism: a view from Singapore", *Urban Studies,* 35: 981-1000.
Churchill, D. (1998) "Beware, it's a jungle out there", *The Times* (caderno de Fim de semana), 28 de março: 3.
Coe, J.C. (1996) "Future vision: the twenty-first century zoo", in M. Nichols (org.), *Keepers of the Kingdom: The New American Zoo,* Nova York: Thomasson-Grant & Lickle.
Cohen, S. (1997) "More than the Beatles: popular music, tourism and urban regeneration", in S. Abram, J. Waldren e D.V.L. Macleod (orgs.), *Tourists and Tourism: Identifying with People and Places,* Oxford: Berg.
Cohn, N. (1996) "Talking shop", *Sunday Times* (caderno de Turismo), 21 de janeiro: 1.
Coleman, R. e Sim, J. (1998) "From the dockyards to the Disney Store: surveillance, risk and security in Liverpool city centre", *Intemational Review of Law Computers and Technology,* 12: 27-44.
Connellan, T. (1996) *Inside the Magic Kingdom: Seven Keys to Disney's Success,* Austin, TX: Bard.
Conway, W. (1996) "From zoos to conservation parks", in M. Nichols (org.), *Keepers of the Kingdom: The New American Zoo,* Nova York: Thomasson-Grant & Lickle: 27-34.
Cowley, J. (1998) "Can the stiff upper lip survive?", *The Times,* 7 de julho: 17.
Crang, P. (1994) "It's showtime: on the workplace geographies of display in a restaurant in southeast England", *Environment and Planning: Society and Space,* 12: 675-704.
Crawford, M. (1992) "The world in a shopping mall", in M. Sorkin (org.), *Variations on a Theme Park: The New American City and the End of Public Space,* Nova York: Noonday.
Croke, V. (1997) *The Modern Ark,* Nova York: Scribner.
Cunningham, J. (2001) "Potty about Harry", *The Times,* 20 de outubro: 3.

Davis, S.G. (1996) "The theme park: global industry and cultural form", *Media, Culture and Society,* 18: 399-422.
Davis, S.G. (1997) *Spectacular Nature: Corporate Culture and the Sea World Experience,* Berkeley, CA: University of Califomia Press.
Davis, S.G. (1999) "Space Jam: Media conglomerates build the entertainment city", *European Journal of Communication,* 14: 435-59.
deCordova, R. (1994) "The Mickey in Macy's window: childhood, consumerism, and Disney animation", in E. Smoodin (org.), *Disney Discourse,* Nova York: Routledge.
Dedman, B. (1998) "Chicago - for fans of the blues, it's no heartbreak hotel", *New York Times,* 6 de dezembro (consulta *online*).
Desmond, J.C. (1999) *Staging Tourism: Bodies on Display from Waikiki to Sea World,* Chicago: University of Chicago Press.

Dibb, S. (1995) "Understanding the level of marketing activity in the leisure sector", *Service Industries Journal,* 15: 257-75.

Disney Institute (2001) *Be Our Guest: Perfecting the Art of Customer Service,* New York: Disney Editions.

Doss, E. (1997) 'Making imagination safe in the 1950s: Disneyland's fantasy art and architecture', in K.A. Marling (org.), *Designing Disney's Theme Parks: The Architecture of Reassurance,* Paris: Flammarion.

du Gay, P. (1996) *Consumption and ldentity at Work,* London: Sage.

du Gay, P. e Salaman, G. (1992) 'The cult(ure) of the customer', *Journal of Management Studies,* 29: 195-213.

Durrett, R. (2003) "Cowboys wait for a selling star: without a big name, whose jersey will fans buy?", *Dallas Morning News,* 25 de julho (consulta *online*).

Dutka, E. (1997) "No Herculean gross: why?", *Los Angeles Times,* 19 de julho: F1.

Dyckhoff, T. (2003) "Theme park city", *The Times* (caderno T2) 29 de abril: 17.

Eco, U. (1986) *Travels in Hyperreality,* Londres: Pan.

Edensor, T. (2001) "Performing tourism, staging tourism: (re)producing tourist space and practice", *Tourist Studies,* 1: 59-81.

Edgerton, G. e Jackson, K.M. (1996) "Redesigning *Pocahontas:* Disney, the white man's Indian, and the marketing of dreams", *Journal of Popular Film and Television,* 24: 90-8.

Edwards, R. (1979) *Contested Terrain: The Transformation of the Workplace in the Twentieth Century,* Londres: Heinemann.

Eisman, R. (1993) 'Disney magic', *Incentive,* setembro: 45-56.

Eisner, M.D. (1998) *Work in Progress,* Londres: Penguin.

Elliott, S. (1998) "Marketing Diana, Princess of brand names", *New York Times,* 26 de agosto: D1, D3.

Ellwood, W. (1998) "Service with a smile", *New Internationalist,* 308 (dezembro): 17.

Fainstein, S.S. e Judd, D.R. (1999) "Global forces, local strategies, and urban tourism", in D.R. Judd e S.S. Fainstein (orgs.), *The Tourist City,* New Haven, CT: Yale University Press.

Falconer Al-Hindi, C. e Staddon, E. (1997) "The hidden histories and geographies of traditional town planning: the case of Seaside, Florida", *Environment and Planning D: Society and Space,* 15: 349-72.

Falconer Al-Hindi, K. e Till, K.E. (2001) "(Re)placing the New Urbanism debates: toward an interdisciplinary research agenda", *Urban Geography,* 22: 189-201.

Fantasia, R. (1995) "Fast food in France", *Theory and Society,* 24: 201-43.

Fessier, M. (1977) "Legacy of a last tycoon", *Los Angeles Times West,* 12 de novembro: 16-23.

Findlay, J.M. (1992) *Magic Lands: Western Cityscapes and American Culture After 1940,* Berkeley, CA: University of California Press.

Fjellman, S.M. (1992) *Vinyl Leaves: Walt Disney World and America,* Boulder, CO: Westview Press.

Foglesong, R.E. (2001) *Married to the Mouse: Walt Disney World and Orlando,* New Haven, CT: Yale University Press.

Forgacs, D. (1992) "Disney animation and the business of childhood", *Screen,* 33: 361-74.

Fox, N. (1996) "Cartoon heroes are drawn into a money machine", *Sunday Times* (caderno de Negócios), 4 de fevereiro: 9.

France, V.A. (1991) *Window on Main Street,* Nashua, NH: Laughter Publications.

Frantz, D. e Collins, E. (1999) *Celebration, U.S.A.: Living in Disney's Brave New Town,* Nova York: Henry Holt.

Frenkel, S.J., Korczynksi, M., Shire, K.A. e Tam, M. (1999) *On the Front Line: Organization of Work in the Information Economy,* Ithaca, NY: ILR Press.

Fresco, A. (2001) "Football club profits hit as fans rip off replica shirts", *The Times,* 3 de abril: 9.

Fuller, L. e Smith, V. (1991) "Consumers' reports: management by customers in a changing economy", *Work, Employment and Society,* 5: 1-16.

Gephardt, R.P. (2001) "Safe risk in Las Vegas', *M@n@gement,* 4: 141-58.

Giddens, A. (1990) *The Consequences of Modernity,* California: Stanford University Press.

Gill, B. (1991) 'Disneyitis', *The New Yorker,* 19 de abril: 113-17.

Giroux, H. (1999) *The Mouse that Roared: Disney and the End of Innocence,* Lanham, ML: Rowman & Littlefield.

Gledhill, R. (2002) "Archbishop fires opening shot at Disney', *The Times,* 23 de julho: 1.

Goldberger, P. (1972) "Mickey Mouse teaches the architects", *New York Times Magazine,* 22 de outubro 22: 40-1, 92-9.

Goldberger, P. (1997a) "The store strikes back", *New York Times,* 6 de abril (consulta *online*).

Goldberger, P. (1997b) "The sameness of things", *New York Times,* 6 de abril (consulta *online*).

Goodman, M. (2002) "Star Wars: the menace of merchandise overkill", *Sunday Times* (caderno de Negócios), 5 de maio: 3.9.

Goodwin, E. (1995) "Toys 'R' Disney", *Sunday Times,* 3 de dezembro: 10.7.

Goodwin, E. (2002) "The King: dead and forgotten", *The Times* (caderno T2), 29 de abril: 6.

Gordon, M. (1958) "Walt's profit formula: dream, diversify - and never miss an angle", *Wall Street Journal,* 4 de fevereiro: 1, 12.

Gordon, P.H. e Meunier, S. (2001). *The French challenge: Adapting* to *Globalization,* Washington, D.C.: Brookings Institution Press.

Goss, J. (1993a) "The 'magic of the mall': an analysis of form, function, and meaning in the contemporary retail built environment", *Annals of the Association of American Geographers,* 83: 18-47.

Goss, J. (1993b) "Placing the market and marketing place: tourist advertising of the Hawaiian Islands, 1972-92", *Environment and Planning D: Society and Space,* 11: 663-88.

Goss, J. (1996) "Disquiet on the waterfront: reflections on nostalgia and utopia in the urban archetypes of festival marketplaces", *Urban Geography,* 17: 221-47.

Goss, J. (1999) "Once-upon-a-time in the commodity world: an unofficial guide to Mall of America", *Annals of the Association of American Geographers,* 89: 45-75.

Gottdiener, M. (1997) *The Theming of America: Dreams, Visions and Commercial Spaces.* Boulder, CO: Westview.

Gottdiener, M. (2001) *The Theming of America: American Dreams, Media Fantasies, and Themed Environments,* 2ª edição, Boulder, CO: Westview.

Gottdiener, M., Collins, E.E., e Dickens, D.R. (1999) *Las Vegas: The Social Production of an All-American City.* Malden, MA: Blackwell.

Gould, S.J. (1979) "Mickey Mouse meets Konrad Lorenz", *Natural History,* 88: 30-6.

Graham, S. (1998) "Towards the fifth utility? On the extension and normalisation of public CCTV", in E. Norris, J. Moran, e G. Armstrong (orgs.), *Surveillance, Closed Circuit Television and Social Control,* Aldershot: Ashgate.

Grover, R. (2001) "Now Disneyland won't seem so Mickey Mouse", *Business Week:* 29 de janeiro (consulta *online*).

Guerrier, Y. e Adib, A. S. (2000) "'No, we don't provide that service': the harassment of hotel employees", *Work, Employment and Society,* 14: 689-705.

Gwynne, S.C. (1997) "Love me legal tender', *Time,* 11 de agosto: 46-9.

Haas, R. (1995) "Disney goes Dutch: *Billy Bathgate* and the Disneyfication of the gangster genre", in E. Bell, L. Haas, e L. Sells (orgs.), *From Mouse to Mermaid: The Politics of Film, Gender and Culture,* Bloomington: Indiana University Press.

Halewood, C. e Hannan, K. (2001) "Viking heritage tourism: authenticity and commodification", *Annals of Tourism Research,* 28: 565-80.

Hall, E.J. (1993) "Smiling, deferring, and flirting: doing gender by giving 'good service'", *Work and Occupations,* 20: 452-71.

Hamel, G. e Prahalad, C.K. (1994) *Competing for the Future,* Boston, MA: Harvard Business School Press.

Hamilton, A. (1999) "Queen joins zoo's beetle drive", *The Times,* 4 de junho: 4.

Hamilton, A. (2002) "Princess is alive but fading fast in cyberspace", *The Times,* 31 de agosto: 11.

Hamilton, K. (1999) "Wal*Smart", *Sunday Times* (caderno de Negócios), 10 de junho: 3.5.

Hamilton, K. e Harlow, J. (1995) "Retailers fly in to exploit airport shopping boom", *Sunday Times* (caderno de Negócios), 14 de maio: 2.

Hamilton, M. (2000) "The latest malling of America: Mills Corp. draws crowds to unusual shopping environments', *Washington Post,* 22 de julho: E1.

Handler, R. e Gable, E. (1997) *The New History in an Old Museum: Creating the Past at Colonial Williamsburg*, Durham, NC: Duke University Press.

Handy, B. (1996) "101 movie tie-ins", *Time*, 16 de dezembro: 54-6.

Hannerz, U. (1987) "The world in creolization", *Africa*, 57: 546-59.

Hannigan, J. (1998) *Fantasy City: Pleasure and Profit in the Postmodern Metropolis*, Londres: Routledge.

Harley, E. (2002) "Sack the Ripper", *The Business (Financial Times Weekend Magazine)*, 26 de janeiro: 14.

Harris, N. (1997) "Expository expositions: preparing for the theme parks" in K.A. Marling (org.), *Designing Disney's Theme Parks: The Architecture of Reassurance*, Paris: Flammarion.

Heide, R. e Gilman, J. (1997) *The Mickey Mouse Watch: From the Beginning ofTime*, Nova York: Hyperion.

Heise, S. (1994) "Disney approach to managing", *Executive Excellence*, outubro: 18-19.

Helgadottir, B. (2003) "Tinies: ripe for plucking", *The Times* (caderno de Fim de semana), 24 de maio: 6.

Hendry, J. (2000) *The Orient Strikes Back: A Global View of Cultural Display*, Oxford: Berg.

Henkoff, R. (1994) "Finding, training and keeping the best service workers", *Fortune*, 3 de outubro: 52-8.

Hiaasen, C. (1998) *Team Rodent: How Disney Devours the World*, Nova York: Ballantine.

Hachschild, A.R. (1983) *The Managed Heart*, Berkeley, CA: University of California Press.

Hollister, P. (1940) "Genius at work: Walt Disney", *Atlantic Monthly*, dezembro: 689-701.

Holson, L.M. e Lyman, R. (2002) "In Warner Brothers' strategy, a movie is now a product line", *New York Times*, 11 de fevereiro (consulta *online*).

Kuper, A. (1996) "Dutch football looks to its future - and sees custard", *Financial Times*, 16 de março: 2.

Lainsbury, A. (2000) *Once Upon an American Dream: The Story of EuroDisneyland*, Lawrence, KA: University of Kansas Press.

Lanfant, M.-F. (1995) "International tourism, internationalisation and the challenge to identity", in M.-F. Lanfant, J.B. Allcock e E.M. Bruner (orgs.), *International Tourism: Identity and Change*, Londres: Sage.

Langman, L. (1992) "Neon cages: shopping for subjectivity", in R. Shields (org.), *Lifestyle Shopping: The Subject of Consumption*, Londres: Routledge.

Larson, A. (2003) "Re-drawing the bottom line", in C.A. Stabile e M. Harrison (orgs.), *Prime Time Animation: Television Animation and American Culture*, Londres: Routledge.

Lash, S. e Urry, J. (1994) *Economies of Signs and Space*, Londres: Sage.

Lauro, P.W. (2002) "New York police and firefighter merchandise tests the market at the 2002 licensing exposition", *New York Times*, 10 de junho: C-11.

Legge, K. (1995) *Human Resource Management: Rhetorics and Realities*, Basingstoke: Macmillan.

Leidner, R. (1993) *Fast Food, Fast Talk: Service Work and the Routinization of Everyday Life*, Berkeley, CA: University of California Press.

Leidner, R. (1999) "Emotional labor in service work", *The Annals of the American Academy of Political and Social Science*, 561: 81-95.

Leong, S.T. (2001a) "...And then there was shopping", in *Harvard Design School Guide* to *Shopping*, Colônia: Taschen.

Leong, S.T. (2001b) "Captive", in *Harvard Design School Guide to Shopping*, Colônia: Taschen.

Letts, S. (1996) "Snow White gets mini-camera to keep bodice pure", *The Times*, 7 de outubro.

Linstead, S. (1995) "Averting the gaze: gender and power on the perfumed picket line", *Gender, Work and Organization*, 2: 192-206.

Lipsitz, G. (1993) "The making of Disneyland", in W. Graebner (org.), *True Stories from America's Past*, Nova York: McGraw-Hill.

Litman, J. (1994) "Mickey Mouse emeritus: character protection and the public domain", *University of Miami Entertainment and Sports Law Review*, 11: 429-35.

Longmore, A. (1996) "Roll up, roll up and sell the game", *The Times*, 22 de maio: 46.

Lowenthal, D. (1985) *The Past is a Foreign Country*, Cambridge: Cambridge University Press.

Ludlow, M. (2002) "Police put their money under their helmet with merchandising deal", *Sunday Times*, 3 de novembro: 1.10.

Lutz, C.A. e Collins, J.L. (1993) *Reading National Geographic*, Chicago: University of Chicago Press.

Lyon, D. (2001) *Surveillance Society: Monitoring Everyday Life*, Buckingham: Open University Press.

MacCannell, D. (1976) *The Tourist: A New Theory of the Leisure Class*, Nova York: Schocken.

Macdonald, S. (1996) "Introduction", in S. Macdonald e G. Fyfe (orgs.), *Theorizing Museums: Representing Identity and Diversity in a Changing World*, Oxford: Blackwell -The Sociological Review.

Maguire, J.S. (2001) "Fit and flexible: the fitness industry, personal trainers and emotional service labor", *Sociology of Sport Journal*, 18: 379-402.

Malamud, R. (1998) *Reading Zoos: Representations of Animais and Captivity*, Nova York: New York University Press.

Manning, P.K. e Callum-Swan, B. (1994) "Narrative, content, e semiotic analysis", in N.K Denzin and Y.S. Lincoln (orgs.), *Handbook of Qualitative Research*, Thousand Oaks, CA: Sage.

Maple, T. e Archibald, E. (1993) *Zoo Man: Inside the Zoo Revolution*, Atlanta, GA: Longstreet.

Margolis, S. (2001) "The old world's new world", *New York Times*, 15 de julho (consulta *online*).

Marling, K.A. (1994) *As Seen on tv: The Visual Culture of Everyday Life in the 1950s*, Cambridge, MA: Harvard University Press.

Marling, K.A. (1997) "Imagineering the 'Disney theme parks"', in K.A. Marling (org.), *Designing Disney's Theme Parks: The Architecture of Reassurance*, Paris: Flammarion.

Martin, J., Knopoff, K. e Beckman, C. (1998) "An alternative to bureaucratic impersonality and emotional labor: bounded emotionality at The Body Shop", *Administrative Science Quarterly*, 43: 429-69.

Masters, K. (2000) *The Keys to the Kingdom: How Michael Eisner Lost His Grip*, Nova York: William Morrow.

McCahill, M. e Norris, E. (1999) "Watching the workers: crime, CCTV and the workplace", in P. Davies, P. Francis e V. Jupp (orgs.), *Invisible Crimes: Their Victims and Their Regulation*, Londres: Macmillan.

Mccalla, J. (1999a) "Hypertheme restaurants: hyped out", *Philadelphia Business Journal*, 25 de janeiro. http://philadelphia.bcentral.com/philadelphia/stories/1999 /01/25/ story3.html

Mccalla, J. (1999b) "Daroff's advice: turn it up", *Philadelphia Business Journal*, 25 de janeiro. http://philadelphia.bcentral.com/philadelphia/stories/ 1999 /01/25/story4.html

McGill, D.E. (1989) "A 'Mickey Mouse's class - for real", *New York Times*, 27 de agosto: 4.

Merritt, R. e Kaufman, J.B. (1992) *Walt in Wonderland: The Silent Films of Walt Disney*, Perdenone: Edizioni Biblioteca dell'Imagine.

Midgley, E. (1999) "Tubbies land fat profits of £32 million in one year", *The Times*, 23 de junho: 7.

Miller, D., Jackson, P., Thrift, N., Holbrook, B. e Rowlands, M. (1998) *Shopping, Place and Identity*, Londres: Routledge.

Mills, S. (1998) "American theme parks and the landscapes of mass culture", *American Studies Today Online* www.americansc.org.uk/online/disney.htm

Milne, S., Grekin, J. e Woodley, S. (1998) "Tourism and the construction of place in Canada's eastern Arctic", in G. Ringer (org.), *Destinations: Cultural Landscapes of Tourism*, Londres: Routledge.

Mintz, L. (1998) "Simulated tourism at Busch Gardens: The Old Country and Disney's World Showcase, Epcot Center", *Journal of Popular Culture,* 32: 47-58.

Mordue, T. (2001) "Performing and directing resident/tourist cultures in Heartbeat country', *Tourist Studies,* 1: 233-52.

Moretti, F. (2001) "Planet Hollywood", *New Left Review,* número 9: 90-101.

Mosley, L. (1986) *Disney's World,* Briarcliff Manor, NY: Stein and Day.

Mullan, B. e Marvin, G. (1999) *Zoo Culture,* 2ª edição, Urbana, IL: University of Illinois Press.

Nel, P. (2003) "The Disneyfication of Dr Seuss: faithful to profit, one hundred percent?", *Cultural Studies,* 17: 579-614.

Nelson, S. (1986) "Walt Disney's EPCOT and the world's fair performance tradition", *Drama Review,* 30: 106-46.

Nickson, D., Warhurst, E., Witz, A. e Cullen A.-M. (2001) "The importance of being aesthetic: work, employment and service organisation", in A. Sturdy, I. Grugulis, e H. Willmott (orgs), *Customer Service: Empowerment and Entrapment,* Basingstoke: Palgrave.

Nicolas, R. (2002) "Man Utd 'at risk' of a branding own goal", *The Times,* 10 de junho: 34.

Norton, A. (1996) "Experiencing nature: the reproduction of environmental discourse through safari tourism in East Africa", *Geoforum,* 27: 355-73.

Nuttall, M. (1997) "Packaging the wild: tourism development in Alaska", in S. Abram, J. Waldren e D.V.L. Macleod (orgs.), *Tourists and Tourism: Identifying with People and Places,* Oxford: Berg.

O'Brien, P.E. (1996) "The happiest films on earth: Walt Disney's *Cinderella* and *The Little Mermaid*", *Women's Studies in Communication,* 19: 155-83.

O'Donnell, J. (2002) "Galleon recruits PC Pepper for tv", *Sunday Times* (caderno de Negócios), 6 de janeiro: 3.3.

Ogbonna, E. e Wilkinson, B. (1990) "Corporate strategy and corporate culture: the view from the checkout", *Personnel Review,* 19: 9-15.

Pecora, N. e Meehan, E.R. (2001) "United States: A Disney dialectic: A tale of two American cities", in J. Wasko, M. Phillips, e E.R. Meehan (orgs.), *Dazzled by Disney: The Global Disney Audiences Project,* Londres: Leicester University Press.

Peñaloza, L. (1999) "Just doing it: a visual ethnographic study of spectacular consumption behavior at Niketown", *Consumption, Markets and Culture,* 2: 337-400.

Pereira, J. (1995) "Toy Sellers wish that *Pocahontas* were a lion", *Wall Street Journal,* 24 de julho: B1, B7.

Peters, T. e Austin, N. (1985) *A Passion for Excellence,* Nova York: Random House.

Peters, T. e Waterman, R. (1982) *In Search of Excellence: Lessons from America's Best-Run Companies,* Nova York: Harper & Row.

Pieterse, J.N. (1994) "Globalisation as hybridisation", *International Sociology,* 9: 161-84.

Pine, B.J. e Gilmore, J.H. (1999) *The Experience Economy: Work is Theatre and Every Business a Stage,* Boston, MA: Harvard Business School Press.

Pollan, M. (1997) "Town-building is no Mickey Mouse operation", *New York Times,* 14 de dezembro (consulta *online*).

Powell, T.E. (1995) "Total quality management as competitive advantage: a review and empirical study", *Strategic Management Journal,* 16: 15-37.

Pretes, M. (1995) "Postmodern tourism: the Santa Claus industry", *Annals of Tourism Research,* 22: 1-13.

Rafaeli, A. e Sutton, R. (1989) "The expression of emotion in organizational life", *Research in Organizational Behavior,* 11: 1-42.

Raz, A.E. (1999) *Riding the Black Ship: Japan and Tokyo Disneyland,* Cambridge, MA: Harvard University Press.

Reid, T. e Peek, L. (2001) "Potter playtime is a Muggle's game at £350 a time", *The Times,* 6 de novembro: 11.

Reiter, E. (1996) *Making Fast Food: From the Frying Pan into the Fryer,* 2ª edição, Montreal & Kingston: McGill-Queen's University Press.

Ritzer, G. (1993) *The McDonaldization of Society,* Thousand Oaks, CA: Pine Forge.

Ritzer, G. (1998) *The McDonaldization Thesis,* Londres: Sage.

Ritzer, G. (1999) *Enchanting a Disenchanted World: Revolutionizing the Means of Consumption,* Thousand Oaks, CA: Pine Forge.

Ritzer, G. (2004) *The Globalization of Nothing,* Thousand Oaks, CA: Pine Forge.

Ritzer, G. e Liska, A. (1997) "'McDisneyization' and 'post-tourism': complementary perspectives on contemporary tourism", in C. Rojek e J. Urry (orgs.), *Touring Cultures: Transformations of Travel and Theory,* Londres: Routledge.

Ritzer, G. e Stillman, T. (2001a) "The modern Las Vegas casino-hotel: the paradigmatic new means of consumption", *M@n@gement,* 4: 83-99.

Ritzer, G. e Stillman, T. (2001b) "The postmodern ballpark as a leisure setting: enchantment and simulated de-McDonaldization", *Leisure Sciences,* 23: 99-113.

Robbins, T. (2002) "Tourists to invade Kabul on 'axis of evil' holidays", *Sunday Times,* 28 de julho.

Robertson, R. (1992) *Globalization: Social Theory and Global Culture,* Londres: Sage.

Robertson, R. (2001) "Globalization theory 2000+: major problematics", in G. Ritzer e B. Smart (orgs.), *Handbook of Social Theory,* Londres: Sage.

Robinson, M.B. (2003) "The Mouse who would rule the world! How American criminal justice reflects the themes of Disneyization", *Journal of Criminal Justice and Popular Culture,* 10: 69-86.

Roche, M. (2000) *Mega-events and Modernity: Olympics and Expos in the Growth of Global Culture,* Londres: Routledge.

Rosenthal, P., Hill, S. e Peccei, R. (1997) "Checking-out service: evaluating excellence, HRM and TQM in retailing", *Work, Employment and Society,* 11: 481-503.

Ross, A. (1999) *The Celebration Chronicles: Life, Liberty, and the Pursuit of Property Value in Disney's New Town,* Nova York: Ballantine.

Royle, T. (2000) *Working for McDonald's in Europe: The Unequal Struggle,* Londres: Routledge.

Rugoff, R. (1999) "Shopping mall with social ambitions", *Financial Times* (caderno de Fim de semana), 6 de março: VII.

Rushe, D. (2003) "Is the world fed up with McDonald's?" *Sunday Times* (caderno de Negócios), 6 de abril: 3.8.

Russell, R. e Tyler, M. (2002) "Thank heaven for little girls: 'Girl Heaven' and the commercial context of feminine childhood", *Sociology,* 36: 619-37.

Sandicki, O. e Holt, D.B. (1998) "Malling society: mall consumption practices and the future of public space", in J.F. Sherry, Jr. (org.), *Service Scapes: The Concept of Place in Contemporary Markets,* Lincolnwood, IL: NTC Business Books.

Sayers, E.C. (1965) "Walt Disney accused", *Horn Book,* dezembro: 602-11.

Schickel, R. (1986) *The Disney Version: The Life, Times, Art, and Commerce* of *Walt Disney,* edição revista, Londres: Pavillion.

Schlossberg, H. (1996) *Sports Marketing,* Cambridge, MA: Blackwell.

Schlosser, E. (2001) *Fast Food Nation: The Dark Side* of *the All-American Meal,* Boston: Houghton Mifflin.

Schmitt, B. e Simonson, A. (1997) *Marketing Aesthetics: The Strategic Management* of *Brands, Identity, and Image,* Nova York: Free Press.

Schueller, J. (2000) "Customer service through leadership: the Disney way', *Training and Development,* 54 (outubro): 26-31.

Sharma, U. e Black, P. (2001) "Look good, feel better: beauty therapy as emotional labour", *Sociology,* 35: 913-31.

Shearing, C.D. e Stenning, P.C. (1984) "From the panopticon to Disney World: the development of discipline', in A.N. Doob e E.L. Greenspan (orgs.), *Perspectives in Criminal Law,* Aurora, Ontario: Criminal Law Books.

Sherman, J. (2001) "Pharaoh's riches for Golden Mile", *The Times,* 18 de julho.

Sherry, J.E. Jr. (1998) "The soul of the company store: Nike Town Chicago and the emplaced brandscape", in J.F. Sherry, Jr. (org.), *ServiceScapes: The Concept of Place in Contemporary Markets,* Lincolnwood, IL: NTC Business Books.

Sherry, J.F. Jr., Kozinets, R.V., Storm, D., Duhachek, A., Nuttavuthisit, K. e DeBerry-Spence, B. (2001) "Being in the Zone: staging retail theater at ESPN Zone Chicago", *Journal of Contemporary Ethnography,* 30: 465-510.

Sherwin, A. (2001) "Tourism rivals fight for Middle Earth", *The Times,* 11 de dezembro.

Sherwin, T. (2002) "Monsters Inc. makes sure Fairy Liquid cleans up", *The Times*, 16 de fevereiro: 11.

Shields, R. (1989) "Social spatialization and the built environment: the West Edmonton Mall", *Environment and Planning D: Society and Space*, 7: 147-64.

Shoval, N. (2000) "Commodification and theming of the sacred: changing patterns of tourist consumption in the 'Holy Land'", in M. Gottdiener (org.), *New Forms of Consumption: Consumers, Culture, and Commodification*, Lanham, Maryland: Rowman & Littlefield.

Simensky, L. (1998) "Selling Bugs Bunny: Warner Bros. and character merchandising in the nineties", in K.S. Sandler (org.), *Reading the Rabbit: Explorations in Warner Bros. Animation*, New Brunswick, NJ: Rutgers University Press.

Skapinker, M. e Rawsthorn, A. (1993) "An older, wiser Mickey Mouse", *Financial Times*, 10 de abril: 18.

Sklair, L. (2002) *Globalization: Capitalism and its Alternatives*, Oxford: Oxford University Press.

Solomon, M.R. (1998) "Dressing for the part: the role of costume in the staging of the servicescape", in J.F. Sherry, Jr. (org.), *Service Scapes: The Concept* of *Place in Contemporary Markets*, Lincolnwood, IL: NTC Business Books.

Sorkin, M. (1992) "Introduction: variations on a theme park", in M. Sorkin (org.), *Variations on a Theme Park: The New American City and the End of Public Space*, Nova York: Noonday.

Sparks, C. (1998) *From the Hundred Aker Wood to The Magic Kingdom*, Aula inaugural, Faculdade de Comunicação, *Design* e Mídia, Universidade de Westminster, 14 de outubro de 1998. www.wmin.ac.uk/events/sparks.htm

Spellmeyer, A.W. (1993) "Mall of America: confounding the skeptics", *Urban Land*, 52: 43-6, 81-3.

Squire, S.J. (1993) "The cultural values of literary tourism", *Annals of Tourism Research*, 20: 103-20.

Steiner, M. (1998) "Frontierland as Tomorrowland: Walt Disney and the architectural packaging of the mythic west", *Montana - The Magazine of Western History*, 48: 2-17.

Steiner, R. (2002) "Teletubbies' tubby profits tumble", *Sunday Times* (caderno de Negócios), 24 de fevereiro: 3.2.

Steinhauer, J. (1998) "It's a mall ... It's an airport ... It's both: The latest trend in terminals", *New York Times:* D1.

Sterne, J. (1997) "Sounds like the Mall of America: programmed music and the architectonics of commercial space", *Ethnomusicology*, 41: 22-50.

Studd, H. (2002) "Toy sellers are not so wild about Harry", *The Times*, 28 de janeiro: 9.

Sturdy, A. (2001) "The global diffusion of customer service: a critique of cultural and institutional perspectives", *Asia Pacific Business Review*, 7: 75-89.

Sutton, R.I. e Rafaeli, A. (1988) "Untangling the relationship between displayed emotions and organizational sales: the case of convenience stores", *Academy of Management Journal,* 31: 461-87.

Swanton, O. (1996) "Pocahontas, eat your heart out", *Guardian* (caderno de Educação Superior), 25 de fevereiro: vi.

Synnott, M.G. (1995) "Disney's America: whose patrimony, whose profits, whose past?", *The Public Historian,* 17: 43-59.

Talwar, J.P. (2002) *Fast Food, Fast Track: Immigrants, Big Business, and the American Dream,* Boulder, CO: Westview.

Tarpy, C. (1993) "New zoos - taking down the bars", *National Geographic,* julho: 2-37.

Taylor, C.R. e Wheatley-Lovoy, C. (1998) "Leadership: lessons from the Magic Kingdom", *Training and Development,* julho: 22-5.

Taylor, S. (1998) "Emotional labour and the new workplace", in P. Thompson e C. Warhurst (orgs.), *Workplaces of the Future,* Londres: Macmillan.

Taylor, S. e Tyler, M. (2000) "Emotional labour and sexual difference in the airline industry", *Work, Employment and Society,* 14: 77-95.

Thomas, B. (1976) *Walt Disney: An American Original,* Nova York: Simon and Schuster.

Thompson, P. e Findlay, P. (1999) "Changing the people: social engineering in the contemporary workplace", in L. Ray e A. Sayer (orgs.), *Culture and Economy after the Cultural Turn,* Londres: Sage.

Tolich, M.B. (1993) "Alienating and liberating emotions at work: supermarket clerks' performance of customer service", *Journal of Contemporary Ethnography,* 22: 361-81.

Tomkins, R. (1998) "Fair game for a gentle savaging", *Financial Times,* 25 de abril: 9.

Tracy, J.F. (1999) "Whistle while you work: The Disney Company and the global division of labor", *Journal of Communication Inquiry,* 23: 374-89.

Tucker, H. (2002) "Welcome to Flintstones-Land: contesting place and identity in Goreme, Central Turkey", in S. Coleman e M. Crang (orgs.), *Tourism: Between Place and Performance,* Nova York: Berghahn Books.

Tumbusch, T. (1989) *Tomart's Illustrated Disneyana Catalog and Price Guide,* Radnor, PA: Wallace Homestead. Turner, S. (2001) "In bed with McDonald's", *The Times* (caderno de Turismo), 24 de março.

Twitchell, J.B. (1999) *Lead Us Into Temptation: The Triumph of American Materialism,* Nova York: Columbia University Press.

Urry, J. (1990) *The Tourist Gaze,* Londres: Sage.

Urry, J. (2002) *The Tourist Gaze,* 2ª edição, Londres: Sage.

Uttal, B. (1983) "The corporate culture vultures", *Fortune,* 17 de outubro: 66-72.

Van Maanen, J. (1991) "The smile factory: work at Disneyland", in P.J. Frost, L.F. Moore, M.L. Louis, C.C. Lundberg, e J. Martin (orgs.), *Reframing Organizational Culture,* Newbury Park, CA: Sage.

Van Maanen, J. e Kunda, G. (1989) "'eal feelings': emotional expression and organizational culture", *Research in Organizational Behavior,* 11: 43-103.

Voyle, S. (2001) "Harry Potter tops list of wizard stocking filler ideas", *Financial Times,* 17 de novembro: 3.

Waitt, G. (2000) "Consuming heritage: perceived historical authenticity", *Annals of Tourism Research,* 27: 835-62.

Walker, S. (1997) 'Hair salons, hot tubs and ... oh yeah, baseball', *Wall Street Journal,* 27 de março: W1, W6.

Wallendorf, M., Lindsey-Mullikin, J., e Pimentel, R. (1998) "Gorilla marketing: customer animation and regional embeddedness of a toy store servicescape', in J.F. Sherry, Jr. (org.), *ServiceScapes: The Concept of Place in Contemporary Markets,* Lincolnwood, IL: NTC Business Books.

Walton, R. (1985) "From control to commitment in the workplace", *Harvard Business Review,* 63: 77-84.

Walz, G. (1998) "Charlie Thorson and the temporary Disneyfication of Warner Bros. cartoons", in K.S. Sandler (org.), *Reading the Rabbit: Explorations in Warner Bros. Animation,* New Brunswick, NJ: Rutgers University Press.

Waples, J. (1997) "City reaps riches on the load to Toytown", *Sunday Times* (caderno de Negócios), 18 de maio: 3.4.

Waples, J. (2003) "Dome boss makes running in sporting fun", *Sunday Times,* (caderno de Negócios), 13 de abril: 3.1.

Warren, S. (1994) "Disneyfication of the Metropolis: popular resistance in Seattle", *Journal of Urban Affairs,* 16: 89-107.

Warren, S. (1996) "Popular cultural practices in the 'postmodern city"', *Urban Geography,* 17: 545-67.

Warren, S. (1999) "Cultural contestation at Disneyland Paris", in D. Clouch (org.), *Leisure/Tourism Geographies: Practices and Geographical Knowledge,* Londres: Routledge.

Wasko, J. (2001) *Understanding Disney: The Manufacture of Fantasy,* Cambridge: Polity.

Waters, M. (2002) "McDonaldization and the global culture of consumption", in G. Ritzer (org.), *McDonaldization: The Reader,* Thousand Oaks, CA: Pine Forge.

Watson, J.L. (1997a) "Introduction: transnationalism, localization, and fast foods in East Asia", in J.L. Watson (org.), *Golden Arches East: McDonald's in East Asia,* Stanford, CA: Stanford University Press.

Watson, J.L. (1997b) "McDonald's in Hong Kong: consumerism, dietary change, and the rise of a children's culture", in J.L. Watson (org.), *Golden Arches East: McDonald's in East Asia,* Stanford, CA: Stanford University Press.

Watts, S. (1997) *The Magic Kingdom: Walt Disney and the American Way of Life,* Boston: Houghton Mifflin.

Weatherford, M. (1998) 'Fantasy lands", *Las Vegas Review-Journal,* 26 de fevereiro (consulta *online*).

Weatherford, M. (2000) "Branding of Las Vegas', *Las Vegas Review-Journal,* 20 de agosto (consulta *online*).

Weinstein, R.M. (1992) "Disneyland and Coney Island: reflections in the evolution of the modern amusement park", *Journal of Popular Culture,* 26: 131-64.

Wharton, A.S. (1993) "The affective consequences of service work", *Work and Occupations,* 20: 205-32.

Wharton, A.S. (1999) "The psychosocial consequences of emotional labor", *The Annals of the American Academy of Political and Social Science,* 561: 158-76.

Whittell, G. (1999) "Earth moves for fans of 'Star Wars'", *The Times,* 16 de janeiro: 14.

Wickers, D. (1999) "The mouse boat', *Sunday Times* (caderno de Turismo), 27 de junho: 6.

Wiley, K.W. (1999-2000) "How do they stay so nice?", *Disney Magazine,* edição de inverno: 54-8, 101.

Willis, S. (1995a) "The problem with pleasure", in The Project on Disney, *Inside the Mouse: Work and Play at Disney World,* Durham, NC: Duke University Press.

Willis, S. (1995b) "Private use/public state', in The Project on Disney, *Inside the Mouse: Work and Play at Disney World,* Durham, NC: Duke University Press.

Witz, A., Warhurst, C. e Nickson, D. (2003) "The labour of aesthetics and the aesthetics of organization", *Organization,* 10: 33-54.

Wolf, M.J. (1999) *The Entertainment Economy: How Mega-Media Forces are Transforming our Lives,* Nova York: Times Books.

Wood, R.E. (2000) "Caribbean cruise tourism: globalization at sea", *Annals of Tourism Research,* 27: 345-70.

Wooden, W. (1995) *Renegade Kids, Suburban Outlaws: From Youth Culture* to *Delinquency,* Belmont: Wadsworth.

Wouters, C. (1989) "The sociology of emotions and flight attendants: Hochschild's *Managed Heart", Theory, Culture and Society,* 6: 95-123.

Yan, Y. (1997) "McDonald's in Beijing: the localization of Americana", in J.L. Watson (org.), *Golden Arches East: McDonald's in East Asia,* Stanford, CA: Stanford University Press.

Young, R. (1998) "Baghdad package tour is a hostage to fortune", *The Times,* 10 de fevereiro.

Zehnder, L.E. (1975) *Florida's Disney World,* Tallahassee, FL: Peninsular Press Publishing.

Zemke, R. (1989) *The Service Edge: 101 Companies That Profit (from Customer Care,* Nova York: New American Library.

Zibart, E. (1997) *The Unofficial Disney Companion,* Nova York: Macmillan.

Zukin, S. (1991) *Landscapes of Power: From Detroit to Disney World,* Berkeley, CA: University of California Press.

Zukin, S. (1995) *The Cultures of Cities,* Cambridge, MA: Blackwell.

Zukin, S. (1998) "Urban lifestyles: diversity and standardisation in spaces of consumption", *Urban Studies,* 35: 825-39.

Índice de Autores

Índice de Assuntos

Índice Geral

Impressão e acabamento
Gráfica e Editora Santuário
Em Sistema CTcP
Rua Pe. Claro Monteiro, 342
Fone 012 3104-2000 / Fax 012 3104-2036
12570-000 Aparecida-SP